KB243653

정의가 이끄는 삶

도덕의 최고 원칙을 찾는 철학의 재발견

정의가 이끄는 삶
도덕의 최고 원칙을 찾는 철학의 재발견

초판 1쇄 2012년 3월 15일 발행

지 은 이 ㅣ 태기석
펴 낸 이 ㅣ 최용철
펴 낸 곳 ㅣ 도서출판 두리미디어

등록번호 ㅣ 제10-1718호
등록일자 ㅣ 1989년 2월 10일
주 소 ㅣ 서울시 마포구 서교동 369-25
전 화 ㅣ (02)338-7733   팩 스 ㅣ (02)335-7849
Homepage ㅣ www.durimedia.co.kr
E-mail ㅣ editor@durimedia.co.kr
ⓒ태기석, 2012, Printed in Korea

ISBN 978-89-7715-260-1 (03100)

• 두리미디어는 중심이 아닌 울타리를 지향합니다.

정의가 이끄는 삶

도덕의 최고 원칙을 찾는
철학의 재발견

태기석 지음

두리미디어
DURIMIDIA

추천사

    어떤 작품이 살아 있고 힘을 발휘하기 위해서는 작가의 사상과 철학이 진실하게 작품에 투영되어야 하고, 그렇게 되려면 작가의 생활방식이 작품과 일치해야 한다는 것은 만고의 진리일 것이다. 그런 면에서 볼 때 이 책의 저자는 완벽하리만치 철저하게 자신의 작품과 일치하는 생활을 해온 사람이라고 생각된다. 이른바 명문대학을 나온 데다 탁월한 언변과 막강한 내공의 실력을 겸비하여 출세가도가 밤에 불을 보듯 확실하게 보장되고 있었음에도, 그는 끝내 힘없는 근로자의 권익을 대변하는 일에 스스로 뛰어듦으로써 순탄치 않은 행로를 선택했다. 그 후 넘치는 패기와 정의를 바탕으로 누구 앞에서도 결코 고개 숙이지 않는 당당하고 대범한 모습을 보였다. 아부와 권모술수가 판을 치는 이 탐욕의 세계에서 편안한 길을 마다하고 약자의 권리를 온몸으로 대변하던 그에게서는 항상 설명하기 힘든 어떤 힘이 느껴졌다. 그것은 아마도 의로움이 가져다준 힘이었을 것이다.

    결코 현실과 타협하지 않는 그의 의에 대한 열망으로 인하여 그는 한동안 지방의 한 도시에서 유배 아닌 유배생활을 해야 했고, 그것은 오히려 그에게 인생을 되돌아볼 시간을 갖게 해준 것 같다. 젊은 시절의 패기에 겸허와 온화함이 더해져 그의 글에서 심오함이 묻어나게 된 것도 바로 그 시기의 산물이 아닌가 싶다. 바로 그 무렵 나는 그와 함께 동고동락하면서 한 시절을 보냈는데, 내가 가까이서 관찰한 바에 의하면 그는 언행일치를 뛰어넘어 사행일치를 실현하고 있는 사색가이자 철학자요, 멋을 아는 신사였다. 삶의 현장에서 체득한 경험에다 방대한 양의 독서가 더해져 그는 이제 실로 그 어떠한 철학자보다 뛰어난 철학적 사고를 갖추게 되었고, 그것이 바로 이 책을 살아 숨쉬게 하는 원동력이라고 생각한다.

나는 지금까지 이렇게 가슴에 와 닿는 철학책을 읽어본 적이 없다. 생명과 인간이야말로 철학의 중심 주제이어야 함에도, 지금까지 어떤 철학에서도 그 핵심이 빠진 아쉬움이 있었다. 이 책은 지금까지의 철학의 역사에서 사단취장하는 성실한 자세로 영원히 변치 않는 도덕의 최고 원칙을 도출하여, 그것이 왜 절대적인 도덕의 최고 원칙인지를 현실의 다양한 사례들을 통해 보여줄 뿐만 아니라, 생명이 무엇이고 인간이 무엇인지에 대한 저자의 깊은 성찰을 토대로 '현대인을 위한 도덕의 최고 원칙'을 제시하고 있다.

따라서 이 한 권의 책이야말로 상대주의에 따른 가치관의 혼돈 속에서 현대 사회를 살아가고 있는 일반인들뿐만 아니라 우리나라 청소년들이 머리가 굳기 전에 반드시 한번 읽어봐야 할 필독서라고 감히 말씀드린다. 올바른 가치관의 정립을 위해 이처럼 훌륭한 철학서적은 동서고금을 막론하고 찾아보기 힘들지 않을까 생각한다. 바쁜 생활을 잠시 접어두고 시간을 만들어서라도 반드시 한번 읽어보시길 권유한다.

한국씨티은행 전 수원중앙지점장 전창렬

머리말

　도덕이나 정의, 가치는 흔히 비슷한 의미로 사용되지만, 도덕론은 대체로 양심과 관련된 개인규범을 다루고, 정의론은 둘 이상의 사람들과 관련된 규범을 다룬다. 사람은 혼자서도 덕성스러운 품성이나 능력을 가질 수 있지만, 결코 혼자서 정의로울 수는 없다. 즉 정의는 언제나 타인과의 관계 속에서만 규정되는 것이다. 그런데 우리의 삶이 선과 악으로 구분되는 규범적 범주만으로 이루어지는 것은 아니고, 선도 아니고 악도 아닌 일상적인 삶이 많은 부분을 차지한다. 모든 가치는 희소성에서 근원하며, 그에 따라 가치론은 인간의 욕구가 작동하는 규범적 삶과 일상의 삶을 포함한 삶의 전체 영역에 걸친 가치를 다룬다.

　인간관, 인생관, 가치관, 세계관은 철학의 4대 주제이다. 지금 이 순간에도 사람들은 세상을 보거나 신문을 보면서 '그것을 어떤 관점으로 볼 것인가' 하며 나름대로 관점을 정립하기 위해 노력한다. 인터넷 댓글 또한 결국 세상을 보는 관점에 대한 치열한 논쟁이다. 따라서 세상을 보는 관점이 없는 사람은 곧 생각이 없는 사람이라고도 할 수 있다. 그런데 그중에서도 특히 가치관은 철학의 영역만이 아니라 실생활과 매우 밀접한 관련이 있는 영역이어서, 지금은 웬만한 초

대학생도 어떤 사회현상을 보면서 사회 통념과 다른 나름의 가치관을 정립하기 위해 노력하는 것을 볼 수 있다.

사람은 생존요령만으로 세상을 살 수도 있고, 나름대로 일관된 가치관을 갖고 살 수도 있다. 문명사회를 살아가는 사람 중에 이제는 생존요령만으로 사는 사람은 드물고, 건전한 상식을 갖고 살되 대신 '고지식하게 원리원칙대로 살면 손해 본다'라는 정도의 가치관을 갖고 살아가는 사람들이 대체로 많은 듯하다.

그러나 여기에서 '선악의 회색지대'와 '일상성의 함정' 그리고 '상대주의'라는 문제들이 성립한다. '어떤 것이 옳은 것인지는 상대적인 것이다'라는 상대주의는 평상시에는 별 문제가 없는 듯이 보이지만 정치적 격변기에는 크게 문제가 된다. 우리가 도덕이나 정의, 혹은 가치를 고민하는 이유는, 두꺼운 친일파 인명사전에서 볼 수 있듯이 인생의 결정적인 선택을 앞두고 현실 타협을 위해 정의를 외면하는 순간 인간은 정말 아무것도 아님을 역사의 교훈을 통해 알고 있기 때문이다. 사람은 누구나 자신의 유한한 삶을 의미 있게 살기를 간절히 소망하기에 우리는 역사를 되돌아보고 수많은 책을 읽으면서 자신의 의롭고 가치 있는 삶을 위해 치열하게 고민한다.

그에 따라 우리는 생존요령만으로 살지 않고 상황에 따라서 달라지지 않는 어떤 원칙이나 규범을 갖고 세상을 살고자 한다. 그러한 원칙 중에서 최고의 원칙이자, 사람으로서 반드시 지켜야 할 최종적인 원칙을 '도덕의 최고 원칙'이라고 한다. 도덕의 최고 원칙은 행동과 선택의 도덕성 여부를 판단하는 절대적 판단 기준을 제공함으로써, 인간이 어느 순간에도 흔들리지 않고 판단할 수 있게 할 것이다.

그런데 그러한 '도덕의 최고 원칙'이 실제로 있을 수 있을까? 철학사적으로 임마누엘 칸트는 도덕의 최고 원칙을 '인간을 목적으로 대우하라'라는 정언명령의 형태로 제시한 바 있다. 만약에 그것이 도덕의 최고 원칙이라면 인간의 모든 행위나 선택의 도덕성 여부는 그 원칙에 부합하느냐에 달려 있다. 그런데 '인간을 목적으로 대우하라'라는 도덕의 최고 원칙으로는 인류의 불행을 막는 데 역부족이었다. 당시에 그의 정언명령을 도덕의 최고 원칙으로 주목한 사람은 거의 없었고, 그에 따라 대량학살로 이어진 전쟁과 산업사회의 고통은 계속되었다. 시기적으로 그의 도덕철학은 시기상조였던 것이다.

아울러 존 롤스는 '시장에서의 정의'를 엄밀히 분석하면서 '약자 우대의 원칙'을 도덕의 최고 원칙으로서 제시한 바 있다. 칸트와 존 롤스의 철학사상에서 우리는 '인간 존중'이라는 공통분모를 발견할 수 있다. 고대, 중세, 근대, 현대를 막론하고 만물의 영장인 인간이 인간으로서 '유적類的 본질'을 유지하고 있는 한 일관성 있게 인간 존중의 이념을 도덕의 최고 원칙으로 삼아야 한다는 것은 우리 상식과도 일치한다.

그러나 현대 사회의 인간들은 휴머니즘의 발달에도 불구하고 여전히 전쟁의 위협과 광범위한 인간 소외로 고통 받고 있다. 가장 주요한 원인은 인간의 순응, 타협, 방관, 무관심, 행위의 부재를 비록 선으로까지는 아니지만 적어도 무해한 영역으로 간주하는 '선악의 회색지대'라는 관념이 광범위하게 퍼져 있기 때문이다. 이처럼 인류사에 존재해온 선악의 회색지대를 외면한 상태에서는 의미 있고 가치 있는 삶을 살 수 없다. 따라서 현대 사회의 불행을 치유하기 위해서는 선악의 회색지대를 최소화할 수 있는 도덕의 최고 원칙을 재구축해야만 한다. 이에 따라 현대인들을 위해 '인간 존재의 절대적 가치에 대한 존중'이라는 도덕의 최고 원칙을 밝히고, 그것을 위해 인간 존재의 절대적 가치의 철학적 근거를 아울러 제시하고자 한다.

역사는 도덕의 최고 원칙이 없이 생존요령만으로 살 때 인간의 삶은 바람 앞에 위태로운 등잔불에 지나지 않는다는 것을 보여줬다. 우리가 역사를 통해 배워야 할 교훈이 바로 그것이다. 그러나 현실은 그와 정반대로 전개되고 있다. 현대 사회는 '도덕의 최고 원칙이란 존재하지 않으며, 무엇이 옳은지는 특정한 상황에 따라 달라질 수 있는 것이다'라는 도덕적 상대주의가 지배적이다. 현대 철학은 '이성의 획일적 지배에 대한 반대', '다양성 존중' 등의 명분으로 상대주의를 옹호한다. 그러나 도덕의 최고 원칙이 뒷받침되지 않는 한 그들의 상대주의는 인간의 다양성 존중을 지켜낼 수 없으며, 그것은 인류 역사에서 또 다른 재앙을 잉태할 수 있다.

상대주의는 철학적 근거에 의해 뒷받침되기보다는 오히려 현실의 요구에 의해 뒷받침되어온 이데올로기적인 측면이 더 크다. 바꾸어 말하면, '도덕의 최고 원칙'과 도저히 공존할 수 없는 끔찍한 전쟁의 반복과 현대 산업사회와 대중사회에서의 광범위한 인간 소외의 현실이, 오히려 '상황에 따라서는 어쩔 수 없는 일도 있다'라는 변명을 뒷받침해주는 상대주의를 적극적으로 요구하고 있는 것이다.

2010년 여름, 한 권의 번역서가 한국의 젊은 독서층에게 뜨거운 호응을 받았다. 바로 마이클 샌델의 《정의란 무엇인가》이다. 이 책은 자유지상주의에서 공리주의, 아리스토텔레스에서 존 롤스까지 실제 수업을 바탕으로 누구나 빠질 수 있는 도덕적 딜레마에서 무엇이 옳은 일인가를 매우 흥미롭고 도발적으로 풀어내고 있다. 특히 그는 롤스 전문가답게 롤스의 도덕철학을 훌륭하게 소개하고 있으나, 롤스의 성과를 토대로 아리스토텔레스의 정의론을 원용하면서 자신의 공동체주의적 정의론을 주장하는 후반부는 심각한 문제점을 내포하고 있다.

공동체주의적 정의론은 '공동체의 목적과 사명에 부합하는 공동선共同善이 곧 정의'라는 입장이다. 그러나 공동체의 '공동선'이 곧 정의일까? 역사를 통틀어, 노예제를 바탕으로 한 고대 국가나 종교의 자유와 사상의 자유, 표현의 자유를 탄압하던 중세와 근대 절대국가, 그리고 제국주의, 전체주의, 탈레반이나 군사적 모험주의를 추구하던 미국의 부시정권에 이르기까지 수많은 공동체들이 있었다. 그에 따라 역사상 수많은 잔악한 행위들이 '공동체의 목적과 사명에 부합하는 행위'라는 미명하에 자행되어온 것이 사실이다.

이처럼 공동체와 공동선은 겉보기엔 그럴싸하지만, 그것은 말의 성찬에 불과하다. '모든 공동체와 모든 공동선'이 아니라 '어떤 공동체이고 어떤 공동선이냐'가 중요한 것이며, '모든 애국심'이 도덕적 기초를 가진 것이 아니라 '어떤 애국심이냐'가 중요한 것이다. 따라서 '공동체의 목적과 사명에 부합하는 공동선이 곧 정의다'라는 주장은 하나의 일방적인 이데올로기에 불과할 뿐 결코 철학이 될 수 없다. '공동체의 목적과 사명'도 그리고 그것에 의해 규정되는 '공동선'이나 '미덕'이나 '좋은 삶'도, 그 모두를 아울러 판단할 수 있는 근본적인 원칙으로부터 검증을 받아야 한다. 오로지 '도덕의 최고 원칙'에 부합하는 공동체의 목적이나 사명, 혹은 공동선만이 도덕적 기초를 가질 수 있다.

필자는 하버드 대학생들의 전폭적인 지지와 관심을 받고 있는 교수가 학생들과의 끊임없는 성숙한 지적 토론의 성과를 담아 만든 이

책을 읽으면서, 철학하는 사람으로서 시종일관 문제의식을 느꼈다. 사회과학은 논쟁적인 학문인 반면에 철학은 근본적인 학문이다. 필자는 《정의란 무엇인가》의 생명력을 살리면서, 사태를 근본적으로 바라보는 철학의 효용을 독자들에게 전하고자 한다. 그리하여 사회과학적 현실분석에 철학이 보태진다면 세상을 바라보는 통찰이 얼마나 진전될 수 있는가를 보여주고 싶다.

철학은 인간과 세계를 근본에서 들여다보는 학문이다. 따라서 철학은 '모든 현실문제'에 대해 근본적인 해법을 제시해야 하는 영원한 과제를 안고 있다. 만약에 철학의 빈곤의 시대인 현대 사회에서 철학이 제 역할을 할 수 있다면, 인간과 인생과 가치, 세계에 대한 끝없는 상대주의적 논쟁을 뛰어넘어 현대인들에게 뭔가 머릿속이 환하게 정리되는 느낌을 줄 것이다. 이 목적을 위해 필자는 마이클 샌델이 《정의란 무엇인가》에서 소개하는 다양한 도덕적 딜레마들을 소재로 활용하여 가치론의 핵심주제인 '도덕의 최고 원칙'의 내용과 그 효용성을 밝히고자 한다.

모름지기 '철학한다'는 것은 끝없는 비판정신을 잃지 않는 것을 말한다. 자신이 확신할 수 없는 주장이나 관점에 대해 끝까지 비판적인 태도를 잃지 않는 것이야말로 현대 대중사회에서 남들에게 휩쓸리지 않고 주체적으로 실존하는 길이다.

1년 전 《정의란 무엇인가》를 읽고 깊은 감명을 받았던 독자든, 반대로 그 책을 읽고 "그래서 정의가 도대체 뭐란 말인가?" 하고 오히려 가치관의 혼란을 느낀 독자든, 이 책에서 철학의 안내를 받으며 차분하게 정의에 관해 머릿속을 재정리해보는 시간을 갖는다면 충분히 유익한 독서가 될 것으로 믿는다.

　이 책이 도덕, 정의 혹은 가치에 대한 독자들의 주체적인 관점을 명쾌하게 정립할 수 있는 계기가 되기를 바란다.

　도덕과 정의, 가치를 다루는 이 책을 일반 고등학생들도 이해할 수 있는 대중적인 책으로 만들고자 주위 직장동료들의 도움을 많이 받았다. 고덕중학교 김인도 선생님은 학생들의 입장에 서서 여러 가지 참신한 지적을 해주었다. 아내와 딸 기쁨이에게도 깊은 사랑의 마음을 전하고 싶다. 그리고 청소년도서 전문출판사로서 우리 사회 정의를 위한 남다른 사명감으로, 이번에도 흔쾌히 쉽지 않은 철학서 출간을 맡아주신 두리미디어 최용철 사장님과 편집진에게도 진심으로 감사의 말씀을 전한다.

프랑스대혁명 전야인 1750년에 프랑스 디종학술원은 "예술과 학문의 진보가 도덕의 향상에 기여했는가?"라는 물음에 대한 현상논문을 모집했고, 이에 장 자크 루소는 〈학문과 예술에 관한 논문〉에서 "인간은 본래 선하지만 오히려 사회와 문명 때문에 타락했다."라고 답변했다. 필자는 루소처럼 예술과 학문의 진보 때문에 인간이 타락했다고 생각하지는 않지만, 예술과 학문의 진보가 적어도 도덕의 향상과 전혀 무관할 수 있다는 것에 대해 강한 문제의식을 제기하고자 한다.

이 시대의 급선무는 도덕적 기초 세우기

독일은 바흐와 베토벤, 칸트와 헤겔, 괴테와 실러의 나라다. 그러나 19세기 이후 독일 문화의 황금기를 맞아 음악과 사상, 문학의 혜택을 누리며 자란 후손들은 불과 한 세기도 못 가 20세기 초 파시즘의 광풍에 마음껏 휘둘리고 양차 세계대전의 참상을 자행했다. 그 후손들을 올바르게 살아가게 할 힘이 없는 이 모든 것들이 무슨 의미가 있는가?

사람들은 자신의 삶을 더욱 고귀한 것으로 고양시키기 위해 음악을 들으며 생활의 활력을 얻고 사상과 문학을 접하며 영감을 얻는다. 그러나 실제 생활에서는 아무 생각 없이 현실에 영합하면서 무의미하게 살아가거나, 전쟁에 나가 함부로 살육을 자행하기도 한다. 이것이 의미하는 바는 예술이나 문학에는 '눈[眼]'이 없다는 사실이다. 올바른 가치론이 결합되지 않을 때 아무리 위대한 문화와 예술, 사상이라도 그 가치가 격하된다. 가치론의 탄탄한 토대가 뒷받침되지 않는 한 예술과 문학을 비롯한 인류가 이룩한 모든 성과는 사상누각에 불과하다. 따라서 그것들이 인간의 삶에서 정당한 의미를 갖게 하기 위해서라도 굳건한 가치론의 토대가 절실히 필요하다. 지난 시대 선조들이 이룬 모든 업적이 후대에 제대로 평가되기 위해서라도 올바른 가치론이 반드시 뒷받침되어야 한다. 우리 시대의 가장 시급한 임무는 튼튼한 도덕적 기초를 바로 세우는 일이다.

그러나 도덕론, 정의론 혹은 가치론은 그 중요성에 비해 철학에서 그리 활발하게 논의되지 못한 분야에 해당한다. 철학사를 통틀어 이 주제를 논한 철학자들이 그리 많지 않다. 그 이유는 인류사에서 종교가 가치론 분야를 독점해왔기 때문이다. 종교에 의하면 '신이 의지하는 바가 곧 선악의 기준'이라고 정의한다. 따라서 인류사에서 가치론은 신의 의지를 빙자하며 세속 권력과 결탁한 종교와의 대결에서 휴머니즘을 옹호하는 형태로 발전해왔다. 그러나 애초에 종교 또한 이웃 사랑을 비롯한 인간 존중에 바탕을 두고 있었기에 공감대의 저변을 확대할 수 있었다. 이처럼 휴머니즘에는 인류 공통의 염원이 담겨 있다.

한편 고대 그리스문명에 뿌리를 둔 휴머니즘은 점차 종교의 지배를 벗어나 르네상스 이후 근대 계몽주의를 거치면서 계몽주의 사상가들에 의해 자연권의 형태로 눈부시게 발전하게 된다. 그리하여 가치론은 마침내 칸트에 이르러 순수한 휴머니즘의 형태로 완성되었다. 칸트는 인간을 절대적 가치를 지닌 존재로 격상시켰고, 그 근거를 인간이 한낱 본능적 존재가 아니라 이성적 존재라는 점에서 찾았다.

그러나 역사는 아직 칸트의 정언명령 '인간을 목적으로 대우하라'를 자신의 모든 행동과 선택의 도덕성 여부를 판단할 수 있는 '도덕의 최고 원칙'으로서 받아들일 준비가 되지 않았다. 그에 따라 칸트가 인간의 존엄성의 근거로서 제시한 '이성적 존재'로서의 인간은 "이성적인 것이 현실적인 것이다."라고 주장한 헤겔 철학에 대한 현대 철학의 강력한 반발과 더불어 부정되었고, 아울러 19세기 말에는 니체가 그리스도교에 뿌리를 둔 서구 사회의 도덕을 '약자를 위한 도덕'이라고 맹비난하면서 그리스도교에 대해 철학적 사망 선고를 내림으로써 그동안 도덕을 지탱해오던 두 뿌리인 휴머니즘과 종교 모두 설 땅을 잃었다. 인류는 이제 자신을 붙잡아줄 모든 도덕의 근거를 상실한 채 완전히 혼란에 빠지게 되었고, 그 결과 20세기 전반기에 '문명시대의 야만'이 초래되었다. 남은 것은 폐허와 불안, 공허뿐이었다.

철학사상 가치론이 가장 활발하게 논의되던 시기는 아이러니하게도 가치론이 가장 발달한 계몽주의 시대가 아니라, 논리실증주의와 분석철학이 '가치명제'의 의미 자체를 부정하면서 '철학에서 가치를 몰아내기 위해' 공격하던 시기였다. 서양 철학에서 가치론이 성장할 기회가 없었던 것이다.

그러나 모든 절대적 가치를 부정한 니체의 나라 독일에서 하이데거가, 아우구스티누스의 '인간의 정신 속에 존재하는 과거, 현재, 미래에 근거한 삼차원적 현재'를 계승하여 인간의 정신 속 삼차원적 시간성을 탐구함으로써 죽음을 앞둔 인간 존재의 절대적 일회성에 대한 자각을 근거로 인간의 실존을 가능케 하는 본질적이고 필연적인 의식구조를 발견해낸다. 그러나 하이데거는 이러한 존재 분석을 토대로 인간의 실존 가능성을 탐색하는 데 그쳤을 뿐, 그것을 가치론으로, 즉 인간 존재의 절대적 가치의 근거를 밝히는 이론으로까지는 발전시키지 못했다.

이상의 역사적 과정을 거치면서 현재 도덕론이나 정의론, 혹은 가치론의 토대는 매우 취약한 상태이다. 그에 따라 산업사회를 살아가는 현대인의 삶은 전쟁의 두려움과 인간의 본래적인 자아와 갈수록 멀어지는 소외로부터 벗어나지 못하고 있고, 산업사회의 고도한 생산력에도 불구하고 인류는 여전히 문명의 예측 불가능성으로 인해 고통 받고 있다.

도덕의 최고 원칙을 정착시키기 위하여

그러나 가치론이 이처럼 이론적으로 취약함에도 현대인의 실제 삶에서는 휴머니즘이 꾸준히 성장하면서 인류의 가치의식에 그대로 반영되고 있다. 현실이 철학을 앞서가고 있는 것이다. 이것은 매우 고무적인 현상이다. 철학은 아직도 정신을 못 차리고 현실에 영합하느라 상대주의에 빠져 현대인의 삶을 뒤흔들고 있지만, 오히려 일반인들은 실제 삶에서 휴머니즘을 확고하게 지지하고 있으며 인간 존중을 결코 포기할 수 없는 그들의 헌법적 기본권으로서 확대해 나가고 있다.

그러나 휴머니즘이 '도덕의 최고 원칙'으로서 뒷받침되지 않는 한, 그들의 휴머니즘은 이데올로기가 기승을 부리는 정치적 격변기에는 또다시 바람 앞의 등잔불 같이 위태로울 수밖에 없다. 따라서 만약에 철학에서 빛을 찾아 휴머니즘의 튼튼한 기초를 구축할 수 있다면, 현대인들은 그토록 고대하던 삶의 안정성과 예측 가능성을 확보함으로써 근본적인 삶의 변화를 초래할 수 있을 것이다.

현대 산업사회를 살면서 지금은 어디를 둘러보든지 창백한 얼굴들을 볼 수 있다. 치열한 경쟁에서 도태되지 않고 살아남기 위해 전전긍긍하느라 여유가 없는 모습들이다. 생명의 절대적 가치를 지닌 인간들을 저렇게 한낱 생산요소로밖에 살 수 없도록 만드는 현대 철학과 현대 사회의 이데올로기들에 분노를 느낀다. 그러나 사람이 실제로 자기 자신이 절대적 가치를 지닌 존재라는 사실을 자각하게 될 때 인간의 삶은 근본적으로 달라질 것이다. 그들은 자신의 삶에서 불의와 방관, 무사안일을 몰아내고 자신의 하루하루를 실제로 자신의 절대적 가치에 걸맞은 삶으로 만들고자 할 것이기 때문이다.

'인간 존재의 절대적 가치에 대한 존중'이라는 '도덕의 최고 원칙'은 인류의 삶에서 휴머니즘의 성장에 의해 뒷받침되고 있기 때문에, 실제로 시대정신으로 자리 잡을 수 있는 객관적 토대를 갖고 있다. 따라서 우리 시대의 사람들에게 인간 존재의 절대적 가치의 근거를 제시하여 그것에 주목하게 하고 폭넓은 공감대를 형성하는 것에 시대적 사명이 있다고 할 것이다.

이러한 문제의식을 담아 이 책의 1부에서는 철학의 역사에서 도덕 혹은 정의를 바로 세우기 위한 빛을 찾는 여정으로서, 먼저 목적론의 관점에서 정의론을 객관적 토대 위에 세우고자 한 아리스토텔레스의 정의론이 남긴 성과와 한계를 살펴보고, 아울러 도덕 혹은 정의의 보편적, 절대적 기준을 제시한 칸트와 롤스의 '도덕의 최고 원칙'을 살펴보고자 한다.

2부에서는 도덕적 딜레마들, 특히 마이클 샌델이 제시한 다양한 사례들을 중심으로 공리주의, 자유지상주의, 공동체주의 등 궤도를 이탈한 이 시대의 이른바 '문제적 정의들'을 전반적으로 검토해보고자 한다. 그럼으로써 1부에서 다룬 '도덕의 최고 원칙'을 현실에 적용함으로써 영원히 평행선일 것 같던 도덕적 논쟁들이 근본적으로 해소되는 과정과 함께, 철학에서 도덕과 가치를 배제함으로써 현대 사회의 상대적 가치론을 위한 철학적 기초를 제공하려 한 논리실증주의와 분석철학이 제기하는 주장들의 근본적인 한계를 살펴볼 것이다.

마지막으로 3부에서는 절대적 가치론의 입장에서 현 시대의 대세로 자리 잡은 상대적 가치론이 어떻게 하나하나 반박될 수 있는지를 보여주고자 한다. 그리고 나서 칸트와 롤스의 도덕철학의 성과를 이어받아 현대인의 삶을 격상시키는 흔들릴 수 없는 도덕 혹은 정의의 보편적, 절대적 기준으로서 '인간 존재의 절대적 가치에 대한 존중'이라는 명제를 '도덕의 최고 원칙'으로서 제시하고, 그 철학적 근거와 의미를 살펴볼 것이다. 아울러 반성능력을 가진 인간에 대한 철학적 통찰을 토대로 '정의로운 세계의 실현가능성'에 대한 전망을 제시하는 것으로써 정의를 찾는 여정을 마칠 것이다.

이 책은 1부와 2부의 성과를 토대로 3부에서 현대인을 위한 도덕의 최고 원칙 '인간 존재의 절대적 가치에 대한 존중'을 제시하는 한편, 2부의 도덕적 논쟁을 정리하는 데 3부의 성과를 이용하는 글의 구성을 갖고 있다. 따라서 이 책을 처음부터 끝까지 순서대로 읽으려 하지 말고 눈길 가는 곳부터 먼저 읽기 시작하는 것도 요령 있는 독서가 될 것이다.

1부 정의를 찾는 여정

01 공동체의 목적과 사명에 기여하는 행위가 곧 정의다_아리스토텔레스   24

아리스토텔레스의 정의론 | 현실의 조건에서 본다면 | 시민자치의 이상을 위하여 | 자유와 목적의 결합 가능성

02 인간을 목적으로 대우하라_칸트   46

도덕을 자유와 연결시킨 칸트 | 사람은 누구나 존중받을 가치가 있다 | 도덕적 가치를 동기에서 찾다 | 도덕의 최고 원칙, '인간을 목적으로 대우하라' | 절대적 가치의 효용과 의미 | 칸트의 도덕철학에서 발견되는 결함 | 칸트의 '도덕의 최고 원칙'이 갖는 위력

03 '약자 우대의 원칙'을 제시하다_존 롤스   71

무지의 장막에서 도출되는 정의로운 사회 | 무지의 장막을 통한 사회정의 분석과 '약자 우대의 원칙' | 노력에 따른 분배도 부당한 것인가 | 롤스 정의론의 철학적 성과 | 롤스의 정의론에서 발견되는 몇 가지 한계

'무엇이 도덕인가?', 혹은 '무엇이 정의인가?', 혹은 '무엇이 마땅히 추구해야 할 올바른 가치인가?'

'무엇이 도덕인가'를 다루는 도덕철학은 '무엇이 진리인가'를 다루는 순수 학문과 근본적으로 다르다. 곧 '3+2=5이다.' 같은 순수 학문의 명제는 사람들의 이해관계와 상관없이 언제 어디서나 보편적으로 올바른 명제로서 성립되지만, '무엇이 도덕인가'의 문제는 계급관계나 사람들의 이해관계에 취약하게 노출되어 있다.

그에 따라 모든 시대의 지배계급은 자신들의 이해에 부합하는 행위나 가치를 도덕 혹은 정의라고 일방적으로 규정하고 강요하거나 교묘하게 포장해왔다. 만약에 어떤 이해관계도 배제한 순수한 도덕명제, 그래서 객관적이고 보편적인 '도덕의 최고 원칙'을 도출해낼 수 있다면, 그것은 시대와 개인에 따라 옳고 그름이 달라지는 주관적인 원칙이 아니라, 언제 어느 때나 인간이 따르고 추구해야 할 절대적인 도덕원칙이 될 것이고, 도덕철학은 그때서야 비로소 순수한 학문으로서의 기초를 갖게 될 것이다.

도덕철학의 3대 거장이라고 할 수 있는 아리스토텔레스나 칸트, 롤스는, 상대주의 논란에 쉽게 휩싸일 수 있는 영역인 도덕을 객관적이고 보편적인 학문의 위치로 끌어올렸다. 아리스토텔레스나 칸트, 롤스의 도덕철학은 도덕의 근본원리를 다루고 있기 때문에, 2부의 정의에 관한 많은 논쟁 사례에서 볼 수 있듯이, 도덕적 논쟁들을 해결할 수 있는 근본적인 통찰을 제공한다. 따라서 현실의 도덕적 논쟁에서 정의를 찾아가는 여정을 바로 시작하기보다, 먼저 아리스토텔레스와 칸트, 롤스의 도덕철학에서 사단취장의 자세로 도덕 혹은 정의를 바로세우기 위한 빛을 찾아내는 작업에 착수하는 것이 올바른 순서일 것이다.

그들은 도덕이나 정의를 어떻게 정의하였으며, 어떻게 도덕을 객관적이고 보편적인 학문의 위치로 끌어올렸는가?

1부

정의를 찾는 여정

01 공동체의 목적과 사명에 기여하는 행위가 곧 정의다
– 아리스토텔레스

아리스토텔레스의 철학은 흔히 '목적론 철학'이라고 일컬어진다. 아리스토텔레스에 의하면, 만물은 질료 속의 형상들이 작용인과 목적인의 도움을 받아 예정된 목적을 실현하는 과정에 있다. 그런데 목적론에는 '마땅히 어떠어떠해야 한다'라는 당위론이 내포되어 있다. 만약에 뭔가에 목적이 있다면 그것은 당연히 그 목적을 실현하는 것이 선이기 때문일 것이다. 그에 따라 아리스토텔레스의 목적론적 철학은 특히 당위론의 영역인 도덕철학에서 빛을 발휘한다. 만일 목적론의 관점으로 접근할 경우, 어떤 목적이 정해지면 그에 따라 정교한 당위론이 도출될 수 있기 때문이다. 그것이 고대 그리스 철학자인 아리스토텔레스의 도덕론 혹은 정의론이 오늘날까지도 영향력을 갖고 있는 갖는 비결이며, 이러한 '목적론적 장치'가 아리스토텔레스의 목적론적 도덕론 혹은 정의론의 핵심이다.

목적론적 정의론이란, 어떤 행위의 옳고 그름의 기준 혹은 노력이나 정의의 기준을 공동체의 목적과 사명에 두는 입장을 말한다. 즉 아리스토텔레스에 의하면 '공동체의 목적과 사명에 부응하는 공동선이나 미덕, 혹은 좋은 삶이 곧 정의'다.

이때 미덕과 공동선, 좋은 삶이라는 표현들이 반복적으로 등장하는데, 아리스토텔레스에 의하면 공동체의 목적과 사명에 부합되는 행위가 미덕이고 곧 공동선이며, 그런 삶이 좋은 삶이다.

인간의 자유나 행복 혹은 인간 존중 여부를 정의의 판단 기준으로 삼는 입장을 '아래로부터의 정의론' 또는 '도덕적 개인주의'라고 한다면, '공동체의 목적과 사명에 부합하느냐'를 정의의 기준으로 삼는 목적론적 정의론은 '위로부터의 정의론'이라고 할 수 있다.

여기서 필자의 관심은 '아리스토텔레스의 목적론적 정의론이 과연 인간 존중을 뒷받침하는 도덕의 최고 원리와 병립될 수 있는 것인가', 그리고 '아리스토텔레스가 이야기하는 공동체의 목적이나 사명, 그리고 그것에 부합하는 미덕이나 좋은 삶 혹은 공동선이 인류 역사의 자유와 노력의 토대 위에서 성립 가능한 것인가, 아니면 그것과 대체관계에 있는 것인가'에 있다.

뇌성마비를 앓아서 휠체어를 타고 다니지만 학교 미식축구 선수들과 관중을 열광케 하는 인기 있는 응원단원이 있다. 하지만 그는 다른 단원들처럼 일자로 다리 뻗기와 공중회전을 못한다는 이유로 응원단에서 방출되는 신세가 되었다. 그가 응원단원으로서 자격을 갖추려면 반드시 체조를 잘해야 하는가? 아니면 그의 장애를 생각할 때 그것은 부당한 요구인가?

여기서 논쟁의 핵심은 '응원단원으로서 제 역할을 잘한다는 것은 어떤 의미인가'에 있다. 응원단이라는 집단의 진짜 목적은 애교심을 높이고 관중석에 활기를 불어넣는 것에 있다. 따라서 응원단원이 갖추어야 할 자질을 결정하려면, 응원단의 필수 요소와 부차적 요소를 규정해야 한다. 응원단의 진짜 목적이 애교심을 높이고 관중석에 활기를 불어넣는 것이라면, 선수들과 관중을 열광케 하는 능력은 응원단원으로서 갖춰야 할 필수 요소이고, 다리 뻗기와 공중회전은 부차적 요소다. 즉 응원단원 자리를 할당하는 공정한 방법을 정하기 위해서는 응원의 본질과 목적을 먼저 결정해야 하며, 그렇지 않고서는 무엇이 필수 자질인지 이야기할 수 없다. 이것이 아리스토텔레스의 목적론적 정의론의 핵심이다.

아리스토텔레스의 정의론

이처럼 아리스토텔레스의 목적론적 정의론에 의하면, 어떤 것이 정의인가를 알려면 먼저 문제가 되는 사회적 행위의 텔로스(목적, 목표, 본질)를 이해해야 한다. 아리스토텔레스에게 정의는 사회적 행위의 텔로스에 근거하여 '자격 있는 사람에게 영광과 포상을 안겨주는 것'이다.

아리스토텔레스에게 정의란 '사람들에게 그들이 마땅히 받아야 할 것을 주는 것'이다. 그런데 누가 무엇을 마땅히 받아야 하는가? 아리스토텔레스에 의하면, 이는 '분배되는 것이 무엇인가'에 달렸다.

그렇다면 누가 최고의 '플루트'를 가져야 하는가? 그것을 받을 자격이 누구에게 있는가? 아리스토텔레스에 의하면 최고의 플루트 연주자가 가져야 한다. 그럴 경우 최고의 음악이 나올 수 있고, 그게 음악을 듣는 우리에게도 좋은 일이기 때문이라고 한다. 아리스토텔레스는 최고의 플루트 연주자가 최고의 플루트를 가져야 할 이유를 그 분배 방식이 '잘 연주되어야 한다'라는 플루트의 존재 목적과 맞아떨어지기 때문이라고 설명한다.

이처럼 그는 재화를 공정하게 분배하려면 해당 재화의 텔로스, 즉 목적을 물어야 한다고 말했다. 따라서 정의는 능력에 따라, 우수성에 따라 차별적으로 적용된다. 플루트 연주의 경우, 능력이란 플루트 연주 실력이다. 만약에 여기서 정의가 부나 타고난 신분, 외적 아름다움, 우연적 요소(제비뽑기) 같은 기준에 따라 차별 적용된다면 부당한 일이라고 말한다.

그런데 이러한 목적론적 사고가 비록 체계적인 설명이라는 장점은 있지만, 현대를 살아가는 우리에게는 왠지 너무 틀에 맞춘 듯한 느낌이 들어 답답하다. 왜 최고의 플루트는 최고의 플루트 연주자만이 가져야 하고, 나처럼 지금 현재는 플루트 연주를 잘 못하지만 플루트 소리의 매력에 푹 빠져 있고 플루트를 정말 아끼며 미래에는 정말 멋지게 연주해보고 싶은 꿈을 가진 사람은 가질 자격이 없는가? 아리스토텔레스는 모든 것을 목적론을 중심에 두고 사고했기 때문에 그렇게 생각했을 것이다. 그러나 자격 기준을 현재에 두고 현재 최고의 플루트 연주자만이 최고의 플루트를 가질 자격이 있다고 하기보다, 플루트를 정말 사랑하는 사람이라면 누구나 장래에 최고의 플루트 연주자가 될 수 있다는 가능성을 인정하면서 최고의 플루트를 가질 기회의 평등을 인정하는 것이 더 정의로운 것일 수도 있다. 아니, 정말 플루트라는 악기를 아끼는 사람이라면 설사 최고의 플루트 연주자로서의 자질이 못 되더라도 플루트를 가질 자격을 인정하는 것이 현대적 감각으로 볼 때 좀 더 정의로운 기준일 수 있다.

더 나아가 '인간을 목적으로 대우하라'라는 칸트의 정언명령에 입각할 경우, 최고의 플루트는 최고의 플루트 연주자가 가져야 한다는 아리스토텔레스의 주장은 잘못이다. 왜냐하면 거기서는 '그 선택이 과연 최고의 목적인 인간을 목적으로 대우하는 것인가'라는 관점보다, 그 수단인 플루트의 목적이 더 중요하게 고려되기 때문이다. 앞에서 든 응원단원의 예에서도 그를 응원단에서 방출하는 것이 정의롭지 못한 이유는 그것이 도덕의 최고 원칙 중 '인간을 목적으로 대우하라'라는 원칙이나 '약자 우대의 원칙'을 위배하는 일이기 때문이다.

따라서 아리스토텔레스의 목적론적 사고는, 이처럼 개별 사물이나 사건에 적용하기보다 사회조직과 정치행위에 적용할 때 더 의미 있는 논의를 도출할 수 있다. 정치의 목적은 무엇인가? 정치권력은 어떻게 분배해야 하는가? 통치권을 가질 자격은 누구에게 있는가? 아리스토텔레스에 의하면, 그 답은 정치활동의 목적에 달렸다. 그렇다면 정치활동의 목적, 즉 정치의 텔로스는 무엇인가?

아리스토텔레스에게 정치활동의 목적은 근대 시민사회의 법체계의 이념인 '어느 목적에도 치우치지 않는 공정한 권리의 틀을 정하는 것'이 아니라, 좋은 시민을 양성하고 좋은 자질을 배양하는 것이다. 정치는 선을 장려하는 목적에 몰두해야 한다. 정치는 숭고한 행위인 '좋은 삶'을 사는 법을 터득하는 것이다. 정치의 목적은 사람들이 고유의 능력과 미덕을 계발하게 만드는 것, 즉 공동선을 고민하고, 판단력을 기르며, 시민자치에 참여하고, 공동체 전체의 운명을 걱정하게 하는 것이다. 폴리스 구성원의 도덕교육과 시민교육, 사회생활의 여러 제도는 그 목적을 위해 존재한다.

이러한 성격의 정치연합에 가장 그게 기여하는 사람은, 바로 시민의 미덕이 탁월한 사람, 공동선을 숙고하는 데 가장 뛰어난 사람일 것이다. 정치가 시민의 미덕에 영광과 포상을 안겨주기 위해 존재하는 것이라면, 최고의 부자도, 다수도, 가장 잘생긴 사람도 아닌, 시민의 자질이 가장 뛰어나고 공동선을 숙고하는 데 가장 뛰어난 사람이 정치적으로 인정받고 가장 큰 영향력을 발휘할 가치가 있는 사람이다. 따라서 정치에서 정의는 페리클레스, 링컨 같은 사람에게 최고의 공직과 영광을 주는 것이다.

이상의 아리스토텔레스의 정의론은, 정의에 대한 해답이 고대 그리스의 아리스토텔레스에 이미 있었다고 생각될 정도로 원리적으로 매우 뛰어나다. 만약에 우리가 페리클레스나 링컨 같이 시민의 미덕이 탁월한 사람, 공동선을 숙고하는 데 가장 뛰어난 사람을 양성하여 최고의 공직과 영광을 줄 수 있고, 사람들 각자의 능력과 미덕을 개발하여 공동선을 고민하게 하고, 판단력을 기르게 하며, 시민자치에 참여하게 하고, 공동체 전체의 운명을 걱정하게 하며, 그것을 위해 여러 사회제도를 통해 구성원의 도덕교육과 공동체의 목적과 목표, 좋은 삶을 교육시킬 수 있다면 정의로운 사회가 실현될 수도 있을 것이다.

그러나 아리스토텔레스의 정의론은 애석하게도 이처럼 이해중립적인 객관적 영역이 아니다. 그 사실을 아리스토텔레스는 누구보다 잘 알고 있었다. 그의 목적론적 정의론에 등장하는 주요 용어들은 얼핏 아무 문제가 없는 것처럼 보이지만, 실은 가치중립적이지 않다. 예컨대 "정치는 선을 장려하는 목적에 몰두해야 한다."라고 할 때 '어느 사회에서, 누구의 입장에서의 선이냐'라는 문제가 핵심적인 문제로 등장한다. 좋은 삶도, 미덕도, 심지어 공동선도, 그리고 그것을 뒷받침하는 시민교육도 마찬가지다. 따라서 '아리스토텔레스가 말하는 공동체의 목적과 사명에 부응하는 좋은 삶이 뭐가 나쁜가?'라고 생각하는 사람은, 역사상 얼마나 많은 잔악한 행위들이 '공동체의 목적과 사명에 부응하는 행위'라는 미명하에서 자행되었는가를 알게 되면 바로 공감할 것이다.

따라서 아리스토텔레스 정의론의 최고 원리인 공동체의 목적과 사명은 독단적인 것이어서는 안 된다. 만약에 공동체의 목적과 사명이 독단적인 것일 경우, 그것에 부응하는 행위를 정의로 규정하는 것은 대단히 위험한 주장이 될 수 있다. 따라서 이 지점에서 가장 경계해야 할 것이 바로 상대주의다. 공동체가 어떤 견제도 받지 않은 채 '무엇이 옳은 것인지는 상대적인 것이다'라는 상대주의의 지배를 받을수록 민중들이 권력을 가진 자들의 선동과 언론의 동조에 의해 휘둘리는 역사의 불행이 반복되고 만다. 여기서 미덕이나 공동선, 좋은 삶이라는 표현들은 가증스런 미사여구에 지나지 않는다. 인류는 이제 이러한 표현들에 면역력을 가져야 하며, 그러지 못하는 한 비록 현재 평화로운 시기를 살고 있을지라도 그들에게 평화는 '바람 앞의 등잔불'일 뿐이다. 따라서 상대주의를 방지하기 위해서는 공동체의 목적과 사명은 그보다 더 상위에 위치하는 '도덕의 최고 원칙'을 통해 먼저 엄격한 검증을 받아야 한다.

현실의 조건에서 본다면

이상에서 살펴본 바와 같이 목적론적 정의론은 '공동체의 상대주

의에 휘둘리지 않을 수 있는 정치에서의 정의가 실현 가능한가'라는
근본적인 문제와 함께, '우리의 현실에서 구체적으로 그것을 어떻게
실현할 것인가'라는 현실 조건의 문제가 같이 검토되어야 한다. 왜냐
하면 상대주의의 근본적 한계에도 불구하고 시민의 미덕이 탁월한
사람, 공동선을 숙고하는 데 가장 뛰어난 사람에게 최고의 공직과 영
광을 주고, 시민들이 시민자치에 참여하여 공동선을 고민하게 하고,
그것을 도덕교육과 시민교육을 통해 뒷받침하는 것을 목표로 하는
사회를 정의로운 사회로 제시하는 목적론적 정의론은 여전히 일정
측면 시민사회의 이상을 반영하고 있기 때문이다.

그것을 위해서는 먼저 인간의 생존 문제를 주목해야 한다. 먼저 생
존의 영역에서 왜곡된 것부터 바로잡혀야, 그런 뒤에 정치에서도 정
의를 실현할 수 있다. 그러나 현대인들은 삶의 대부분이 생계에 묶여
있어 '시민'이 될 시간과 여유가 없다.

고대 그리스에서는 전쟁이나 식민지에서 끌고 온, 시민의 열 배에
달하는 노예들이 생존의 문제를 대신 해결해줬기 때문에, 시민들은
정치에 몰두하면서 폴리스의 공동선을 고민하고 시민자치에 참여하
며 공동체 전체의 운명을 걱정할 수 있었다. 그러나 인간은 정치 이
전에 먼저 먹고 살아야 한다. 생존의 문제가 먼저 해결되지 않는 한,
정치는 그보다 뒷전일 수밖에 없다.

근대 시민사회는 시민들에게 자유를 주었다. 그러나 생존을 위한
예속이 해결되지 않은 자유로운 시민들은 결코 정치의 주체가 될 수
없었다. 시민혁명의 성과에 대해 악마는 "너희가 생존문제의 해결 없
이 얼마나 자유로울 수 있는지 한번 보자."라며 비웃는다. 자본주의
가 발달할수록 인간은 더욱 더 생존문제에 예속되었고, 현대인들은

죽을 때까지 생존에 매달리고 있다. 취업하기도 힘들고, 자본의 권력과 해고의 위협 때문에 회사에서 목표와 실적을 맞추며 도태되지 않고 살아남기도 힘들다. 그에 따라 인간 자신의 본질로부터 소외되고 '숨 참기'와 유체 이탈을 경험하며 넋이 빠질 정도로 생존에 매달리고 있는 그들에게, 공동체의 공동선이나 시민자치의 이상은 언제나 뒷전일 수밖에 없다. 그에 따라 투표참여율은 자꾸만 하락한다. 역사는, 이처럼 현실 문제에 대한 고민 없이 아리스토텔레스의 목적론적 정의론을 거론하는 것은 현실적이지 못한 탁상공론에 지나지 않는다는 교훈을 일깨운다.

흔히 아리스토텔레스 정치철학의 한계를 지적하는 사례로서 거론되는 노예제 옹호는, 노예제 그 자체만 따로 떼어 생각해서는 안 되고, 노예제가 아테네 민주주의의 기초를 제공하던 당시 시대상황을 감안해야 한다. 즉 아리스토텔레스는 매우 현실적인 사람이어서 생존의 문제가 해결되지 않는 한 민주주의가 성립하고 발달할 수 없다는 것을 누구보다도 잘 알았기에, 아테네 민주주의를 위한 현실적 대안으로서 노예제를 옹호했을 것이다. 당시 노예제는 아테네 정치공동체의 목표와 사명에 적합하고 꼭 필요한, 따라서 아리스토텔레스의 입장에서 볼 때는 '정의로운' 제도였다.

그러나 노예제는 '인간을 목적으로 대하라'라는 칸트의 정언명령과 롤스의 '약자 보호의 원칙'에 정면으로 반한다. 따라서 오히려 아리스토텔레스의 노예제 옹호는 '공동체의 목표와 사명에 적합한 행동이 곧 정의다'라는 공동체주의적 정의론의 상대주의적 위험성을 명백히 보여주는 사례에 해당한다.

그렇다면 고대 그리스에서처럼 누군가가 생존의 문제를 대신해주지 않는 한 아테네에서와 같은 민주주의의 실현은 불가능할까? 그러나 다행스럽게도 현대의 고도한 산업사회에 이르러 마침내 인류는 절대적 빈곤을 벗어날 수 있게 되었다. 고대 그리스에서 노예가 담당하던 고된 노동을 이제는 고도한 생산력의 도움을 받아 기계가 대신하도록 할 수 있게 되었다. 그에 따라 이제 인류는 생존의 압박에서 벗어나, 모든 시민들이 시민자치에 참여하고, 머리를 맞대고 공동체의 공동선을 고민하며, 공동체 전체의 운명을 걱정하는 삶을 살 수 있는 객관적인 조건을 갖추게 된 것이다.

이러한 변화는 인류의 역사가 '생산력 발달의 역사'이기 때문에 가능한 일이었다. 인류의 역사가 '생산력 발달의 역사'라는 사실은 우리 조상들에 비해 잘살고 있는 현재 우리 자신의 생활을 통해서도 확인된다. 생산력의 발달은 문자의 존재로 인해 고스란히 기록으로 남기 때문에 인류 역사에는 '생산력 후퇴 불가의 법칙'이 적용된다. 그에 따라 인간은 갈수록 생존의 압박에서 자유로운 '시민'이 되었어야 했다.

그러나 현실은 그리 만만치 않다. 현대인들은 생산력 발달의 역사에서 산업사회의 고도한 생산력이 인류의 삶을 위해 어떤 역사적 의미를 가질 수 있는지를 잘 모르고, 따라서 그것을 지혜롭게 사용하는 방법을 잘 모른다. 그에 따라 산업사회가 발달할수록 그것이 생존의 안정에 기여하는 것이 아니라, 오히려 인간을 더욱 더 생존에 매달리게 한다. 교역 자유화와 세계화는 기업들이 세계적인 경쟁 속에서 살아남기 위해 기계화와 생산 자동화에 더욱 더 박차를 가하게 하고, 그에 따라 기계는 인간을 생존으로부터 자유롭게 하는 것이 아니라 오히려 고용의 대체수단으로서 인간을 더욱 더 생존에 매달리게 하는 경쟁자로서 작용한다.

인간이 더욱 더 생존에 매달리게 될수록 어떻게든 경쟁에서 살아남아 해고를 모면하려고 발버둥치고 현재의 체제에 잘 적응하여 고과와 승진에서 뒤처지지 않기 위해 욕망의 노예로서 오로지 앞만 보며 정신없이 살아갈 뿐, 고도한 산업사회가 갖는 역사적 의미를 깨달을 마음의 여유가 없다. 그 원인이 무엇일까?

사회를 그렇게 몰고 갈수록 이 시대 지배세력들의 부와 권력이 강화되기 때문이다. 기득권자들은, 시민들이 정치에서 자신들의 다양한 목적과 이해관계를 옹호하고 추구하며 선택하는 과정이 곧 자신들의 이해관계를 더욱 더 공고히 하는 방향으로 흘러가도록 하기 위해 모든 매체와 수단을 이용한다. 그 결과 목적론적 정의론에 따라 '정치가 선을 장려하는 목적에 몰두'하려 할 때 자본주의는 '기득권자들을 위한 공동선, 좋은 삶 혹은 미덕'을 장려하게 되는 극적인 상황이 연출된다.

물론 시민교육을 통해 보편적이고 가치중립적인 공동선을 가르친다면 그것이 정치에 이해관계가 끼어드는 것에 대처하기 위한 가장 좋은 방법이겠지만, 목적론적 정의론에 입각하여 보편적인 가치를 가르친다는 것은 불가능에 가까운 일이다. 현대 사회에서 정부는 지금도 목적론적 정의론에 입각하여 교과서를 통해서 좋은 시민을 양성하고, 시민의 좋은 자질을 배양하며, 선을 장려하는 목적에 몰두하는 것처럼 보인다. 그러나 자본주의에서는 대학에서조차 자유경쟁과 순이익 극대화를 불문율이자 공동선으로 가르치며 현대인들은 그것의 순수성과 보편적 가치를 믿어 의심치 않는다. 그나마 학교에서 가르치는 약간의 보편적 가치도 사회에 나오는 순간 무용지물이 된다. 그들도 생존하기 위해서는 적자생존의 자본주의 사회에 적응해야 하기 때문이디.

역사의 시행착오는 생존의 문제가 해결되지 않는 한 목적론적 정치의 이상은 무용지물임을 말해주고 있다. 마르크스는 일찍이 '정치나 도덕은 생존의 영역이라는 하부구조의 토대 위에서 성립하는 상부구조의 일부일 뿐'이라는 사실을 강조한 바 있다.

시민자치의 이상을 위하여

따라서 아리스토텔레스가 원하는 이상적인 정치가 출현하기 위해서는 먼저 시민들의 생존 문제를 안정화시키는 것이 필수적이다. 그러나 시민들이 공동선을 고민하고 시민자치에 참여하고 공동체 전체의 운명을 걱정하게 되면 '과반수의 원리'에 의해 작동되는 민주주의 하에서 현대 사회 기득권자들의 기득권이 하루아침에 사라질 위험이 있기 때문에, 그들이 시민들의 생존을 안정화해줄 리 만무하다. 오히려 그들은 현대인들이 시민이 되는 것을 막기 위해 죽을 때까지 생존에 매달리도록 하는 데 그들의 모든 이해관계가 걸려 있다.

그것을 위해 이 시대 기득권자들은 '더 높은 1인당 GDP'를 비전으로 제시한다. 욕망이라는 인간의 결정적 약점을 이용하는 것이다. 현대의 고도한 물질문명은 '더 높은 1인당 GDP'라는 인간의 욕망을 미끼로 작동되고 있다. '더 높은 1인당 GDP'라는 목표에 대해 현대인들은 그것이 기득권자들의 계급 이해가 아닌 보편 이해라고 믿어 의심치 않으며, 그것을 달성하기 위해 모든 고통을 인내한다. '더 높은 1인당 GDP'에 대한 사회적 공감대는 아직도 매우 튼튼하며, 현대인들은 그것을 약속하는 정치인들에게 투표를 하고, 정치인들은 여야 할 것 없이 고도한 생산체제를 더욱 발전시키기 위한 온갖 장치를 뒷받침하고, 그럴수록 사람은 신자유주의의 과잉경쟁에서 어떻게든 살아남기 위해 직장이나 공장에서 숨 참기로 연명하면서 극심한 소외에 시달린다. 그에 따라 인간은 갈수록 정치로부터 멀어진다.

따라서 현대인들이 철학적 성찰을 바탕으로 끝없이 '더 높은 1인당 GDP'를 갈망하는 사회적 공감대를 끊어 욕망의 노예에서 벗어나지 않는 한, 끔찍한 인간 소외를 유발하는 '대상화 사회'인 기득권자들의 생산력 체제의 악순환에서 벗어날 수 없다. 욕망의 문제는 인류 역사와 함께해왔지만 현대인들에게도 여전히 매우 어려운 과제이다. 현대 사회 전체가 '더 높은 1인당 GDP'로 상징되는 욕망에 미쳐 있다.

따라서 시대를 통찰하는 사람이라면, 인간을 생존에 끝없이 예속시키려는 기득권자들과 예속에서 벗어나 자유와 실존, 시민자치를 회복하려는 사람들의 팽팽한 긴장관계가 느껴질 것이다. 이 시대의 기득권자들은 어떻게든 현대인들을 자신들의 고도생산력 체제로 편입시켜 생존을 위해 매달리도록 하기 위해 '더 높은 1인당 GDP'에 대한 욕망을 부추기고 이 시대의 모든 이데올로기를 동원하여 물질 만능주의를 조장하려고 마지막까지 안간힘을 쓸 것이다. 그러나 이 시대 기득권자들의 생산력 체제를 벗어나지 못할 경우 죽을 때까지 생존을 위해 매달리는 신세를 면치 못할 것이며, 시민자치의 이상은 요원한 과제일 것이다.

그런데 만일 사람들이 자신의 의식주에 신경을 쓸 뿐 그 이상의 부를 부러워하지 않고 매달리지 않기 시작할 때 아무리 많은 부를 가진 사람일지라도 권력이 성립되지 않는다는 사실을 주목할 필요가 있다. 사실 내가 남에게 손 벌리지 않고 내 삶을 살고 있는 한 제왕인들 부러워할 하등의 이유가 없다.

반면에 기득권자들의 입장에서는 자신들의 부를 남들이 부러워하게 하고 매달리게 해야 권력이 성립한다. 그에 따라 미국식 자본주의에서는 돈을 버는 즉시 거의 전액을 바로 소비하는 생활을 장려한다. 우리는 가끔 미국 영화에서 몇만 달러 또는 몇십만 달러씩 연봉을 받던 직장인이 해고된 뒤 불과 몇 달도 안돼서 생계에 쫓겨 범죄에 노출되는 장면을 보며 의아해한다. 그들 사회는 만 달러를 벌면 만 달러를 바로 소비하는 삶을 바람직한 삶으로 장려하며, '소비자 주권'이니 '소비 권력'이니 하고 소비를 부추긴다. 그러나 그것이 이 시대 기득권자들이 권력을 유지하는 비결이다. 거기서는 아무리 유능한 사람도 생존을 위해 계속 매달려야 하는 예속적인 삶을 벗어날 수 없다. 끝없이 매달리게 할수록 기득권자들의 부는 막강한 권력을 갖게 된다.

여기서 우리는 하나의 전략을 발견할 수 있다. 그것은 소득이 있을 때 최대한 절약하고 저축해서 하루빨리 그 예속의 수레바퀴에서 빠져나오는 길이다. 절약과 저축이야말로 불변의 미덕이다. 소비가 미덕이라는 주장과 소비를 부추기는 온갖 광고 속에 이 시대 기득권자들의 핵심적인 전략과 이데올로기가 숨겨져 있다.

아울러 현대인들이 생존의 문제를 스스로 안정화하기 위해서는 '인류 역사는 생산력 발달의 역사'라는 의미를 이해할 필요가 있다. 인류 역사는 생산력 발달의 역사이기 때문에 기득권자들의 생산력 체제에 매달리지 않아도 사실 잃을 게 별로 없다. 현대인들은 각자 자신이 처한 위치에서, 다양한 방식으로 현대의 생산력을 전취戰取할 수 있다.

만고의 진리는 '인간은 결국 의식주로 산다'라는 사실이다. 의식주를 제외한 나머지 물질들은 사실 대부분 잡동사니다. 현대인들이 '더 많은 물질'에 대한 욕망의 노예에서 벗어나 의식주를 해결하는 정도를 목표로 하여 검소하게 노동과 문화생활을 병행하고자 한다면, 현대 사회의 고도한 생산력만으로도 차고 넘친다. 현대인들은 고도한 생산력에 따라 기계의 도움을 받아 얼마든지 노동의 부담을 줄이면서 문화생활과 정치생활을 병행할 수 있다. 누구도 인간이 현재의 생산력을 자신의 인간다운 삶을 위해 사용하는 것을 가로막지 못한다.

현대인들이 이같이 역사의 발전 단계에 조응하는 사고를 통해 현대 사회를 지배하는 욕망과 이데올로기의 덫에서 벗어나 고도생산력을 주체적으로 이용하여 생존의 안정을 도모하기 시작한다면, 시민들이 시민자치에 참여하여 공동선을 고민하고 공동체 전체의 운명을 걱정하는 정의로운 사회의 실현이 바로 눈앞에 다가왔음을 발견할 것이다.

현대인들에게는 구성원들의 공감대를 근간으로 운영되는 민주주의가 있으므로, 민주주의의 '과반수의 원리'를 통해 자신들의 현재와 미래를 송두리째 바꿀 수 있다. 민주주의에서는 과반수에서 단 한 표만 넘어도 승자가 모든 권력을 갖는다. '더 높은 1인당 GDP'라는 이 시대의 욕망의 수레바퀴만 깨뜨리면 된다. 현대 문명은 이미 인간이 자신의 정신적 실체인 본래적 자아로서 실존하기 위한 객관적 조건들을 갖추고 있다.

자신들의 계급 이해를 인간을 위한 보편적 정의로 둔갑시키는 지배계급의 이데올로기 생산능력을 보면 참으로 놀라울 정도다. 따라서 자본주의를 위한 이데올로기가 이렇게 기세등등한 현실조건을 도외시한 채, 목적론적 정의론에 입각한 공동선이나 미덕 혹은 좋은 삶을 정의의 기준으로 내세우는 것은 매우 위험한 주장이 될 수 있다. 거기서 목적론적 정의론에서 정의의 기준으로 제시하는 공동체의 목적과 사명, 그리고 그에 따른 공동선이나 미덕, 좋은 삶은 기득권자들의 이해를 옹호하는 방향으로 갈수록 정교해질 뿐이다.

자유와 목적의 결합 가능성

아리스토텔레스는 목적론적 정의론에 입각한 정의 실현을 위해 자신뿐만 아니라 같은 시민들에게 그리고 인류 전체에 무엇이 이로운지를 심사숙고하면서, 주어진 상황에서 얻을 수 있는 인간의 최고선을 찾아내는 실천적 지혜를 강조한다. 그러나 실천적 지혜를 발휘하여 현실의 주어진 상황에서 심사숙고를 통해 인간의 최고선을 찾아내는 것은 결코 쉬운 일이 아니다.

현대 자본주의에서는 자본의 논리가 생존의 영역 곳곳에서 사람의 넋을 빼앗아간다. 사람들은 생존에 급급할 뿐, 인류 전체에 무엇이 이로운지 심사숙고할 여유가 없다. 정치가 생활의 중심이 아니라 경제가 생활의 중심인 사회에서, 강자를 위한 자유에 따른 부조리한 분배를 정의로서 옹호하고 출세지상주의와 물질지상주의가 지배하며 생존을 위해 인간을 끝없이 매달리게 만드는 현실에서, 어떻게 자본의 이데올로기에 휘둘리지 않고 실천적 지혜를 발휘하여 인류에 이로운 것이 무엇일지 심사숙고하면서 인간을 위한 최고선을 찾아낼 수 있을 것인가, 어떻게 페리클레스와 링컨을 육성하여 그들에게 최고의 공직과 영광을 줄 것인가가 역사의 과제다.

　마이클 샌델은 자신의 책 《정의란 무엇인가》에서 아리스토텔레스의 목적론적 정의론을 소개하면서 칸트와 롤스식 자유주의를 비판한다. 그는 1960년대부터 1990년대까지 미국의 정치성향을, 칸트 이론에서 발견되고 롤스가 향상시킨 의무론적 관점을 철저하게 고수한 '절차적 공화국'으로 명명하면서, 이 절차적 공화국은 인간의 소망과 가치보다 도덕적 옳음이 먼저라고 주장하고, 개인의 자유와 권리를 우선시하면서 '선善'에 대한 정부의 개입을 거부하는 '중립성 테제'를 내세우며, 그로 인해 오히려 시민들의 적극적인 참여가 원천적으로 봉쇄되고 모든 사안이 전문가 집단의 판단에 내맡겨지고 있다고 주장한다. 샌델은 이같은 절차적 공화국의 실패를 선언하고, 그 대안으로 "미국혁명은 개인의 권리를 보호함으로써가 아니라 오히려 개인적 관심을 더 큰 선에 희생할 줄 아는 공화주의 전통에 의해 달성된 것이다."라며 미국 건국 당시 공화주의 전통의 회복을 주장한다. '더 큰 전체의 선에 개인의 관심을 희생시키는 것'이 공화주의 전통의 핵심을 이루고 있다고 한다.

　그러나 칸트와 롤스식 자유주의를 미국의 민주주의가 형식적으로 겉돌고 있는 원인으로 진단한 샌델의 분석은 오도된 것이다. 앞에서 살펴봤듯이 현대 사회에서 시민들이 공동선을 고민하고 시민자치에 참여하며 공동체 전체의 운명을 걱정하는 정치의 주체로부터 갈수록 멀어지게 된 근본 원인은, 그들이 생존의 문제에 전적으로 매달리느라 시민이 될 여유가 없기 때문인 것이다.

　"공화주의 정부의 요점은 국민들에게 원하는 것을 제공하는 것이 아니라 조국의 진정한 관심을 가장 잘 식별하고 국민들로 하여금 올바른 것을 하도록 이끄는 것이다."라는 그의 주장에서 플라톤의 철인 정치가 떠오른다. 또한 '대大를 위한 소小의 희생'을 주장하는 공화주의자들의 주장에서, '대를 위한 소의 희생'을 옹호하며 인간을 불행에 빠뜨린 지배계급을 위한 과거의 이데올로기들이 떠오른다. 따라서 "정의로운 사회라면 국가가 시민의 미덕을 장려해야 하는 것 아니냐?"라는 샌델의 주장은, 시민들이 생존을 위해 끝없이 매달리게 함으로써 정치의 주체가 되지 못하도록 온갖 노력을 기울이는 이 시대 지배세력들의 기세등등한 이데올로기를 간과한 채 '선한 국가'를 믿어 의심치 않으면서 '선한 국가'를 일방적으로 '전제'하는 순진한 사회과학자의 논리에 다름 아니다.

따라서 기득권자들의 전략과 이데올로기로 인해 발생한 인간의 정치적 무관심이라는 문제를, 이데올로기에 근본적으로 취약한 목적론적 정의론에서 해법을 찾으려는 것은 명백히 잘못된 접근이다. 정치란 자본주의의 물적 토대 위에서 성립하는 상부구조의 일부일 뿐이라는 사실을 간과한 채 인간의 자유로운 선택을 배제하고 목적론적 정의론을 통해 위로부터 정의를 실현하고자 할 때 그것은 사태를 더욱 악화시킬 뿐이다.

따라서 샌델의 칸트와 롤스식 자유주의에 대한 비판은 과녁이 잘못 설정된 것이다. 여기서 또 다른 근본적인 문제는, 인간은 앞으로도 자신들의 삶에서 자유와 선택을 결코 포기하려 하지 않을 것이라는 점이다. 아리스토텔레스의 목적론적 정의론이 갖고 있는 문제의 핵심은, 거기서는 공동체의 목적이 중요할 뿐 인간의 자유가 설 땅이 없다는 점이다.

지금까지의 역사와 현실을 볼 때, 인간이 자신들의 자유와 선택을 통해 아리스토텔레스가 말하는 정의의 수준에 도달할 가능성이 회의적으로 보일 수도 있다. 인간을 자유에 맡겼을 때 얼마든지 이데올로기에 휘둘려서 인간 자신의 본질로부터 멀어진 채 동물처럼, 기계처럼, 물질처럼 살 수 있다는 것이 역사를 통해 입증되었다. 그러나 그것이 아래로부터의 인간의 자유와 선택을 부정하고 아리스토텔레스의 목적론적 정의론을 옹호하는 근거가 될 수는 없다.

분명 자유지상주의는 맹수가 활개 칠 자유를 주었다. 그러나 칸트의 자유는 강자를 위한 동물적 자유가 아니라 명백히 '인간을 목적으로 대하라'라는 정언명령을 중심으로 한 인간의 보편적 자유이다. 롤스의 자유 또한 뒤에서 보듯이 인간에게 자신의 능력과 재능을 발휘할 기본적인 자유를 보장하되, 그것이 사회적 약자에게 도움이 된다는 전제 하에서의 자유다. 따라서 만약 목적론이 인간의 좋은 삶을 위한 보편적 목적을 지향하고자 한다면, 칸트와 롤스의 자유는 목적론과 전혀 다른 것이 아니다. 이들은 결국 '객관적으로 좋은 삶'을 위한 자유를 주장한 것이다.

올바른 해법을 찾지 못한다면 철학에서 자유를 옹호하는 입장과 목적론을 옹호하는 입장은 접점을 찾지 못하고 영원히 헛돌 뿐이다. 여기서 올바른 해법은 '자유와 목적의 결합'일 것이다. 인간 자신에 대한 신뢰를 결코 버려서는 안 된다. 칸트와 롤스에서 자유가 강조된 것은 자유가 인간의 좋은 삶을 위한 필수요소라는 신념 때문이었다.

인간은 그 접점, 즉 '인간의 자유에 기초한 목적'을 찾아갈 수 있는 근거를 이미 인간 자신의 본질적인 정신능력 속에 갖고 있다. 철학의 새로운 성과에 의하면, 물질이나 동식물과 다른 인간의 본질은 바로 '정신'이며, 정신은 세계의식, 자기의식, 자기규정, 가치의식 그리고 인격의 일관성을 추구하는 5대 속성의 통일체로 알려져 있다. 그런데 정신 속 자기의식은 '매개적'이고 '반성적'인 의식이다.

자기의식의 '매개적 속성'에 주목하는 순간 도덕철학의 지형이 달라진다. 그동안 인간은 자신의 정신에 고유한 자기의식의 '매개적' 속성을 이해하지 못했다. 그러나 철학의 새로운 발견에 의하면, 인간은 직접적으로 혹은 천성적으로 자기의식을 갖는 것이 아니라, 자신의 생각과 행동과 관계 등의 '현상'을 통해 매개적으로 자신의 '실체' 혹은 자기 자신의 '물자체'에 대한 의식, 즉 자기의식을 정립하는 존재다. 또한 인간의 자기의식은 '반성적' 의식이기 때문에 그렇게 자신의 현상을 통해 형성된 자기 자신에 대한 의식이 자신의 정신 속 자기규정이나 가치의식을 충족시키지 못하거나 일치하지 않을 때, 인간은 의지가 발동하여 자신의 자기규정과 가치의식과 일치할 수 있도록 자신의 현상을 바로잡기 위한 '행동'에 나선다. 그러한 매개적이고 반성적인 정신 속 자기의식의 특징으로 인해 인간은 자신의 본능과 이해관계에만 충실한 즉자존재即自存在가 아닌, 자신이 원하는 바대로의 대자존재對自存在가 될 수 있는 존재다. 인간은 '자유에 기초한 목적'을 추구할 수 있는 정신 구조를 이미 자신의 내면에 갖고 있는 존재인 것이다.

여기에 인간 정신의 5대 속성 중 하나인 '가치의식'의 핵심으로서 이제 철학의 새로운 성과인 '도덕의 최고 원칙'이 깊숙이 자리 잡아야 한다. 동물은 본능에 따라 살지만, 인간은 자신의 가치의식에 따라 행동을 취사선택하며 산다. 따라서 정신 속 가치의식이 인간의 도덕적 반성능력의 토대가 된다. 지금까지는 인간의 가치의식에 대해 '개인의 가치 판단에는 어느 정도 지속적이고 일정한 경향이 있지만 그것은 고정불변하는 것은 아니다.'라는 정도로 상식적으로 이해되어

왔다. 그러나 '도덕의 최고 원칙'의 정립이란, 인간의 도덕적 반성능력의 토대가 되는 정신 속 가치의식에서 어떤 불변하는 원칙의 성립을 의미한다.

따라서 뒤에서 다룰 칸트의 '인간을 목적으로 대우하라'라는 정언명령이나 롤스의 '약자 우대의 원칙'이라는 '도덕의 최고 원칙'이야말로 어떤 지배계급의 이데올로기도 물리치고 인간의 객관적으로 좋은 삶을 위한 든든한 버팀목이 될 수 있을 것이다. 여기에 이 책의 마지막에서 필자가 제시하는 '인간 존재의 절대적 가치에 대한 존중'이라는 '도덕의 최고 원칙'이 보완될 때 일상성의 함정에 빠진 인간의 정신을 강하게 흔들어 깨우는 효과를 발휘할 것이다. 그것이 인간의 삶을 훨씬 더 객관적으로 좋은 삶으로 인도하는 것은 물론이다.

따라서 인류가 정신 속 자기의식과 가치의식 그리고 '도덕의 최고 원칙'의 존재에 주목할 때, 인간의 자유는 더 이상 맹목적 자유나 동물적 자유가 아니라 객관적으로 좋은 삶이라는 목적을 실현하는 정의로운 자유가 될 수 있다. 인간의 정신능력과 결합한 '도덕의 최고 원칙'에 의해 인간의 자유는 중심과 방향성을 갖게 되고, 인간이 정치의 주체가 되지 못하도록 방해하는 모든 이데올로기는 힘을 잃게 되며, 그에 따라 인간의 '자유'와 인간을 위해 객관적으로 좋은 삶의 실현이라는 '목적'이 결합되는 성과를 얻게 된다. 즉 '도덕의 최고 원칙'에 의해 중심과 방향성을 갖게 된 자유로 인해 자유로운 인간에게 객관적으로 좋은 삶의 실현이 가능해진다. 그에 따라 인간은 목적론적 정의론을 도입하지 않고도 도덕의 최고 원칙의 도움을 받아 자신의 정신능력으로 자유롭고 정의로운 세상을 만들 수 있다.

지금까지 살펴봤듯이 아리스토텔레스의 목적론적 정의론은 도덕을 객관적이고 보편적인 도덕철학의 수준으로 끌어올리기에는 여부족이었다. '머리-철인, 가슴-무사, 배-상인'으로 상징되는 스승 플라톤의 다분히 숙명론적인 정의론이 있었을 뿐, 사실상 정의론을 최초로 체계화한 아리스토텔레스에게서 지나치게 많은 것을 기대하는 것은 무리라고 할 수도 있다. 그럼에도 그의 목적론적 정의론은 서양의 오랜 역사에 깊은 영향을 미쳤다.

목적을 통해 당위를 이끌어내는 아리스토텔레스의 정교한 '목적론적 장치'에도 불구하고 그리고 공동선, 좋은 삶, 미덕 등의 온갖 가치중립적 용어들을 동원함에도 불구하고, 그것이 주관적인 계급 이해에서 자유로운 객관적이고 보편적인 학문의 위치를 획득하는 데 실패한 것은 그의 '위로부터의 정의론'이 갖는 근본적인 한계에 기인한다. 공동체의 목적과 사명을 기준으로 위로부터 정의를 도출하려 할 때, 만약에 그 공동체의 목적과 사명이 독단적인 것일 경우 그것에 부응하는 행위를 정의로 규정하는 것이 갖는 위험성은 자명한 것이다. 따라서 마르크스가 지적하듯이 '모든 이데올로기는 그 시대 지배계급의 이데올로기'라는 사실이 숙명적인 것이라면, 도덕철학의 과제는 바로 '어떻게 시대의 지배계급의 이해에 좌우되지 않는, 이데올로기에 휘둘리지 않고 인간의 보편적 인권을 뒷받침할 수 있는 '도덕의 최고 원칙'이라는 토대 위에 도덕을 재구축할 것인가'에 있다는 사실을 알 수 있다.

인간을 목적으로 대우하라

- 칸트

《순수이성비판》을 저술하여 대상에 대한 인식을 가능케 하는 이론이성에서 인식의 코페르니쿠스적 전환을 초래한 칸트는, 도덕적 실천을 가능케 하는 실천이성에서도 '도덕의 최고 원칙'을 정립함으로써 인류의 도덕과 정의를 위해 크게 기여하였다. 칸트는 어떤 논리적 장치의 도움도 없이, 강력한 계몽이성의 힘만으로 도덕철학의 정점에까지 도달했다. 실로 근대 철학의 최고봉이라고 할 만한 인물이다.

칸트는 먼저 '최대 다수의 최대 행복'을 도덕의 기준으로 제시한 제러미 벤담의 공리주의를 통렬하게 비판한다. 칸트는 도덕이란 '행복 극대화'를 비롯한 어떤 목적과도 무관하다고 주장한다. 도덕이란 '사람으로서 도리나 의무를 다하는 것'인데, 행복이나 쾌락을 추구하는 것이 도덕이라는 주장은 상식적으로 가당치 않다는 것이다. 이 얼마나 근본적이면서도 통렬한 반박인가?

역사에서 자신의 행복이나 쾌락을 극대화하고자 하는 삶은 결국 약육강식의 현상으로 귀결되어, 오히려 사람으로서 지켜야 할 도리나 의무와 정반대의 방향을 초래하기 일쑤였다. 만약에 자신의 행복이나 쾌락을 극대화하는 삶이 도덕적 삶과 일치한다면, 인류 역사에서 도덕을 실현하는 것은 전혀 문제되지 않았을 것이다.

그런데 아리스토텔레스가 '인생의 목적은 행복'이라고 규정한 이래 도덕과 행복을 연결시키는 것은 서양 철학의 중요한 흐름을 형성했다. 그러나 만약에 인생의 목적이 자신의 행복이고 그 행복에 기여하는 선택이나 행위가 도덕이 될 경우, 더구나 그 행복이 쾌락에 가까운 것일 때 그것은 오히려 사람으로서 도리나 의무를 다하는 삶과 충돌하는 경우가 많다. 인생은 쾌락과 도덕 사이에서 끊임없는 갈등의 연속이며, 인간에게 도덕이 문제가 될 때 대부분 그 반대편에 쾌락이 있었다.

그럼에도 '인생의 목적은 행복'이라는 아리스토텔레스의 정의가 오늘날까지도 영향력을 가지며 거부하기 어려운 가장 큰 이유는, 그가 말하는 행복의 의미가 불분명하기 때문이다. 철학에서는 불명료한 관념이 항상 문제가 된다. 인간은 육체와 정신을 가진 존재이고, 행복에는 육체적 행복과 정신적 행복이 있다. 그리고 이 둘은 대부분 상충관계다. 물론 '건강한 육체에 건전한 정신'이라는 말이 있듯이 육체적 행복과 정신적 행복을 병행할 수 있다면 그야말로 최선일 것이다. 그러나 사회적 재화가 한정된 현실에서는 남을 돕기 위해서는 기본적으로 내 호주머니에서 돈이 나가야 한다. 따라서 현실에서는 자신의 육체적 행복을 우선시하다 보면 타인에 대한 배려의 토대 위에 성립하는 정신적 행복은 뒷전에 밀리며, 정신적 행복을 위해서는 오히려 육체적 행복, 즉 자신의 쾌락을 멀리해야 할 경우가 많다. 따라서 칸트가 규정하는 바와 같이 도덕이 '사람으로서 도리를 다하는 것'이라면, 그것은 쾌락보다는 희생, 근면, 손해, 양보와 더 가까운 개념이라는 것을 알 수 있다. 따라서 우리는 이제 아리스토텔레스가 인생의 목적으로 정한 행복의 의미를 '육체적 쾌락'이 아니라 '정신적 자긍심'으로 명확히 해야 한다.

그런데 미국 실용주의의 창시자 퍼스는, "우리는 열매를 보고 그 나무를 알 수 있다."라고 주장하여 실용주의 전반에 커다란 영향을 미쳤다. 그에 따르면, 우리는 '인생의 목적은 행복'이라는 아리스토텔레스의 정의를 금과옥조로 삼아 행복을 추구하며 살아온 서양 문명의 결실을 보고 거기서 말하는 행복이라는 '관념'을 이해해야 한다. 서양 문명이라는 나무의 열매를 볼 때, 아리스토텔레스의 행복은 쾌락, 욕망, 이익 추구, 흥미나 기호, 계산적, 이기적 약삭빠름이라는 용어들과 대체가 가능한 관념으로 볼 수 있다.

반면에 칸트에 의하면 도덕은 '인간이 도리이자 의무로 삼아야 할 것'이고, 따라서 그것은 '현재 우리가 본능적으로 그렇게 하고 있는 현실태'가 아니라 '혼신의 노력을 다해 우리가 도달해야 할 가능태'이다. 그에 따라 칸트는 '도덕은 인간 그 자체를 목적으로 여기고 존중하는 것'이라고 규정한다. 인간 그 자체를 목적으로 여기고 존중해야 하는 인간의 도리를 위해 혼신의 노력을 기울이며 다할 때 인간은 진실로 행복해진다. 이른바 정신적 행복의 길이다.

칸트의 도덕철학은 오늘날 우리의 현실 문제들에 대해서도 근본적인 통찰을 제공한다. 칸트는 최초로 도덕문제를 철학으로 격상시켰으나, 그의 도덕철학에 대한 이해는 여전히 빈곤하다. 칸트에 의해 제시되는 '도덕의 최고 원칙'은 모든 사회적 행위의 도덕성 여부를 판가름하는 기준이 되는 것이기에, 그것이 과연 엄밀한 철학적 근거를 갖고 있는가는 도덕철학에서 매우 중요한 문제다. 먼저 이 장에서 계속해서 등장할 '도덕'이나 '덕' 혹은 '선'은 서로 약간씩 다른 의미를 갖지만, 대체로 '정의'와 대체가 가능한 표현들이라고 할 수 있다.

도덕을 자유와 연결시킨 칸트

에피쿠로스학파에 의하면, '인간은 쾌락의 존재'이다. 또한 스피노자에 의하면, 인간은 기쁨을 지키려 하고 슬픔을 제거하려 하는 '코나투스'를 본질로 갖고 있다. 아울러 프로이드는, 인간의 행동은 쾌락을 지향하고 불쾌를 피하는 '쾌락원리'에 의해 지배된다고 본다. 그리고 니체에 의하면, 인간은 남을 지배하고 스스로 강해지려는 '권력의지'를 가장 심오한 본질로서 갖고 있는 존재이다.

그러나 칸트는 도덕을 '행복'이나 '쾌락' 혹은 '기쁨'이나 '권력의지'가 아닌 '자유'와 연관시킨다. 흔히 자유를 '아무런 방해도 받지 않고 자기가 하고 싶은 일을 할 수 있는 상태'라고 생각하지만, 칸트의 생각은 다르다. 그는 우리가 다른 동물처럼 쾌락을 추구하거나 고통을 회피하려 한다면, 우리는 인간으로서 진정으로 자유롭게 행동하는 것이 아니라 오직 식욕과 욕구의 노예로 행동하는 것이라고 주장한다. 따라서 칸트의 도덕은 '본능이나 천성, 습성으로부터의 자유'로서, 사람으로서의 도리나 의무를 다하는 것이다. 자유인은 노예처럼 누군가가 혹은 뭔가가 시키는 대로 행동하지 않는다.

칸트에 의하면, 내 행동이 생물학적으로 결정된 것이든, 사회적으로 훈련된 것이든, 그것은 진정으로 자유로운 행동은 아니라고 한다. 따라서 칸트에 의하면 자유롭게 행동한다는 것은 자율적으로 행동한 다는 뜻이다. 그리고 자율적으로 행동한다는 것은 내가 나에게 부여 한 법칙에 따라 행동하는 뜻이다.

인류사상 '인간에게 자유가 있느냐 없느냐'라는 오랜 질문에 대해 서 칸트는 '도덕의 존재'를 통해서 '자유의 존재'를 증명한다. 즉 칸트 에 의하면 "인간의 의지가 자유롭다는 전제하에서만 인간의 행동에 대해서 칭찬도 하고 비난도 할 수 있는데, 우리는 실제로 인간의 행 동에 대해서 칭찬과 비난을 하며 살고 있고, 그런 도덕적인 판단이 없는 삶은 생각할 수 없는 것이기에, 인간에게는 자유의지가 있다는 것이 분명하다"라고 단순명쾌하게 자유의 존재에 대해 그 근거를 밝 혔다.

또한 칸트는 타율이라는 말을 만들어 자율의 의미를 포착했다. 샌 델은 칸트의 자율과 타율을 설명하기 위해 엠파이어 스테이트 빌딩 에서 떨어져 땅으로 돌진하는 사람을 사례로 든다. 설사 그 사고로 인해 다른 사람이 밑에 깔려 죽었다고 해도 여기에는 자율이 작용하 지 않았기에 그 불행한 죽음에 도덕적 책임이 없다는 것이다.

그러나 사람의 행동에서 엠파이어 스테이트 빌딩에서 땅으로 돌진 하는 사람처럼 자신의 의지와는 전혀 무관하게 완전히 타율적인 경 우는 극단적인 경우이고, 욕망이나 관습을 따르는 행위를 포함한 인 간의 행동 대부분과 그 선택에는 자유의지가 작용하며, 그에 따라 행 동의 결과에 대해 도덕적 책임을 물을 수 있는 경우가 대부분이다.

사람은 누구나 존중받을 가치가 있다

칸트는 도덕이란 '인간 그 자체를 목적으로 여기며 존중하는 것'이라고 규정했다. 그리고 우리가 상식적으로 '사람으로서 도리나 의무를 다하는 것'의 의미를 '인간을 위해 선한 일을 하는 것' 혹은 '인간을 위해 옳은 일을 하는 것'으로 이해할 때, 칸트의 도덕에 대한 정의가 우리의 상식에 부합한다는 것을 알 수 있다.

그런데 '인간 그 자체를 목적으로 여기며 존중하는 것'인 도덕은 사람들이 특정한 시기에 드러내는 흥미, 바람, 욕구, 기호 같은 경험적 요소에 좌우될 수 없다. 만약에 도덕이 사람들의 흥미, 바람, 욕구, 기호 같은 경험적 요소에 좌우될 수 없는 것이라면 그것은 주관적 기준을 떠난 '객관적 기준'임을 의미한다. 따라서 인간은 어떠한 경험적, 주관적인 요소에도 흔들리지 않고 언제나 인간을 어떤 수단이 아닌 목적으로 여기며 사람으로서 도리나 의무를 다해야 한다. 전쟁을 비롯한 역사적, 시대적 특수성이 면죄부가 될 수 없음은 물론이다.

그렇다면 어떻게 해야 흔들리지 않고 사람으로서의 도리나 의무를 다하며 살 수 있을까? 칸트의 주장에 따르면, 인간은 어떤 경험적 요소에도 좌우되지 않고 도덕적 실천을 가능케 하는 '순수실천이성'을 연습하여 '도덕의 최고 원칙'에 도달할 수 있다. 순수실천이성으로써 '무엇이 사람으로서의 도리나 의무인가'를 항상 심사숙고하며 어떤 시대적, 사회적 경험적 요소나 이데올로기에 의해서도 영향을 받지 않는 순수한 계몽적 인간을 요구하고 있는 것이다.

또한 칸트는 '사람은 누구나 존중받을 가치가 있다.'라고 주장한다. 이 주장은 인간의 모든 행동과 선택에 대한 옳고 그름을 구분하는

'도덕의 최고 원칙'과 직결되기 때문에 그 근거가 대단히 중요하다. 칸트는 그 근거를 '인간은 이성적 존재'라는 점에서 찾는다. 지금으로서는 그것이 당연한 이야기 같지만, '이성적 존재로서의 인간'은 데카르트 이래 근대 철학의 인간에 대한 새로운 발견에 해당한다.

칸트는 인간은 '이성적으로 자유롭게 행동할 능력'이 있으며, 이는 모든 인간의 공통점이라고 말한다. 인간은 영원히 중력의 법칙에 종속되는 물질도 아니고, 영원히 본능의 법칙에 종속되는 동물도 아니다. 인간은 이성적으로 자유롭게 행동하는 능력 덕에 중력의 법칙에서 벗어날 수 있고, 본능의 법칙에서 벗어날 수 있는 특별한 존엄성을 지닌다. 바로 이것이 사람과 사물, 동물의 차이점이다. '이성적으로 사고하는 능력'은 '자유롭게 행동하는 능력'과 밀접하게 연관된다. 이 두 가지 능력이 합쳐져 우리는 특별한 존재, 곧 다른 동물과 구별되는 존재가 된다. 이 능력으로 우리는 단지 식욕과 생식욕만을 느끼는 동물에서 벗어난다.

중력의 법칙과 본능의 법칙은 물질과 동물 들에게 영원히 그 단단하고 갑갑한 껍질을 벗어날 수 없는 운명적인 저주와도 같은 것일지도 모른다. 인간 존재의 '이성적으로 자유롭게 행동하는 능력'은 사실 이토록 위대한 것이다. 그리고 이 능력을 위해 인간 자신은 한 것이 없으며 단지 타고났을 뿐이다. 칸트 생각에, 인간의 존엄성을 존중한다는 것은 이처럼 이성적으로 생각하고 자율적으로 행동하는 위대한 능력을 가진 인간을 목적으로 취급한다는 뜻이다. 비록 인간이 실제 그렇게 살고 있지는 못하더라도 이성적으로 사고하고 자유롭게 행동할 수 있는 가능성이 있는 존재라는 사실만으로도 인간은 특별한 존엄성을 갖는 존재라는 것이다.

인간에게 이같이 이성적으로 사고하고 자유롭게 행동할 수 있는 특별한 능력이 있다면, 도덕은 사람들의 흥미, 바람, 욕구, 기호 같은 경험적 요소에 좌우되지 않는 객관적인 것이 될 수 있다. 물론 칸트는 이성적 능력이 우리 능력의 전부가 아니라는 점을 분명히 인정한다. 우리는 육체를 가진 존재로서 쾌락과 고통, 욕망, 본능, 열정을 느낄 능력도 있다. 칸트는 그러나 인간은 또한 정신적 존재이므로, 이성이야말로 적어도 때로는 통치권을 행사할 수 있다고 주장한다. 이성이 의지를 통치할 때, 우리는 쾌락을 추구하고 고통을 피하려는 욕망에 내몰리지 않는다. 따라서 쾌락과 고통이 우리의 통치권자라는 벤담이나 프로이드의 주장은 옳지 않다. 그리고 이것으로써 인간과 도덕에 대한 온전한 설명이 가능해진다.

도덕적 가치를 동기에서 찾다

한편 칸트는 어떤 행동의 도덕적 가치를 결과가 아니라 동기에서 찾음으로써 쾌락주의자들과 최대한 멀어지고자 한다. 어떤 행동의 가치를 동기에서 찾는다면 도덕은 더 이상 결과에 휘둘리지 않고 그 객관적 순수성을 확보할 수 있기 때문이다. 중요한 것은 옳은 일을 하는 것이며, 그 이유는 이성적으로 옳기 때문이어야 하지, 그 이면에 숨은 어떤 쾌락적 동기 때문이어서는 안 된다. "선한 의지가 선한 까닭은 그것이 어떤 효과나 결과를 낳아서가 아니다. 그것은 널리 인정받든 그렇지 않든 그 자체로 선하다. 아무리 노력해도 성과를 얻을 수 없다 해도 그것은 그 자체로 충분한 가치를 지닌 보석처럼 빛날 것이다."라고 칸트는 말한다.

그러나 어떤 행동의 도덕적 가치를 동기에서 찾는 칸트의 도덕철학과는 정반대로 현대의 실용주의는 행동의 도덕적 가치를 결과에서 찾는다. 실용주의에서는 '좋은 결과'에 기여하는 것이 곧 진리고 정의고 선이다. 칸트는, 어떤 행동에 도덕적 가치를 부여하는 것은 결과가 아닌 동기이며 선한 동기에 의한 행동만이 도덕적이라고 설명했다. 이것이 오늘날까지 계속 논란이 되고 있으나, 사실 여기에는 불필요한 '과잉'이 있다. 어떤 행동이 선하고 옳은 행동이냐를 물을 때 '동기가 중요하느냐, 결과가 중요하느냐'라는 것은 사실 본질적인 문제가 아니다. 동기를 중시하는 칸트의 도덕철학이 추구하는 목적이 무엇이고, 결과를 중시하는 실용주의가 추구하는 목적이 무엇이냐가 더 중요하다. 만약에 결과를 중시하는 실용주의가 추구하는 목적이 미국식 단기업적주의적인 실용이나 효용 혹은 자기 이익이 아니라, 그 결과에서 인간 그 자체를 목적으로 존중하는 것을 추구했다면, 실용주의에 대한 평가는 한결 달라졌을 것이다.

그러나 "선한 의지가 선한 까닭은 그것이 어떤 효과나 결과를 낳아서가 아니다."라고 말한 칸트의 도덕철학은 도덕적 행위의 가치를 격상시켰다. 어떤 행위의 결과를 염두에 두지 않고 동기가 옳다는 것만으로도 그것을 선택하는 인간이 진정 훌륭한 인간이다. 자신에 대한 불이익이 빤히 예견되는 상황에서도 진실을 말하는 사람의 경우처럼 선한 행위에는 고통과 불편함이 따를 때가 많다. 그러나 아무리 나쁜 결과가 예상돼도, 진실을 말하고 정의를 실천함에 따른 고통이 아무리 크다고 해도, 그것이 선하고 옳은 일이라는 이유만으로 기꺼이 무한책임으로써 현실에 직면하는 행위는 "그것이 널리 인정받든 그렇지 않든 그 자체로 선하다." 그런 행동이 우리에게 진정으로 감동을 주며, 좋은 세상은 그런 사람들에 의해 만들어진다.

도덕의 최고 원칙, '인간을 목적으로 대우하라'

칸트에 의하면 도덕은 선한 일이나 옳은 일을 해야 한다는 동기 혹은 의무감에서 '인간 그 자체를 목적으로 여기고 존중하는 것'이다. 그렇다면 '도덕의 최고 원칙'은 무엇일까? 도덕의 최고 원칙은 '인간의 모든 행동을 지배하는 원칙'을 말한다. 도덕의 최고 원칙은 인간의 '모든' 행동과 선택의 옳고 그름을 좌우하는 객관적인 최고 원칙이므로 도덕철학에서 매우 중요하다. 반면에 현대 철학은 상대주의의 영향 아래 있으므로, 인간의 모든 행동의 옳고 그름을 좌우하는 객관적인 '도덕의 최고 원칙' 같은 것은 없다고 주장한다. 궁극적으로 무엇이 옳은지 그른지는 그때그때 상황에 따라서 결정될 뿐이라는 것이다. 한 세상에 이처럼 정반대의 가치관이 공존한다는 사실이 참으로 신기할 따름이다.

그렇다면 도덕의 최고 원칙은 과연 존재하는가? 존재한다면 그것은 어떻게 파악할 수 있는가? 칸트는 만약에 우리에게 '이성적으로' '자유롭게 행동하는' 능력이 있다면, 저절로 주어진 법칙이나 본능만이 아니라 자신에게 부여한 법칙에 따라 행동할 수도 있을 것이라고 주장한다. 따라서 만약 이성이 우리 의지를 결정한다면, 그 의지는 자연이나 본능적인 끌림의 명령 혹은 이데올로기에 구애받지 않고 순수하게 도덕을 선택하는 힘이 될 수 있다는 것이다. 또한 만약 순수하게 이성이 우리 의지를 결정한다면, 우리는 현실적인 자기 이익이나 불이익에 구애받지 않고 진실을 말하고 정의를 실천하는 사람이 될 수 있다.

칸트는 인간의 이론이성과 실천이성을 구분하여, 인간을 도덕으로 이끄는 실천이성을 "어떤 경험적, 주관적 목적에 상관없이 선천적으로 정해지는 '도덕의 최고 원칙'인 정언명령으로 이끄는 순수실천이성"으로 여긴다. 칸트의 철학에서 이러한 순수실천이성에 의해서 어떤 경험적, 주관적 목적과도 상관없이 도출되는 정언명령이 곧 도덕의 최고 원칙이다.

칸트의 정언명령을 이해하기 위해 먼저 칸트 도덕철학의 핵심을 정리해보자. 칸트에 있어 도덕이란 '사람으로서 도리와 의무를 다하는 것'이다. 그리고 칸트는 도덕을 행복이나 쾌락이 아닌 '자유'와 연결시킨다. 아울러 칸트는 '인간은 이성적 존재'라는 점에서 누구나 존중받을 가치가 있다고 주장한다. 또한 칸트는 어떤 행동의 도덕적 가치는 그 결과가 아니라 동기에 있다고 주장한다.

여기서 중심 항목은 '인간은 이성적 존재라는 점에서 누구나 존중받을 가치가 있다.'라는 대목이다. 만약에 우리가 진정 욕망과 사회적 관습으로부터 자유로운 존재이고, 동시에 결과에 관계없이 동기가 옳다는 것만으로도 이성적으로 그것을 선택하는 존재라면, 우리가 사람으로서 도리와 의무를 다하는 사람이 되기 위해 우리의 순수실천이성은 도덕의 최고 원칙으로서 우리에게 무엇을 명령할 것인가를 생각해보자. 우리가 본능이나 자기 이해나 이데올로기를 벗어나 진정 이성적 존재일 때 우리는 어떤 움직일 수 없는 도덕법칙에 도달할 수 있는가? 칸트가 말하는 "누구나 존중받을 가치가 있는 인간에 대해 사람으로서 도리와 의무를 다하기 위해 그 자체로 절대적이며 다른 어떤 불순한 동기도 포함하지 않은 채 명령을 내리는 실천법칙"

은 과연 어떤 것일까? 칸트는 그 결론으로써 두 개의 정언명령을 제시한다.

첫 번째 정언명령은 '당신의 행동준칙을 보편화하라.'이다. 칸트는 첫 번째 정언명령에서 '도덕의 최고 원칙'의 형식적 요건을 다룬다. 도덕의 최고 원칙은 최고 원칙에 걸맞게 최고로 일관성 있고 보편성 있는 원칙이라야 하며, 상황에 따라 사정에 따라 이랬다저랬다 달리 적용되어서는 안 된다. 그리고 본능과 천성, 관습으로부터 자유롭고 이성적이어야 하며, 그 동기가 자기 이해를 다른 사람의 이익과 처지에 앞세우려는 나쁜 동기여서는 안 된다. 그에 따라 칸트가 말하는 첫 번째 정언명령은, '자신의 행동준칙, 즉 자신의 행동에 근거가 되는 규칙이나 원칙에 따라 행동하되, 이는 보편적 법칙이 되어야 한다고 주장할 수 있는 준칙이라야 한다.'라는 명제로 표현된다. 그의 말은 우리가 진정 자기 이해를 벗어난 이성적 존재라면, 궁극적으로 모순 없이 보편화할 수 있는 원칙에 따라서 행동해야 한다는 뜻이다.

우리의 도덕생활은 '약속을 어기면 안 된다', '거짓말하면 안 된다', '새치기하면 안 된다', '도둑질하면 안 된다' 등등 수많은 행동준칙으로 이루어진다. 만약에 돈을 갚지 못할 상황이면서도 지키지 못할 게 빤한 약속을 하는 경우에 내 행동의 근거가 되는 행동준칙을 보편화하면 모든 사람이 돈이 필요할 때마다 거짓된 약속을 하게 될 것이고, 이러한 거짓약속이 보편화될 경우 약속을 하고 돈을 빌리는 행위가 무의미해질 것이다. 그것으로 당장 자기 이해는 충족시킬지 몰라도 서로가 속이고 속는 가운데 사회의 존속 자체가 불가능해질 것이다. 따라서 이 행동준칙을 보편화하고 그에 따라 행동한다면 모순에 부딪힌다. 결국 거짓 약속을 하는 것은 도덕적으로 잘못된 일이며,

정언명령과도 맞지 않는다. 새치기나 도둑질도 마찬가지다. 따라서 첫 번째 정언명령은 개인의 처지나 이해를 남의 것에 앞세우는 일 없이 일관성 있게 행동하게 해줌으로써 최고의 도덕사회를 가능케 하기 위한 것이다.

두 번째 정언명령은 '인간을 목적으로 대우하라'이다. 이는 도덕의 최고 원칙의 내용적 요건에 관한 것이다. 칸트에게 도덕은 '인간 그 자체를 목적으로 여기고 존중하는 것'이다. 그렇다면 도덕의 최고 원칙은 최고 원칙에 걸맞게 '인간 그 자체를 절대적 목적으로 여기고 최고로 존중하는 것'이어야 한다. 그에 따라 칸트는 "나 자신이든 다른 어떤 사람이든, 인간을 절대 단순한 수단으로 다루지 말고, 언제나 한결같이 목적으로 다루도록 행동하라."라고 주장하는 것이다.

칸트는 인간은 이성적 존재이므로 그 존재만으로도 '절대적 가치'를 지닌다고 말한다. 따라서 그 안에는, 그리고 오로지 그것 안에만 정언명령의 토대가 존재한다고 말한다. 칸트는 "인간은 이런저런 의지에 따라 임의로 사용되는 수단이 아니라 그 자체가 목적으로서 존재한다."라고 말한다. 예컨대 사물이나 동식물은 자연의 법칙과 본능의 법칙에 종속된다. 반면에 우주에서 오로지 이성을 가진 인간만이 중력의 법칙과 본능의 법칙을 벗어나 자신이 정한 법칙에 따라 행동할 수 있고 자기 고유의 삶을 추구하며 살 수 있다. 그런 존엄한 인간을 절대 단순한 수단으로 다루지 말고, 결코 당연하게 생각지 말고, 언제나 한결같이 존귀한 목적으로 대우하라는 것이다.

칸트의 첫 번째 정언명령은 '입장을 바꿔놓고 생각하라'라는 도덕의 황금률로 대체될 수 있는 것이다. 그리고 도덕의 황금률은 '인간을 목적으로 대우하라'라는 두 번째 정언명령을 위해 필요한 것이다.

따라서 칸트의 정언명령은 '인간을 목적으로 대우하라'라는 두 번째 정언명령으로 통합될 수 있다.

절대적 가치의 효용과 의미

원래 서양 철학에서는 '절대적 가치'라는 표현이 좀처럼 쓰이지 않는데, 칸트에서 최초로 절대적 가치라는 표현이 그 본래적 의미로서 등장한다. 사실 뒤에서 다루는 마이클 샌델의 《정의란 무엇인가》에 등장하는 '철로를 질주하는 기차'의 사례에서도, 그리고 인간의 목숨의 가치를 돈으로 환산하는 공리주의적 접근방식에 분노하는 여론에서도, 인간의 생명에 대한 절대적 가치를 사람들이 기본적으로 인식하고 있기에 누군가에 의해 그것이 부인당할 경우 분노할 수밖에 없다는 사실을 확인할 수 있다. 인간의 생명은 아무리 많은 돈으로도 환산할 수 없는 절대적 가치를 갖는다는 것이다. 단지 우리가 상대적 가치관이 지배적인 현대 사회를 살고 있기 때문에 절대적 가치에 관해 자신 있게 말하지 못하고 있을 뿐이다.

그러나 절대적 가치가 존재한다는 사실을 확인하는 것만으로도 도덕철학에서 실로 엄청난 발견을 의미한다. 절대적 가치란 상황에 따라 옳고 그름이 달라지는 상대적 가치가 아니라 어떤 상황에서도 불변하는 가치를 의미하기 때문이다. 만약에 어떤 정치적 격변기에도 결코 흔들리지 않는, 결코 흔들릴 수 없는 객관적인 절대적 가치라는 것이 존재한다면, 이제 인류는 그 최후의 보루인 절대적 가치에 의지하여 파시즘이나 전쟁과 학살의 집단적 광기 혹은 어떤 이데올로기에도 흔들리지 않고 삶의 안정성과 예측 가능성을 확보할 수 있다.

칸트는 인간의 절대적 가치의 근거를 이성에서 찾았다. 도덕의 최고 원칙인 정언명령은 이성을 가진 존재인 '인간'에 대한 의무이다. 따라서 칸트에게 자기 존중과 타인 존중은 같은 원칙에서 나온다. 자기 자신도 타인도 인간인 한 모두 이성을 가진 존재이기 때문이다. 일반인들이 이 의무를 이해하기 어려운 이유는 '현실태로서의 인간'과 '가능태로서의 인간'을 구분하는 데 그만큼 서툴기 때문이다. 우리가 도덕을 '인간으로서 인간에 대한 도리나 의무를 다하는 것'이라고 상식적으로 이해할 때, 그것은 '현실태로서의 인간'이라는 토대 위에 성립하는 것이 아니라 '가능태로서의 인간'이라는 토대 위에 성립한다. 현실태에서 인간의 존재 양태는 동물적 본능에 가까운 삶에서 진실로 이성적인 존재에 이르기까지 천차만별이지만, '인간다움'을 의미하는 인간의 본질은 가능태로서 파악되어야 하며, 가능태로서 파악되는 인간은 인간으로서의 가장 바람직한 상태인 본래적 자아로서 실존하는 인간을 말한다. 인간은 동물과 달리 이성적 존재로서의 가능태를 지녔다는 사실만으로도 존중받을 가치가 있다는 것이다.

대부분의 사람들은 늘 사람들과 더불어 살면서 '일상성의 함정'에 빠진 나머지 인간이 이성적인 존재라는 사실을 대수롭지 않게 생각한다. 그러나 칸트의 도덕철학에는 깊이가 있다. 우주의 모든 물질은 예외 없이 중력을 비롯한 물질의 법칙을 따를 뿐이고, 지구상의 모든 동식물은 예외 없이 본성과 본능에 종속된다. 단 하나의 예외도 발견되지 않는다. 그런데 인간만은 물질의 법칙이나 본성 혹은 본능의 굴레에서 벗어나 자유의지를 가지고 자기 이해와도 관계없이, 심지어 손해나 희생을 감수하면서까지 도덕을 실천할 수 있는 존재다. 심지어 슈바이처나 테레사 수녀처럼 완전히 이타적인 삶을 사는 사람도 있나. 신미롭지 않은가.

칸트는, 이처럼 물질과 동식물을 지배하는 자연법칙의 굴레에서 벗어나 모든 존재 중 유일하게 자유의지와 실천이성을 가진 인간에게서 존엄성의 근거를 발견한 것이다. 인간은 물질의 법칙이나 식물의 본성 혹은 동물의 본능을 넘어 무한대로 발전할 수 있는 존재다. 칸트의 정언명령은 이러한 인간을 절대적 목적으로 여기고 어떤 경우에도 최고로 존중할 것을 요구하며, 그것이 곧 도덕이라고 말한다. 칸트에 의하면 인간은 모두 이성을 지닌 존재이고 인간성을 지닌 존재이기에, 그가 어떤 사람인가와 관계 없이 인간을 목적으로 대해야 한다.

한편 칸트에 의하면 '인간에 대한 존중'은 인간에 대한 다양한 애착과는 다르다. 사랑, 공감, 연대감, 동료의식은 타인 중에서도 특정한 타인에게 더 끌리는 도덕 감정이다. 그러나 인간의 존엄성을 존중해야 하는 이유는 그러한 감정과 관련이 없다. 칸트식 존중은 사랑과도 다르다. 다른 사람을 좋아하는 이유는 '그가 누구인가'와 관련이 있다. 우리는 배우자와 가족을 사랑한다. 친구나 동료와는 연대감을 느낀다. 그러나 칸트식 존중은 '인간 그 자체'에 대한 존중이며, 우리 모두에게 비차별적으로 존재하는 이성적 능력과 인간성에 대한 존중이다. 그렇기에 칸트의 존중 원칙은 보편 인권의 원칙과도 통한다.

칸트는, 인간은 단지 인간이기 때문에 그리하여 인간에게 비차별적으로 존재하는 이성적 능력으로 인해 존중받을 가치가 있다고 주장한다. 우리 모두에게 비차별적으로 존재하는 이성적 능력으로 인해 그가 어떤 사람인가와 관계없이 모든 인간이 목적으로서 존중받아야 한다는 칸트의 도덕철학은, '인간의 본질은 인간의 현실태가 아

닌 가능태에서 찾아야 한다'라는 인간의 본질에 대한 필자의 정의와
도 상통한다.

칸트의 도덕철학에서 발견되는 결함

이상의 도덕에 대해 위대한 기여를 했음에도, 칸트의 도덕철학 또
한 약간의 결함이 발견된다. 바로 도덕과 자유를 연결시킨 대목이다.
칸트에 의하면 '도덕적'으로 행동한다는 것은, 행복이나 쾌락을 위해
서 혹은 어떤 충동이나 본능에 따라서 행동하는 것이 아니라, 이성적
존재인 인간에 대한 선하고 올바른 의무감에 따라 행동한다는 뜻이
다. 그리고 '자율적'으로 행동한다는 것은 본능이나 천성, 혹은 사회
적 관습에 따라서가 아니라, 내가 나에게 부여한 법칙에 따라 행동하
는 것이다. 아울러 내 의지가 내가 아닌 외부 힘에 의해, 내가 놓인
환경의 필요에 의해, 혹은 어쩌다 생긴 자기 이익과 욕구에 의해 결
정된다면, 나는 진정으로 '자유롭다'라고 말할 수 없다고 한다. 자기
이익이나 감각세계의 여러 원인들이 초래한 결과에 영향을 받지 않
는 상태가 바로 진정으로 '자유로운' 상태라고 말할 수 있다는 것이
다. 따라서 칸트에 의하면, 오로지 정언명령에 따른 행동만이 자유로
운 행동이다. 그에 따라 칸트의 도덕철학에서 도덕과 자율 그리고 자
유는 서로 연결된다.

칸트의 기준에 의하면 우리의 자기 이해나 천성, 본능, 사회적 관
습에 따른 행동은 자율도 아니고 자유도 아니다. 그러나 우리가 자기
이해나 천성, 본능 혹은 사회적 관습에 따라서 행동하는 것에 대해
비록 자율적인 행동이 아니라고 말할 수는 있어도, 자유로운 행동이

아니라고 말하는 것은 무리가 따른다. 왜냐하면 만약에 게을과 자유가 같은 것이라면, 엠파이어스테이트 빌딩에서 땅으로 떨어진 사람과 똑같이 자기 이해나 천성, 본능, 사회적 관습에 따른 행동에 대해서도 도덕적 책임을 물을 수 없어야 하기 때문이다. 그러나 앞의 중력의 법칙에서와 달리 자기 이해나 천성, 본능, 사회적 관습에 따라서 행동하는 것에 대해서 우리가 도덕적 책임을 묻는 이유는, 천성이나 본능, 사회적 관습에 따라 행동하는 것에 대해서는 비록 자율적인 행동이 아니라고 말할 수 있지만, 자신의 자유로운 행동이 아니라고 말할 수는 없기 때문이다. 즉 여기에는 자신의 자유와 자유의지가 개입되어 있다는 것이다.

따라서 자율과 자유는 같은 것이 아니다. 외부에서 주어지는 이익이나 어떤 목적을 의식하고 하는 행동은 자유로운 행동이 아니고, 오직 정언명령에 따른 행동만이 자유로운 행동이라는 칸트의 구분은 옳지 않다. 어떤 목적을 추구하고 욕망을 추구함에 있어 내 의지는 내가 아닌 외부 힘에 의해 그리고 내가 놓인 환경의 필요에 의해 내 자유의지와 관계없이 결정되는 것이 아니라, 나는 자유의지로써 그것들을 욕구하고 추구한다.

칸트에 의하면, 우리가 다른 동물처럼 쾌락이나 고통 회피를 추구한다면 우리는 진정으로 자유롭게 행동하는 것이 아니라 오직 식욕과 욕구의 노예로 행동하는 것이라고 한다. 자유인은 노예와 반대개념이기 때문에, 만약에 우리가 오직 식욕과 욕구의 노예로서 행동한다면 우리는 진정으로 자유롭게 행동하는 것이 아니라고 말할 수도 있을 것이다. 그러나 우리가 '진정 자유로운 행동이 무엇인가'를 물을 때 도덕법만을 중심으로 생각해선 안 된다. 물론 만약에 도덕법만을 중심으로 생각한다면, 그리고 우리가 오직 식욕과 욕구의 노예로서 행동한다면 우리는 진정으로 자유롭게 행동하는 것이 아니다. 그러나 우리는 또한 육체를 가진 존재로서 식욕과 욕구를 추구한다. 그렇다고 우리가 식욕과 욕구의 노예가 되는 것은 아니다.

인간을 정신과 육체를 함께 가진 존재로서, 자신의 자유로써 도덕법을 추구할 뿐만 아니라 자신의 자유로 자기 이익과 쾌락을 추구하고 고통을 회피하는 존재로 적극적으로 긍정해야 비로소 인간은 자신의 모든 행동에 대해 무한한 책임을 지는 존재가 되며, 그에 따라 자신의 현실을 개선해나갈 수 있다.

현대인들은 자신의 자유의지로 자기 이익을 선택하고 천성과 본능과 쾌락을 선택한다. 칸트 자신도 인간을 두 가지 관점으로, 즉 물리와 생물이라는 경험영역과 자유로운 인간의 행위라는 지적 영역에서 동시에 바라보아야 한다고 말한 바 있다.

우리는 인간 자신이 자유의지에 따라서 선택한 행동에 대해서만 칭찬도 하고 비난도 할 수 있다. 그런데 만약에 자율과 자유가 같은 것이고 자기 이익이나 욕구를 충족하기 위한 우리의 모든 행동이 자율적인 것이 아닐 뿐만 아니라 자신의 자유로운 행동의 결과가 아니라면, 따라서 정언명령에 따른 행동만이 진정으로 자유로운 행동이고 정언명령에 따른 행동이 아닌 나머지 모든 행동이 자신의 자유로운 행동이 아니라면, 자신의 행동 결과에 대한 책임에서 심각한 문제가 생기며, 따라서 그 같은 자유와 자유의지는 우리의 도덕적 현실을 책임지지 못한다. 우리는 실제로 인간의 자율적 행동이든 이기적, 본능적 행동이든 자신의 모든 행동에 대해 칭찬도 하고 비난도 하고 책임을 묻는 세계에 살고 있지 않은가. 따라서 인간은 자신의 천성이나 본능, 욕구, 사회적 관습에 따른 행동을 비롯한 모든 행동을 자신의 자유에 의해 선택한다고 보아야 하며, 그래야 우리의 도덕적 현실을 제대로 설명할 수 있다.

칸트의 자유는 한마디로 '본능으로부터의 자유'다. 칸트가 자유의 개념을 그렇게 엄격하게 제한한 이유는, '본능으로부터의 자유만이 자유'라고 규정함으로써 인간을 동물적인 수준에서 구하고자 했기 때문이다. 그러나 그렇게 규정한다고 해서 인간의 도덕적 수준이 나아지진 않는다. 현대인들은 오히려 '본능에서의 자유'를 말하면서 적극적으로 자기 이익과 본능, 욕구를 선택한다. 현대의 자본주의는 자기 이익과 본능, 욕구에 몰입하는 사회다. 따라서 자율과 자유를 구분하고, 인간이 하는 순간순간의 모든 행동을 자신의 자유와 자유의지에 따른 것으로 간주하는 관점만이 오늘날의 도덕적 현실을 책임질 수 있다.

칸트는 "만약에 우리가 순전히 이성적 존재여서 자연의 법칙과 필요에 종속되지 않는다면, 우리의 모든 자유로운 행동은 변함없이 의지의 자율과 일치할 것이다."라고 말한다. 그러나 우리는 필요영역과 자율영역 두 지점에 동시에 발을 딛고 있는 탓에, 우리가 하는 것과 해야 하는 것 사이에, 사물이 존재하는 방식과 존재해야 하는 방식 사이에 간극이 생기게 마련이다. 도덕은 언제나 세상과 일정한 거리를 두고 판결을 내린다. 지금까지의 역사를 살펴볼 때, 자유와 자율 사이에는 건너기 힘든 '머나먼 다리'가 걸쳐져 있다. 인간을 자유의 강에 풀어놓았을 때, 과연 언제쯤 스스로 자율의 바다에 도달하게 될지는 아무도 모른다. 아직까지 전망은 그리 희망적이지 않을지 모르지만, 철학은 인간이 본능의 수준으로부터 벗어나게 하기 위해 노심

초사할 필요가 없다. 그것은 어차피 인간 자신의 모든 존재를 내건 노력과 실천으로 메워야 할 몫이다. 인간은 순전히 이성적 존재가 아니어서 일정 부분 자연의 법칙과 필요에 종속될 수밖에 없지만, 숙명적으로 자신의 모든 행동을 통해 끊임없이 자유와 의지의 자율을 일치시키기 위해 노력해야 하는 존재인 것이다.

인간의 모든 행동은 그의 자유에 따른 것이다. 따라서 인간은 자신의 모든 자유로운 행동의 결과에 대해 무한책임을 지는 존재여야 한다. 도덕은 그로써 확보된다. 따라서 칸트의 '본능과 충동으로부터의 자유'는 '자신의 모든 행동에 대한 자유'로써 보완되어야 한다. "이것은 이런저런 부득이한 사유로 그러한 것이고, 절대로 내 자유의지에 따른 행동이 아니야……."라는 자기합리화가 모든 악의 근원이다. 순간순간의 모든 행위에 대해 자신의 행위로서 긍정하고 무한책임을 지는 사람이 많아질 때 인간사회에서 점차 악이 사라진다.

따라서 '칸트의 자유로운 행동'과 '인간의 자유의지에 따른 행동'은 매우 다르다. 그러나 인간은 자신의 모든 행동이 초래한 결과에 대해 무한히 책임을 지는 자세로 현실에 임함으로써, 자신의 자유의지에 따른 행동이 도덕률에 따르는 '칸트의 자유로운 행동'과 일치되도록 해야 한다. 절대적으로 도덕적인 인간은 그렇게 확보된다.

칸트의 '도덕의 최고 원칙'이 갖는 위력

이제 칸트의 정언명령으로 표현된 '도덕의 최고 원칙'이 우리의 도덕적 현실에서 어떤 위력을 갖는가를 살펴보자. 사실 도덕의 최고 원칙을 이상에서와 같이 논리적으로 도출하는 것보다, 실제 사례를 통해서 그것이 어떤 상황에서도 결코 흔들릴 수 없는 객관적이며 절대적인 법칙이라는 것을 증명하는 것이 더 훌륭한 방법이다.

자살에 대한 논란은 오랜 역사를 갖고 있다. 그런데 '인간을 목적으로 대우하라'라는 칸트의 정언명령에 의하면 자살은 타살과 똑같은 이유로 정언명령에 어긋난다. 이성적 존재인 존엄한 인간을 목적으로 대우해야 한다는 칸트의 견해로 보면, 타살이나 자살이나 근본은 같기 때문이다. 자살은 이성적 존재인 인간 자신을 목적으로 대하는 행위가 아니다. 칸트가 보기에, 고통스러운 상황에서 빠져나가기 위해 목숨을 끊는다면, 인간인 나 자신을 고통 완화수단으로 이용하는 것이다. '나'를 '내 안에 존재하는 인간성'과 구분하면서, '내 안에 존재하는 인간성'의 관점에서 나를 보는 것에는 인간에 대한 깊은 통찰이 내포되어 있다. '내 안에 존재하는 인간성'을 처분할 수 있는 권리는 다른 사람은 물론이고 내게도 없다. 따라서 칸트 생각에, 자살이 잘못인 이유는 타살이 잘못인 이유와 똑같다. '내 안에 존재하는 인간성 그 자체'를 목적으로 존중하지 않는다는 점에서 둘 다 마찬가지로 중대한 악이라는 것이다.

아울러 칸트에 의하면 매춘은 타인이나 우리 자신을 단순히 매매의 대상인 물건으로 취급하는 행위다. 여기서도 칸트가 일관되게 적용하는 원칙은 '인간을 목적으로 대우하라'라는 정언명령이다. 우리에게는 사람을 단지 수단이 아닌 목적으로 대해야 한다는 도덕적 의무가 있기에, 우리 몸과 우리 자신을 마음대로 이용할 수 없다. 인간은 물건이 아니기 때문이다. 따라서 이성적 존재인 인간은 물건을 다루듯 매매하거나 돈벌이를 위한 수단으로 이용하면 안 된다. 칸트는 신장 같은 장기를 팔고 사는 행위 또한 인간 존엄성을 침해하는 행위로 보았다. 인간을 목적으로 대우하라는 정언명령에 위배되는 행위이기 때문이다. 따라서 누구도 자기 팔다리를, 심지어는 치아 하나라도 팔 자격이 없다. 이는 자신을 매매의 대상으로, 단순한 수단으로, 이익을 위한 도구로 여기는 행위다. 칸트는 이처럼 비록 성인들끼리 합의한 행동이라도 인간의 존엄성과 자기존중을 거스르는 행위나 선택은 불의라고 규정했다.

한편 성도덕에 관련하여, 자유로운 성관계를 찬성해야 할까, 반대해야 할까? 칸트가 모든 도덕문제에 대해서 일관되게 적용한 최고원칙은 '인간을 목적으로 대우하라'라는 정언명령이다. 칸트는 부부사이의 성관계를 제외한 상상할 수 있는 모든 성적 행위에 반대한다. 그가 생각하기에, 자유로운 성관계를 거부할 근거는 그것이 오로지 성욕을 충족시킬 뿐 이성적 존재인 '상대의 인간성'을 존중하는 행위가 아니라는 점이다. 그 견해가 반영하는 근본 사고방식은 인간이 성욕을 충족시키기 위한 대상 이상의 존엄한 이성적 존재라는 것이다. 남자가 여자에게 끌리는 이유는 상대가 인간이기 때문이 아니라 여자이기 때문이다. 자유로운 성관계가 두 사람에게 만족을 준다 해도 두 사람은 '상대의 인간성'을 욕보인다. 인간을 목적으로 대우하는 것은 인간을 사물이나 동식물처럼 이해관계나 본능, 욕구의 대상으로 대하는 것을 벗어나는 것을 말한다. 뭔가가 시키는 대로 행동하는 것은 진정한 자유인이 아니다. 설사 자신의 유전자가 시키는 본능이라 할지라도 마찬가지이다. 칸트에 의하면 도덕은 '본능이나 천성, 습성으로부터의 자유'로서, 사람으로서 해야 할 도리나 의무를 다하는 것이다.

칸트는 결혼이 성관계를 격상시킨다고 생각한다. 칸트는 오로지 부부끼리의 성관계만이 인간의 품위를 떨어뜨리는 것을 막을 수 있다고 결론 내린다. 왜냐하면 '결혼을 통해 두 사람이 상대에게 자신의 전부를 주는 관계일 때'만이 성관계를 통해 서로를 수단화하지 않을 수 있기 때문이다. 서로에게 모든 것을 주는 관계일 때 우리는 비로소 상대방에 대해서 '수단'이라는 표현을 사용할 수 없게 된다. 비록 성관계는 '본능이나 천성, 습성으로부터의 자유'가 아니지만 결혼을 통해 서로에게 도리나 의무를 다하는 관계일 때, 결혼은 성관계를 육체적 만족을 넘어 인간의 존엄성과 연결시킨다. 따라서 결혼에서 도덕적 전제가 되는 것은 '서로에게 모든 것을 주는 관계'이다.

성문제를 이처럼 '도덕의 최고 원칙'을 토대로 지혜롭게 정리한 것을 본 적이 있는가. 이런 사람이 역사에 존재한다는 사실이 자랑스럽다.

이상에서 살펴보았듯이, 칸트 도덕철학의 심오함을 반영하여, 칸트 도덕철학을 현실 문제에 적용할 경우 역사적으로 골머리를 썩혀온 도덕적 쟁점이나 딜레마 들이 팽팽한 자기의견의 대립을 멈추고, 현대적인 시각으로 볼 때도 하나같이 근본적이고 위력적인 결론들이 도출되는 것을 볼 수 있다. 칸트가 정언명령의 형태로 제시한 '도덕의 최고 원칙'을 현실에 적용할 때, 사회과학의 영역에서는 영원히 논쟁이 계속될 것 같던 사안들에서 더 이상 논쟁이 멈춰지고 근본적인 결론이 도출되는 것을 볼 수 있다. 이것이 사태를 근본에서 들여다보는 철학이 갖는 위력이다.

그러나 칸트의 '도덕의 최고 원칙'을 인간의 모든 행동과 선택의 도덕성 여부를 판단할 수 있는 절대적 기준으로 받아들이기에는 시기상조였을까? 이상의 칸트 도덕철학의 성과에도 불구하고 이후 인류의 도덕적 현실은, 야만적인 자본주의와 식민지 쟁탈을 위한 제국주의전쟁 그리고 양차 세계대전의 참상을 겪으며 약육강식이 지배하는 동물세계로 전락하고 만다. 칸트 이후의 시대상황은 '인간을 목적으로 대우하라'라는 도덕의 최고 원칙과 공존하기에는 너무나 거리가 먼 것이었다. 계몽주의와 도덕철학의 성과에 따라 국가의 법률과 헌법은 정비되었지만 그것은 형식적인 진보에 불과했을 뿐, 현실이 뒷받침되지 않을 때 아무리 진보적인 철학이라도 현실과 시대정신에 의해 외면당하는 것은 흔한 일이다. 현대에 들어 인간과 세계를 바라보는 올바른 관점을 제시해야 할 철학은 완전히 '과학의 시녀'로 전락하여 상대주의를 위한 온갖 근거를 제시하며 현실을 옹호하기에 여념이 없다.

하지만 역사는, 인간에게 자기 자신의 행동과 선택을 되돌아볼 절대적 기준인 '도덕의 최고 원칙'이 없었을 때 인간은 언제든 상황에 따라 흔들릴 수 있는 불안하고 예측 불가능한 존재가 될 수밖에 없다는 뼈저린 교훈을 남겼다. 인간이 정녕 인간답게, 자기답게 살고자 한다면 삶의 결정적 순간에 자신을 잡아줄 최후의 보루가 있어야 한다. 그것이 없을 때 인간은 얼마든지 잔인하거나 비열한, 혹은 무의미한 존재로 전락할 수 있다는 사실을 역사는 보여줬다.

그동안 인류는 '도덕의 최고 원칙'이 존재하지 않는 약육강식의 질서로 인해 너무나 큰 고통을 받아왔다. 따라서 이제 인간의 모든 행동과 선택의 도덕성 여부를 판가름할 최고 원칙이자 최종의 원칙인 '도덕의 최고 원칙'으로 인류의 현실을 바로잡는 것이 역사의 올바른 방향이다.

'약자 우대의 원칙'을 제시하다 03
― 존 롤스

존 롤스는 철학의 불모지인 미국이 낳은 걸출한 도덕철학자다. 그는 '무지의 장막'이라는 기발한 개념을 제시하여 일약 도덕철학자의 반열에 오른 사람이다. 그러나 도덕철학에 대한 그의 기여가 무지의 장막이라는 장치의 발명에 국한된 것은 아니다. 그는 무지의 장막을 이용하여 정의의 관점에서 자본주의의 정체를 탁월하게 파헤침으로써 현대인들을 위해 세상을 바라보는 귀중한 관점을 제공했다.

칸트의 도덕철학이 주로 개인의 도덕이 중심이라면, 롤스의 정의론은 사회의 정의에 대해서 다룬다. 도덕은 선과 악을 구분하는 포괄적인 기준이다. 따라서 선이 도덕이고, 악은 부도덕이다. 그러나 앞서 필자는 인간의 삶에 광범위하게 존재하는 '선악의 회색지대'를 언급한 바 있는데, 사람들은 선악의 회색지대를 부도덕한 삶이라고 규정하지는 않는다. 반면에 정의는 인간의 사회생활과 관련되어 흔히 선악의 회색지대로 간주해온 부와 소득의 분배영역에서도 옳고 그름을 구분할 수 있게 하는 개념이다. 물론 선은 정의고 악은 불의다. 그러나 선악의 회색지대에 대해서도 우리는 정의를 구분할 수 있다. 예컨대 다음에서 다룰 '능력에 따라 분배가 결정되는 능력 위주 사회'는 선악의 회색지대에 속하는 것이어서, 우리는 도덕적으로 그것에 선악의 문제로 접근하기보다 '그것이 과연 정의로운 사회냐'의 기준으로 다루는 것이 타당할 것이다.

존 롤스는 우리가 처한 현실인 자본주의 사회에서의 소득과 부의 정의로운 분배에 대해 탁월한 방식으로, 철학의 수준에서 근본적으로 다룬다. 여기서는 앞서 소개한 대로 롤스 전문가인 마이클 샌델의 설명을 통해 롤스의 정의론을 살펴보자. 어떤 사회가 정의로운 사회인가? 도덕철학에 대한 롤스의 기여는, 자율과 합의만능주의를 내세우는 시장지상주의자들에 맞서 계약과 합의의 도덕적 한계를 낱낱이 밝히고, 자유시장에서는 소득, 재산, 기회, 권력 등의 분배에 있어 누구나 당연하다고 생각하는 능력과 타고난 재능 그리고 노력에 근거한 분배까지도 자신의 통제를 벗어난 임의의 요소들에 의해 좌우되기 때문에 도덕적 자격을 주장할 수 없다는 것을 날카롭게 밝힌 점이다.

그러나 그의 도덕철학에는 또한 간과할 수 없는 한계가 있다. 먼저 롤스의 도덕철학의 성과를 살펴보고, 그의 도덕철학이 갖는 한계를 정리해보자.

무지의 장막에서 도출되는 정의로운 사회

먼저 롤스는 시장에서의 '계약의 도덕적 한계'를 밝힌다. 우리는 시장에서 두 사람이 합의한 조건이 공정하리라 생각하기 쉽다. 다시 말해, 계약 자체가 두 사람이 정한 조건을 정당화한다고 본다. 그러나 사실은 그렇지 않다. 롤스에 의하면 거기에는 강자의 이익을 위한 약육강식의 원리가 작동하고 있어서, 적어도 계약 자체만으로는 거래의 정당성을 보장하지 못한다. 당신과 내가 거래를 했다고 해서 그것이 공정하리라는 보장은 없다. 영화 〈대부〉에서 보듯이 우리의 거의 모든 협상이나 그 결과인 합의에서 우월적 힘이나 압력이 어느 정도는 존재하기 마련이라는 것이다.

우리가 가게에서 물건을 살 때 그 물건에 부착된 가격표는 수요와 공급의 법칙에 의해 결정되는 것이 아니라, 공급자의 이익극대화를 전제로 수요자에게 일방적으로 제시된 가격일 뿐이며, 중소기업이 대기업의 주문을 따내어 생존하기 위해서는 울며 겨자 먹기로 경쟁자 중에 가장 낮은 가격을 써내야 한다. 따라서 내가 그 가격에 거래를 했다고 해서 그 거래가 공정하리라는 보장은 없다.

롤스에 의하면 우리는 마치 자유가 범람하는 듯한 세계에 살고 있지만, 그것은 간악한 속임수일 뿐이다. 만약에 강자의 자유가 있다면 거기에 약자의 자유란 없고 약자의 자유가 있다면 강자의 자유란 없는 것이지, 근본적으로 강자의 자유 속에서 약자의 자유는 병립할 수 없다. 따라서 강자의 자유가 '정의로운 자유'로서 체계적으로 보장되는 자본주의에서 '부익부 빈익빈'은 근본적인 현상이 된다.

또한 롤스는 '특정한 시기에 사회가 가치를 두는 자질 역시 도덕적으로 임의성을 띤다는 점'을 지적한다. 중세 토스카나에서 프레스코 벽화를 그리는 한 화가와 21세기 캘리포니아에 사는 어느 컴퓨터 프로그래머 사이에 그들의 기술이 결실을 많이 맺고 적게 맺고는 사회가 무엇을 원하느냐에 달렸다고 한다. 어떤 자질이 사회에 기여하느냐는 그때그때 사회가 어떤 자질을 높게 평가하느냐에 달렸다는 것이다. 롤스는, 성공한 사람은 성공에서 이러한 우연이 차지하는 부분을 쉽게 지나친다고 이야기한다.

그렇다면 강압이나 우연이 배제된 객관적으로 정의로운 사회는 어떻게 가능할까? 롤스는 여기서 자신의 정의론을 객관적이고 근본적인 학문인 철학의 위치로 끌어올린 기발한 장치를 생각해낸다. 롤스는 먼저 힘과 지식이 동등하고 처한 위치가 똑같은 사람들 사이의 계약을 상상해본다. 그들이 우리 삶을 지배하고 우리에게 시민의 권리와 의무를 할당하는 원칙에 관한 정의로운 사회계약을 구상하고 있다고 해보자. 롤스는 이를 위해 자신의 계층과 성별, 인종과 민족, 정치적 견해나 종교적 신념에 대해서도 일시적으로나마 전혀 모르는 무지의 장막을 가정한다.

이런 조건에서 맺는 계약에는 강제나 힘의 우위, 속임수 등의 불공정한 요소가 끼어들 여지가 없을 것이다. 그런 계약을 상상할 수 있다면, 그처럼 원초적으로 평등한 위치에서의 합의는 근본적인 정의를 보장할 것이다. 무지의 장막은 원초적 위치에 필요한 힘과 지식의 평등을 보장하기 때문이다.

원초적으로 평등한 위치를 보장하기 위해 무지의 장막을 가정한 롤스의 방법이 옳다면 어떤 원칙이 나오겠는가? 먼저 우리는 공리주의를 택하지는 않을 것이다. 왜냐하면 공리주의는 '다수의 행복을 위한 소수의 희생'을 옹호하는데, 무지의 장막 뒤에서는 앞으로 자신이 사회에서 어떤 위치에 놓일지 알 수 없으므로, 만약 민족적 또는 종교적으로 소수 집단에 속한다면 억압받고 싶지 않을 것이기 때문이다. 무지의 장막이 걷히고 실제 삶이 시작되었을 때, 우리는 종교 박해나 인종 차별의 희생자가 되는 상황을 원치 않는다. 이러한 위험을 막기 위해 공리주의를 거부하고, 모든 시민이 양심의 자유와 사상의 자유, 직업선택의 자유를 포함한 기본권을 평등하게 누려야 한다는 원칙에 동의할 것이다. 더불어 이 기본권에 관한 원칙이 다수의 행복을 극대화하려는 공리주의의 원칙보다 우선시되어야 한다고 주장할 것이다.

그렇다면 사회적, 경제적 불평등을 해소하기 위해서는 어떤 원칙을 택할까? 우리가 지독히 가난한 처지에 놓이지 않도록, 처음에는 소득과 부를 똑같이 분배하는 쪽을 선호할 수도 있다. 그러다가 문득 그보다 나은, 밑바닥 사람들에게도 더 나은 선택을 할 수도 있겠다는 생각이 든다. 롤스의 정의론을 이해하는 핵심 포인트는 '사람은 싫든 좋든 능력이나 재능이 각각 다르게 태어난다.'라는 사실에 대한 전제이다. 따라서 어떤 사회든 그들이 가진 능력이나 재능을 더 잘 발휘할 수 있게 해야 하며, 그들에게 족쇄를 채워서는 안 된다. 개인의 능력이나 재능에 족쇄를 채우는 어떤 사회든 정의로운 사회가 아니다. 그 대신 그들이 사회의 부와 소득을 다 가져가진 못하게 해야한다. 그것이 자유롭고 평등한 도덕적 인격자들이 무지의 장막 뒤에서 전원일치로 합의할 수 있는 원칙으로 되기 위해서는, 능력이나 재능을 가진 사람들이 그것을 더 잘 발휘할 수 있게 해줌으로써 그로 인해 발생한 소득과 부를 약자의 처지를 개선하는 데 사용되도록 해야 할 것이다. 왜냐하면 무지의 장막이 걷히면 자신이 약자로서 살수도 있기 때문이다.

능력과 재능을 갖고 태어난 사람들에게 능력과 재능에 따라 잘 달릴 수 있도록 해주는 사회라면 사회의 부와 소득을 더 많이 창출할 수 있을 것이며, 약자에게도 더 나은 분배가 가능할 여지가 존재할 수 있다. 또한 약자의 입장에서도 만약에 그가 도덕적 인격자라면 능력이나 재능이 있는 사람들에게 족쇄를 채우지 않고 그것을 더 잘 발휘할 수 있게 하는 사회가 주는 만족이, 모든 것을 똑같이 분배하는 사회와 비교할 때 약간의 분배의 손실조차 상쇄할지도 모른다.

재능을 가진 사람들이 그것을 잘 발휘할 수 있도록 한다면, 예컨대 의사에게는 버스기사보다 더 높은 보수를 주는 식으로 약간의 불평등을 인정한다면 빈곤층의 의료 혜택을 늘리는 등 사회 환경을 개선할 수 있을 것이다. 이런 가능성을 인정한다면, 우리는 롤스가 '차등 원칙'이라 부른 것을 받아들일 것이다. 그것은 '사회에서 가장 약자에 속하는 사람들에게 이익이 돌아가는 경우에만 사회적, 경제적 불평등을 인정한다는 원칙'이다. 사회적 약자에게 이익이 돌아간다는 전제 하에서만 능력이나 재능을 가진 사람들이 그것을 더 잘 발휘할 수 있게 해주는 사회가 초래하는 약간의 불평등을 인정한다는 의미를 좀 더 명확히 하기 위해 앞으로 우리는 그것을 '약자 우대의 원칙'이라고 부르기로 하자.

롤스의 첫 번째 원칙은 사실 그리 특별할 것이 없다. 모든 시민이 양심의 자유와 종교, 사상의 자유, 직업선택의 자유, 인간의 존엄성을 포함한 기본권을 평등하게 누려야 한다는 이상은 이미 현대 사회 대부분의 나라에서 헌법상 불가침의 기본권으로서 보호되고 있기 때문이다.

도덕철학에 대한 롤스의 기여는 두 번째 원칙인 '약자 우대의 원칙'에 있다. 따라서 롤스의 '약자 우대의 원칙'이 정확히 무엇을 의미하는가에 따라 그의 도덕철학의 가치가 달라진다. 그러니 '약자 우대의 원칙'은 개념적으로는 이렇게 명확하지만, 실제 현실에 적용할 때는 '무엇이 약자 우대의 원칙인지'가 명확치 않다. 그것이 롤스의 정의론이 일반인들에게 쉽게 와 닿지 않는 요인이기도 하다.

무지의 장막을 통한 사회정의 분석과 '약자 우대의 원칙'

롤스는 '무지의 장막'이라는 장치에 특히 부와 소득의 분배에 관련된 '도덕적 자격'에 대해 근본적으로 사고할 수 있는 힘이 있다는 점을 주목한다. 그것은, 원초적으로 평등한 위치를 보장하기 위한 무지의 장막 뒤에서는 자신이 출발선과 능력과 재능 면에서 어느 편에 속할지 모르기 때문에, 부와 소득과 기회의 분배가 도덕적 관점에서 볼 때 임의의 요소에 의해 좌우되어서는 안 된다고 생각할 것이기 때문이다. 그렇다면 부와 소득 혹은 기회와 권력의 분배에 대해 정당하게 도덕적 자격을 주장할 수 있는 요소는 과연 무엇일까?

롤스는 먼저 봉건귀족사회와 카스트제도에 대해 무지의 장막이라는 관점에서 정의를 살핀다. 이런 제도는 출생이라는 우연을 기준으로 소득, 재산, 기회, 권력을 분배한다는 점에서 불공평하다. 귀족으로 태어난 사람은 농노로 태어난 사람이 평생 가질 수 없는 권리와 권력을 갖는다. 그러나 무지의 장막 뒤에서는 자신이 나중에 어느 계급에 속할지 모르기 때문에 결코 삶의 전망이 이처럼 임의의 현실에 좌우되는 사회를 선택하지는 않을 것이다.

다음으로 시장사회는 정의로운 사회일까? 시장사회는 재능을 가진 사람에게 일할 기회를 주고 법 앞에서 평등을 보장한다는 점에서 어느 정도는 계급사회의 임의성을 교정한다. 시민들은 기본적인 자유를 평등하게 보장받고, 소득과 부의 분배는 자유시장에서 결정된다. 이 체제는 출생에 따른 고정된 서열을 거부한다는 점에서 봉건사회나 카스트사회보다 개선된 모습을 제시한다. 자유지상주의 정의론은 이러한 자유시장체제를 옹호하면서 시장에서의 계약과 합의에 의해 이루어진 분배라면 그것이 어떤 것이든 도덕적 자격이 있다고 주장한다.

그러나 현실에서는 기회가 전혀 균등하지 않은 방식으로 배분될 수 있다. 법적으로 기회 균등이 공식적으로 보장되는 자유시장에서 소득과 부가 공정하게 분배된다고 생각할 수 없는 이유가 바로 거기에 있다고 롤스는 주장한다. 우리는 집안 환경이나 능력, 재능을 각각 다르게 타고난다. 애초에 출발선 자체가 다른 것이다. 그에 따라 자유지상주의 체제에서 가장 분명하게 나타나는 부당함은 '분배되는 몫이 도덕적 관점에서 볼 때 대단히 임의의 요소에 부적절하게 영향을 받는 상황을 허용한다는 점'이다. 그러나 애초에 자신의 출발선이 어딘지 모르는 '무지의 장막' 뒤에서는 사람들이 이런 체제 또한 선택하지 않을 것이다.

이러한 불공정을 수정하는 방법 중 하나는 기회의 불평등을 바로잡는 일이다. 공정한 능력 위주 사회라면 단지 형식적인 평등에 기대지 않고, 이를테면 교육 기회를 고르게 제공하여 가정형편이 어려운 학생도 풍요로운 가정에서 자란 학생과 똑같은 기반에서 경쟁할 수 있도록 한다. 능력 위주라는 개념에 걸맞게 자유시장에서 소득과 부가 공정하게 분배되려면, 모든 사람에게 똑같이 재능을 개발할 기회가 주어져야 한다. '자유주의적 평등주의'는 모두가 똑같은 출발선에

서서 경기를 할 때라야 승자도 포상을 받을 자격이 있다는 입장이다. 그런데 이 입장은 '모두 똑같은 출발선에 서서 경기를 했다면 그 결과에 승복해야 한다.'라고 주장하는 실력사회를 뒷받침하므로, 결국 '좀 더 세련된 자유주의'라고 할 수 있다.

물론 교육 기회를 고르게 제공하여 가정형편이 어려운 학생도 풍요로운 가정에서 자란 학생과 똑같이 재능을 계발할 수 있게 하는 것도 현실적으로 어려운 일이다. 그러나 롤스는 설사 현실에서 그런 사회가 실현되어 능력을 개발할 기회를 모두 똑같게 만들어준다 해도 정의를 실현하기에는 여전히 미흡하다고 지적한다.

여기서 롤스는 '공정으로서의 정의'에 관한 탁월한 견해를 전개한다. 모든 사람을 애써 똑같은 출발선에 세웠더라도 누가 그 경기에서 승자가 될지, 그러니까 능력과 재능 면에서 누가 가장 빠른 주자가 누구인지 어느 정도 예측할 수 있다는 것이다. 그러나 빠른 주자가 되는 것은 전적으로 내 노력에만 좌우되지는 않는다. 예컨대 건설노동자 두 사람이 있는데, 한 사람은 힘세고 다부진 체격에 땀 한 방울 흘리지 않고 하루에 벽을 네 개나 쌓는다. 또 한 사람은 약하고 왜소한 체격에 한 번에 기껏해야 벽돌을 두 장씩 옮긴다. 일은 열심히 하지만 건장한 동료가 힘들이지 않고 하루면 할 일을 이 사람이 하면 일주일이 걸린다. 운동을 열심히 한다고 타고난 체격의 격차를 도저히 따라잡을 수 없다. 또 피아노나 바이올린에 재능을 타고난 사람은, 보통 사람이 한 달을 연습해도 연주하기 힘든 곡을 한두 시간이면 능수능란하게 연주하기도 하는 것이 현실이다.

그에 따라 능력 위주 사회가 교육 기회의 불평등을 완전히 제거한다 한들, 이처럼 타고난 능력과 재능에 따라 부와 소득의 분배가 결정되는 상황은 여전히 허용된다는 것이다. 롤스의 말이 옳다면, 교육 기회가 균등한 사회에서도 자유시장은 소득과 부를 공정하게 분배하지 못한다. 그에 따라 롤스는 "정의를 능력 위주 개념으로 이해하는 것도 자유지상주의 개념으로 이해하는 것과 똑같은 이유로 문제가 있다."라고 결론 내린다. 애초에 자신의 능력과 재능을 모르는 '무지의 장막' 뒤에서 사람들은 또한 이런 체제에도 만족하지 못할 것이다.

정의에 관한 자유지상주의 이론과 능력 위주 이론에서 모두 발견되는 도덕적 임의성에 주목하면, 평등주의를 더욱 강조하는 사회가 아니고서는 어느 것에도 만족할 수 없다고 롤스는 주장한다. 하지만 교육 기회 불평등을 수정하는 것과 타고난 재능의 불평등을 수정하는 것은 완전히 다른 문제다. 어떤 주자가 다른 주자에 비해 빠르다는 사실이 마음에 걸린다면, 그 빠른 주자에게 납덩이 신발이라도 신겨야 하는가? 그러나 롤스는 강제로 평등을 달성하는 일을 능력 위주 시장사회를 대체할 유일한 대안으로 보지 않는다.

롤스가 내놓은 대안인 '약자 우대의 원칙'은 재능 있는 사람에게 불이익을 주지 않으면서 재능과 소질에 따른 불공정한 분배를 바로잡는다. 어떻게 가능할까? 재능 있는 사람을 격려해 그 재능을 개발하고 이용하게 하되, 그 재능으로 시장에서 거둬들인 대가는 '약자 우대의 원칙'에 의해 공동체 전체에 돌아가게 하는 것이다. 가장 빠른 주자에게 족쇄를 채우지 말고 최선을 다해 달리게 하라. 단 우승은 그만의 것이 아니라 재능이 부족한 사람들과 함께 나누어야 한다는 점을 미리 알려준다.

'약자 우대의 원칙'은 사람들의 타고난 재능을 '공동자산'으로 여기고, 그 재능을 활용해 어떤 이익이 생기든 그것을 공유하자는 데 사실상 동의한다는 뜻을 내보한다. 태어나면서부터 혜택을 받은 사람은 그들이 누구든, 그런 혜택을 받지 못한 사람들의 상황을 개선한다는 전제에서만 자신의 행운을 이용해 이익을 얻을 수 있다. 애초에 뛰어난 능력을 타고날 자격이 있거나 사회에서 다른 사람보다 유리한 출발선에 설 자격이 있는 사람은 없다. 그렇다고 그러한 차이를 없애야 한다는 뜻은 아니다. 그 차이를 이용할 또 다른 방법이 있다. 사회의 기본 구조를 조정해서, 우연한 차이가 '약자 우대의 원칙'에 따라 행운을 타고나지 못한 사람들의 이익을 위해 쓰이도록 한다는 것이다. 이렇게 되면 창조적인 능력을 가진 사람은 자신의 능력을 마음껏 발휘할 수 있고, 가난한 사람이나 능력이 없는 사람은 사회로부터 가장 많은 혜택을 받는 정의로운 사회를 만들 수 있을 것이다.

노력에 따른 분배도 부당한 것인가

그렇다면 '노력'으로 재능을 열심히 갈고닦은 경우에 대해서 롤스는 어떻게 생각하는가? 빌 게이츠는 오랫동안 열심히 노력해서 마이크로소프트사를 키워냈다. 마이클 조던은 수많은 시간을 투자해 농구 실력을 연마했다. 비록 재능은 타고났지만, 그러한 노력의 대가는 받을 자격이 있지 않은가? 그러나 롤스는 "노력도 혜택 받은 가정환경의 산물일 수 있다."라고 주장한다. "노력하고 도전해서 이른바 자격을 갖춘 사람이 되려는 의지조차도 행복한 가정과 사회적 환경의 영향이다."라는 것이다. 성공의 다른 요소들처럼 노력 역시 스스로에게 공을 돌릴 수 없는 우연의 영향을 받는다고 한다. 롤스는 "분명 노력하려는 의지도 타고난 능력과 기술 그리고 선택 가능한 대안들에 영향을 받는 듯하다. 다른 조건이 동일하다면, 타고난 조건이 좋은 사람이 성실하게 노력할 가능성도 높다."라고 주장한다.

노력하려는 의지도 타고난 능력과 기술 그리고 가정환경 등 자신에게만 공을 돌릴 수 없는 우연의 영향을 받으므로, 정의로운 사회라면 노력해서 얻은 대가마저도 도덕적 자격을 주장할 수 없다는 롤스의 주장에 대해서 하버드대 대학생들 상당수가 크게 반발한다고 한다. 학생들은 하버드대학 입학을 비롯해 자신이 성취한 일들이 열심히 노력한 결과이지, 자신의 통제를 벗어난 임의의 도덕적 요소들 덕분이 아니라고 생각한다는 것이다.

사실 능력과 재능까지는 몰라도, '노력'조차도 도덕적 자격을 획득하는 토대가 될 수 없다는 롤스의 주장은 논리의 비약이다. 물론 롤스가 지적한 대로 공부나 농구 등에 재능을 가진 사람일수록 주변의 칭찬과 기대, 격려를 더 받게 되고 선택할 수 있는 미래의 대안들 또한 많아지므로 아무래도 더 열심히 노력하게 되고, 반면 그런 재능이 없는 사람은 중도에 자포자기하기가 쉽다. 그러나 우리는 불우한 환경을 극복하고 성공한 수많은 사람들의 이야기를 알고 있다. 또한 인간의 모든 노력을 혜택 받은 가정환경이나 타고난 능력이나 재능의 부산물로 보는 것은 전형적인 '결정론'적 사고다. 아울러 뒤에서 보듯이 인간은 '미래에 근거한 현재'를 사는 존재로서, 타고난 환경이나 능력이나 재능이 어떻든 자기만의 고유의 꿈을 갖고 그 꿈을 실현하기 위해 노력하는 것이 인간의 본질적인 특징이기도 하다. 그럼에도 인간의 모든 노력을 타고난 능력과 재능의 결과로 돌릴 때는 삶과 자유의 의미가 부정될 우려가 있다.

그뿐만 아니라 롤스 자신이 주장한 '무지의 장막'의 관점에서 볼 때도 나중에 장막이 걷힌 상태에서 누가 더 노력하는 사람으로 살지 모르기 때문에, 도덕적 인격자라면 노력에 대해서도 계급이나 출발점, 타고난 능력이나 재능과 마찬가지로 도덕적 자격을 인정하지 않을 것이라는 주장은 논리의 비약이라는 것을 알 수 있다. 따라서 '노력'조차도 도덕적 자격의 요소가 될 수 없다는 주장은, 인간의 더 나은 삶을 향한 모든 노력에 영향을 미치는 중대한 문제이기에, 좀 더 신중한 검토가 필요하다.

사실 롤스는 칸트와 마찬가지로 자유주의의 입장에 서 있는 정치철학자이다. 아울러 그의 '약자 우대의 원칙'은 비록 사회적 약자에게 이익이 돌아간다는 전제하에서이기는 하지만, 능력이나 재능을 가진 사람들이 그것을 더 잘 발휘할 수 있게 해주는 사회가 초래하는 약간의 불평등을 인정한다는 원칙이다. 비록 제한적이긴 하지만 능력이나 재능에 따른 불평등을 인정하는 마당에 노력의 도덕적 자격을 인정하지 않는다는 것은 논리적인 모순이다. 따라서 롤스의 도덕철학에서 "노력조차도 도덕적 자격을 획득하는 토대가 될 수 없다."라는 주장은, "능력이나 재능에 따른 불평등이 '약자 우대의 원칙'을 중심으로 제한적이어야 하듯이 '노력의 도덕적 자격'조차도 제한적이어야 한다."라고 정리되어야 한다.

롤스 정의론의 철학적 성과

확실히 롤스의 정의론은 현재 우리의 의식을 지배하고 있는 시장 지상주의적 이데올로기를 무력화시킬 수 있는 강력한 무기들을 갖고 있다. 롤스에 의하면 자유시장에서의 계약과 합의가 거래의 공정성을 뒷받침하는 것이 아니며, 거기에는 근본적인 도덕적 한계가 있다. 그뿐만 아니라 자유시장에서 우리가 당연하게 생각하고 있는 능력이나 천부적 재능 혹은 노력에 따른 분배조차 임의적 요소에 지배되며, 따라서 자신의 정당한 몫이 아니다. 이러한 롤스의 정의론은 자유시장의 문제점과 그 속에서 인정받는 도덕적 자격에 대한 정교한 분석을 토대로 분배의 정의에 대한 놀랄 만한 사고를 보여준다. 또한 약자에 대한 배려를 전제로 한 롤스의 차등원칙은 일정 부분 칸트의 도덕철학과도 통한다. 즉 '약자 우대의 원칙'은 '인간을 목적으로 대우하라'라는 정언명령의 내용에서 중요한 일부분을 차지해야 할 것이다.

사람이 어차피 능력이나 재능을 다르게 타고나는 이상 그 차이를 없앨 수 없을 뿐 아니라 그것은 바람직하지도 않으므로, 사람들의 타고난 재능을 공동자산으로 여기고 그 재능을 활용해 어떤 이익이 생기든 그것을 공유하여 행운을 타고나지 못한 사람들의 이익을 위해 쓰이도록 하자는 '약자 우대의 원칙'은 분명 정의와 평등에 관한 새롭고도 설득력 있는 사고다. 물론 '무지의 장막'은 롤스의 가설일 뿐, 사람들은 그것을 이용해 정의의 원칙을 세우는 것에 동의한 적이 없다. 그러나 어떤 시대나 상황에도 흔들리지 않는 절대적인 정의의 원칙을 세우기 위해서라면, 인류는 롤스의 '무지의 장막'이라는 장치를 사용하는 데 동의하게 될지도 모른다.

역사적으로 되돌아볼 때 시민혁명 당시에는 시민계급의 이익을 보호하기 위해 사유재산권을 천부인권이자 자연권으로 다뤘으나, 사실 사유재산권은 자유나 인간의 존엄성과 같이 천부인권을 주장할 수 있는 자연권이 될 수 없다. 자유나 인권은 많을수록 좋다. 자신의 모든 행동에 무한책임을 지는 사람이 가지는 절대적 자유는 다른 사람의 자유를 빼앗지 않으며, 오히려 그 반대이다. 반면에 재산은 그 시대의 생산력에 의해 한정된 자원이다. 따라서 출생에 의해 부가 독점되고 건강한 체력이나 능력을 가진 소수 사람들이 소득을 독차지할 때 반드시 다른 사람들의 생존을 위협하는 문제에 봉착한다.

더구나 부와 소득의 분배는, 롤스가 강조하듯이 강압이나 우연적 요소의 영향을 크게 받는다. 그에 따라 마르크스가 사유재산을 전면 부인하는 공산주의체제를 제안했을 때, 역사에서 근본적으로 문제되지 않았을 뿐만 아니라 오히려 한편에서 크게 호응을 받을 수 있었던 것이다. 생존본능으로 무장하고 생존을 위해 무한경쟁을 벌이는 동물들과 달리, 정신 속 매개적 의식인 자기의식을 가진 인간은 실존의 변증법에 의해 세계와의 관계를 올바로 정립하지 않는 한 결코 행복해질 수 없다. 따라서 롤스의 약자 우대의 원칙은 그만큼 탄탄한 철학적 기초를 갖고 있다.

또한 사람들의 타고난 재능을 공동자산으로 여기고 그 이익을 공유하자는 롤스의 '약자 우대의 원칙'은 철학의 새로운 성과인 '사회적 노동'의 개념과도 맥락을 같이한다. '사회적 노동'이란 인류의 모든 잉여가치를 '사회적 노동의 산물'로 바라보는 새로운 시각이다. 현대 철학의 한 조류인 철학적 인간학에 의하면 인류의 모든 지적 자산은 문화적, 역사적 산물이다. 철학이 사태를 근본에서 들여다보는 학문일수록 지배계급의 이데올로기를 넘어서게 되며, 따라서 철학이 '인류의 모든 지적자산은 문화적, 역사적 산물'이라고 규정할 때 잉여가치는 그만큼 객관적으로 사회적 노동의 산물이 된다.

철학적 인간학에 의하면 우리가 숨 쉬고 배고프면 뭔가를 먹고 잠

오면 잠자는 등의 생리적이고 본능적인 영역을 제외하고, 우리가 이야기하고 생각하고 세상을 보는 방식을 포함해서 역사적, 문화적 산물이 아닌 것이 없다. 따라서 인간의 노동과 기계와 기술 그리고 그것을 이용해서 창출한 잉여가치는 모두 인류의 역사적, 사회적 노동의 산물이다. 조던의 천문학적 수입도, 빌 게이츠의 천문학적 재산도 아마 대부분이 이러한 사회적 노동의 산물일 것이다.

따라서 철학의 새로운 성과인 '사회적 노동'의 개념에 의하면 "인간이 창출하는 모든 잉여가치는 인류의 조상들과 동시대인들의 '사회적 노동'의 산물이므로 사회적 노동의 기여분에 해당하는 만큼 인류 전체를 위한 공동자산으로 쓰일 수 있도록 세금으로 환수해야 하고, 그 결실을 어느 개인이나 특정 계급이 독차지해서는 안 되며 후대를 살아가는 모든 인류에게 귀속되어야 한다."라는 정의에 관한 새로운 관점을 도출할 수 있다. '사회적 노동'을 잉여가치의 원천으로 보는 철학에서는 자본과 기계, 기술, 경영, 노동을 비롯해서 인간이 만든 모든 인공물과 지적 자산 그리고 그것을 이용하여 창출한 잉여가치를 '사회적 노동'의 산물로 본다. 따라서 정의로운 사회라면 조상들과 동시대인들의 '사회적 노동'의 산물이 주는 혜택을 공정하게 누리는 사회라야 한다.

그러나 그렇다고 '사회적 노동'의 관점이 모든 잉여가치를 사회적 노동의 산물로 간주하는 것은 아니고, 창출된 잉여가치 중에서 '사회적 노동'의 산물로 설명하기 어려운, 개인의 '노력'이 기여한 부분에 대해서는 제한적으로 그 도덕적 자격을 인정한다.

롤스의 정의론에서 발견되는 몇 가지 한계

이제 롤스의 정의론이 갖는 한계를 정리해보자. 롤스의 정의론은 '자본주의 사회가 정의로운 사회를 추구한다면 이러한 원칙이 적용되는 사회라야 할 것이다.'라는 논리구조를 갖고 있다. 롤스는 출생은 물론 개인적인 능력이나 재능, 심지어 노력조차도 도덕적 자격을 정당하게 주장할 수 없다고 말한다.

그 결과 롤스는 분배의 정의가 개인의 미덕이나 도덕적 자격을 포상하는 게 아니라, 그보다는 게임의 규칙이 생겼을 때 생기는 합리적 기대를 충족하는 것과 관련이 있다고 주장한다. 이 말은 '시장에서의 부와 소득의 분배는 실력 게임이 아니라 확률 게임의 산물이며, 따라서 개인의 도덕적 자격이 아니라 사회제도와 우연적 요소의 산물일 뿐'이므로, 조세제도에 따라 수입의 일부를 내놓아 어려운 사람을 돕는데 썼다고 해서, 자신이 마땅히 받을 자격이 있는 것을 빼앗긴다고 불평할 수 없다는 것이다.

그러나 '정의로운 사회라면 출생, 재능, 능력은 물론 개인의 노력까지도 부와 소득에 대한 도덕적 자격을 주장할 수 없다.'는 롤스의 정의론은 미국이라는 나라의 현실에 비추어볼 때 지나치게 진보적인 것이었다. 미국이 어떤 나라인가? 전후 미국은 2차 세계대전을 피해 유럽에서 망명했다가 눌러앉은 세계 지식인들의 집합소였다. 그들은 전후 미국과 현실 사회주의 국가의 이념 대결 과정에서 자유를 열렬히 옹호했다. 한마디로 그들은 '자유'에 중독되어 있었다. 정의로운 사회를 위해 자유가 존중되어야 한다는 그들의 주장은 미국 사회에 '자유지상주의' 이념으로 채택되었고, 그것은 곧바로 시장지상주의로 연결되었다. 자유지상주의야말로 자본주의 시장이 요구하는 이념이었던 것이다. 그 결과 강자가 모든 것을 포식하는 동물적 자유가 횡행하는 자본주의 사회가 정의로운 사회로 둔갑되었다.

이러한 사회에 대한 문제의식으로서 나타난 것이, 기회의 평등 또는 동일한 출발선을 강조하는 '자유주의적 평등주의'였다. 자유주의적 평등주의는 각자에게 균등한 기회를 부여하고 그 결과에 승복할 것을 요구하였다. '실력에 따른 분배가 이루어지는 사회가 정의로운 사회'라고 주장하는 실력주의 사회는 이러한 기반 위에 서 있다. 그런데 재미있는 현상은, 미국 사회에서 실제로 기회의 평등이나 동일한 출발선을 만들어주려는 실제적인 노력이 있었다기보다, 자유주의적 평등주의자들의 이론적인 논의 자체만으로 그 사회를 정의로운 사회로 둔갑시키는 데 크게 기여했다는 점이다. 그러나 그것은 사람들에게 미국 사회가 정의로운 사회라는 허위의식을 심어주기 위한 이데올로기적 장치에 불과했고, 진실은 미국은 여전히 강자가 모든 것을 포식하는 자유지상주의가 그대로 횡행하는 사회라는 점이다.

롤스는 자유주의적 평등주의보다 훨씬 더 앞으로 나아간다. 자유주의적 평등주의에 의해 뒷받침되는 실력사회에서는 예컨대 얼마만큼의 지능을 갖고 태어났는지, 어떤 부모를 두고 있는지, 원치 않는 환경에 처해 있지는 않은지와 같은 조건을 고려하지 않기 때문에, 사회적 약자에게 혜택을 주고 다시 시작할 기회를 부여해 잠자고 있는 역량을 키워서 인류의 모든 재능을 공동자산으로 활용할 수 있어야 한다는 것이다. 사실 시장의 정의에 관한 기준으로서 '약자 우대의 원칙'을 내세운 롤스의 정의론은, 자유지상주의의 미국 사회의 근간을 뒤흔들 수 있는 혁명적인 이론이었다. 그러나 미국 사회는 롤스의

'약자 우대의 원칙'조차 '농담'으로 받아들일 정도로 '자유'에 대한 환상에 깊숙이 빠져 있었다. 그들은 현실을 개선하려는 노력은 거의 하지 않은 채, 롤스의 이론조차 미국 사회의 안정을 위해 이용하고자 했다. 대학에서 롤스의 정의론에 대한 치열한 논쟁이 벌어지고 신문에서도 사회적 약자 문제를 온통 떠들어댔지만, 현실에서는 거의 아무런 변화도 일어나지 않았다. 논의 자체만으로도 마치 미국 사회가 사회적 약자를 배려하는 사회라는 착시현상을 갖게 했다. 미국은 여전히 전체 소득을 최하 1분위부터 최상 10분위까지 나눠서 평등 정도를 측정했을 때 2007년 1분위 대 9분위의 소득비가 4.85배에 달할 만큼 30개 OECD국가 중 소득불평등이 가장 심한 나라에 해당한다.

이러한 상황이 전개된 첫 번째 이유로, 미국의 강력한 이해관계를 들 수 있을 것이다. 전후 미국은 세계 자본주의의 중심국으로서 자유지상주의에 따른 자본주의 시장의 온갖 혜택을 독식하면서 현재와 미래에 대한 낙관주의가 팽배해 있었기 때문에, 자유지상주의적 시장 질서로의 일방통행을 막을 수 없었고 또 막을 이유도 없었다. 그들은 자유지상주의가 미국과 미국인 모두의 이익과 합치한다고 국민들을 설득하는 데 성공했다. 그에 따라 미국 사회는 인간의 본능과 욕망을 예찬하고 강자를 위한 자유를 옹호함으로써 자유지상주의의 전제를 강화하는 데 도움이 되는 논리라면 무엇이든 적극 수용하는 자세를 보였다.

미국에서 이러한 현상이 가능했던 또 다른 이유로는, 그곳에 진실로 인간의 참된 삶에 대해 관심을 갖고 사태를 근본에서 들여다보는 철학다운 철학이 없다는 점을 들 수 있을 것이다. 미국에는 적자생존과 인간의 원만한 현실 적응을 최상의 가치로서 옹호하는 실용주의

외에는 철학이 없다. 미국이 철학이 빈곤한 사회를 극복하지 못하는
한, '말의 향연'과 실제 삶의 이중적인 모습을 벗어나 진실과 정의가
숨 쉬는 사회에 이르기는 그만큼 어려울 것이다.

따라서 롤스의 정의론이 진정한 진보적 이론으로 거듭나기 위해서
는 엄밀한 이론으로 재정리되어야 한다. 사실 롤스의 정의론은 '사회
에서 가장 약자에 속하는 사람에게 이익이 돌아가는 경우에만 사회
적, 경제적 불평등을 인정한다.'라는 차등의 원칙 속에 이미 문제점
을 내포하고 있었다. 왜냐하면 무지의 장막 뒤에 있는 사람들이 아무
리 도덕적 인격자라 해도 '그렇다면 그 불평등을 어디까지 인정할 것
이냐'에 대해서는 자유주의자냐 평등주의자냐에 따라 여전히 다양한
스펙트럼이 있을 수밖에 없기 때문이다.

롤스는 의사에게 높은 보수를 주어 가난한 시골 지역 의료서비스
가 개선된다면, 이 경우 차등임금은 자신의 차등원칙에 들어맞는다
고 말한다. 그러나 현실적으로 의사에게 높은 보수를 주어 의료 공급
이 늘어난다고 해서 가난한 시골 지역의 의료서비스가 개선될 가능
성이 높지 않을뿐더러, 오히려 의사의 높은 보수로 인해 시골 지역
주민들의 부담만 가중될 가능성이 높다. 따라서 차등원칙을 각별히
주의해서 제한적으로 사용하지 않을 때는, 오히려 의사의 높은 보수
를 합리화하기 위한 빤한 논리로 악용될 수 있는 것이다.

롤스는 또한 격려 차원의 보상금을 인정한다. 여기서도 문제는 '그
것을 얼마나 인정하느냐'이다. 롤스 전문가인 샌델은 마이클 조던의
엄청난 수입이나 빌 게이츠의 어마어마한 재산에 대해서 "그들의 수
입이나 재산이 부자들에게 누진세를 적용하는 등 전반적으로 가장
못사는 사람들에게 이익을 돌리는 사회체제에서 나왔다면, 그러한

불평등은 차등원칙에 맞는다고 본 수 있다."라는 식으로 롤스의 차등 원칙을 해석한다. 그러나 만약에 게이츠의 재산이, 부자들에게 누진 세를 적용해 가난한 사람들의 보건, 교육, 행복에 투자함으로써 전반 적으로 가장 못사는 사람들에게 이익을 돌리는 사회체제에서 나왔다 는 점에서 그러한 불평등이 차등원칙에 맞는다고 본다면, 그것은 자 본주의의 현실 영합에 불과하며 조금도 진보적이지 못하다. 지금은 대부분의 자본주의 국가에서 누진세율을 적용하고 있기 때문이다. 고도한 산업사회에서는 모든 국가들이 부익부 빈익빈에 따른 사회불 안을 잠재우기 위해서라도 일정 부분 소득재분배정책을 실시한다. 그리고 계속적으로 생산력이 발달해온 인류 역사에서 어느 나라든 가장 가난한 사람들은 과거보다는 대체로 더 잘살게 된다.

따라서 만약에 롤스의 차등원칙이 그 기본 사고에 있어 평등에 대 해 단호할 뿐 아니라 고무적인 시각을 제시하는 것이라면, 그리고 태 어나면서부터 혜택을 받은 사람은 누구든 자신처럼 혜택을 받지 못 한 사람들의 상황을 개선하려 노력한다는 전제하에서만 자신의 행운 을 이용해 이익을 얻을 수 있는 사회가 정의로운 사회라면, '행운을 타고나지 못한 사람들의 이익을 위해 쓰이도록 하는 정도'가 그에 걸 맞은 것이어야 한다. 롤스의 도덕철학이 갖는 가치는 '약자 우대의 원칙'에 있는 만큼, '약자 우대의 원칙'의 정체를 분명히 해야 그 진보 적 가치를 인정받을 수 있다.

롤스의 정의론에서 발견되는 또 다른 문제점은 소득이나 부의 영 역에서 발견되는 불의를 지적하는 과정에서 무리하게 '노력'을 도덕 적 자격의 임의적 요소에 포함시킨다는 점이다. 과연 노력에 대해 도 덕적 자격을 인정하지 않는 사회를 정의로운 사회라고 말할 수 있을까? 물론 달려보지 않아도 결과를 빤히 예상할 수 있는 상황에서 능력에 따른 결과를 받아들이라고 요구하는 사회는 정의로운 사회라고 말할 수는 없을 것이다. 그러나 능력이나 재능은 선천적으로 타고날 수 있지만 노력은 시간을 투자해 열심히 그 재능을 갈고닦는 것이다. 따라서 무지의 장막에 의해 도출된 정의로운 사회에서도 선천적인 재능과 후천적인 노력은 구분되어야 한다.

개인의 자유로운 선택을 최고의 가치로 중시하는 자유주의자라면 노력의 의미 또한 인정해야 하며, 노력의 의미를 인정하지 않으면서 자유를 주장하는 것은 진정한 자유주의자라 할 수 없다. 개인의 자유로운 도덕적 선택은 물론이고 더 나은 삶을 향한 인류의 모든 실천도 결국 '노력'의 일환인 것이다. 따라서 정의로운 사회에서는 재능도 능력도 그 도덕적 자격이 부정되지만, 오직 노력만이 그 도덕적 자격을 정당하게 인정받을 수 있다. 재능과 능력이 있는 사람이든 없는 사람이든 오직 그들이 기울인 노력에 상응하는 도덕적 자격을 가질 뿐이다. 그에 따라 인류가 창출하는 모든 잉여가치를 사회적 노동의 산물로 간주하는 입장에서조차 '사회적 노동의 산물로 설명하기 어려운, 개인의 노력이 기여한 부분에 대해 제한적인 차별적 보상을 인정하는 것이다.

따라서 비록 빌 게이츠와 마이클 조던이 재능은 타고났겠지만, "그들의 노력도 혜택 받은 가정환경의 산물일 수 있다."라며 "정의로운 사회라면 자신이 노력한 결과에 대한 분배를 주장할 수 없다."라는 주장에는 여전히 무리가 따른다. 롤스의 정의론은, 예컨대 마이클 조던이 중세시대에 태어났다면 지금의 영광을 누릴 수 없었을 것이므로, 잘한 사람에게 포상을 해야 하는 것은 맞지만 그 몫은 그의 도덕적 자격에 맞게 '제한적'이어야 한다는 주장인 것이다. 따라서 정이이 기초로 개인의 도덕적 자격을 부정하고 사회제도의 게임 룰에 기초한 합리적 권리의 기대를 내세운 롤스의 정의론에서도, 개인의 노력에 관한 한 그 도덕적 자격의 문을 열어놔야 한다.

존 롤스는 철학 전반을 다룬 철학자가 아니라 분배의 정의라는 특수영역을 다루는 도덕철학자이다. 뒤에서 보듯이 샌델은, '분배의 정의는 미덕이나 도덕적 자격을 포상하는 문제가 아니다.'라는 롤스의 주장을 도덕적 개인주의를 부정하고 자신의 공동체주의를 뒷받침하는 근거로 사용한다. 그러나 이상에서 살펴봤듯이 인류 역사에서 자유와 노력의 역할을 부정하면서 정의를 말하는 것은 롤스가 생각한 것 이상으로 철학적으로 많은 문제를 불러일으킴을 알 수 있다.

지금까지 시장지상주의자들에 대항하여 평등을 옹호하는 롤스의 정의론을 살펴보았다. 시장지상주의자들과 평등주의자들의 논쟁은 여전히 치열하게 계속되고 있다. 롤스의 정의론이 '약자 우대의 원칙'이라는 철학적 성과와 함께 여전히 약자 우대의 원칙을 해석하는 문제를 둘러싼 논쟁적인 사회과학의 영역을 포함하고 있기 때문이다.

그럼에도 롤스는 정의론에 크게 기여했다. 운에 노출된 우연적인 요소를 배제하면서 인간의 재능을 인류의 '공동자산'으로 활용할 수 있는 약자 우대의 원칙을, 자유에 대한 환상에 빠져 자유지상주의 이데올로기의 지배를 받고 있는 자본주의의 시장질서에 대한 근본적인 해법으로서 제시했을 뿐 아니라, 이 원칙을 특정 문화나 사회에 종속되지 않는 보편적인 정의의 원칙으로 그리고 불평등한 사회를 규제할 최종적인 정의의 원칙으로 정립하고자 했기 때문이다. 다시 말하면 그는 무지의 장막이라는 장치를 이용하여, 자신의 '약자 우대의 원칙'을 객관적이고 보편적이며 절대적인 '도덕의 최고 원칙'으로서 제시하고자 한 것이다.

상대주의의 유혹이 서로 다른 이해관계나 입장의 차이에서 비롯된다는 걸 감안할 때, 무지의 장막을 이용하여 일체의 이해관계를 배제한 채 공정성을 판단하는 롤스의 접근방법이야말로 객관적이고 절대적인 '도덕의 최고 원칙'을 도출하는 최선의 방법일지도 모른다. 만약에 모든 사람들이 롤스가 제안한 방식대로 자신의 계층과 인종, 정치적, 종교적 신념에 대해서까지 일시적으로나마 전혀 모르는 '무지의 장막'을 가정한다면, 장막이 걷힌 후 자신이 어디에 속할지 모르기 때문에 약자 우대의 원칙에 입각한 객관적으로 정의로운 사회를 정립하기가 훨씬 수월할 것이다.

칸트가 제시한 도덕의 최고 원칙 '인간을 목적으로 대우하라'는 어떤 행동의 실정법 위반 여부를 판단하는 기준으로서 유용하다. 그리고 롤스의 '약자 우대의 원칙'은 선악의 회색지대인 시장사회에서 부와 소득의 정의로운 분배 여부를 따지는 데 유용하다. 그러나 필자가 이 책을 통해 제시하고자 하는 '인간 존재의 절대적 가치에 대한 존중'이라는 '도덕의 최고 원칙'은, 일상성의 함정에 빠져 선악의 회색지대에서 주체성을 상실한 채 안주하며 살아가는 현대인들을 본래적 자아로서 실존케 하기 위한 훨씬 더 엄격한 기준을 제공한다. 이처럼 세 개의 '도덕의 최고 원칙'은 각각 특별하게 적용되는 영역을 달리하면서 인간과 사회를 '인간 존중'의 방향으로 이끌어주는 중심 역할을 할 것이다.

도덕, 정의 혹은 가치의 객관적이고 절대적인 판단기준인 도덕의 최고 원칙이라는 존재는 철학사적으로도 중대한 의미를 갖는다. 현대 철학은 객관적이고 절대적인 가치의 존재는 물론 심지어 논리학, 수학, 기하학의 명제 등 객관적이고 절대적인 진리의 존재조차 그 의미를 부정하면서 자신들의 상대주의를 옹호하고자 모든 노력을 기울이고 있으나, 객관적이고 절대적인 도덕의 최고 원칙의 존재는 현대 철학의 상대주의에 결정적인 타격을 가한다. 이상에서 살펴봤듯이 도덕의 최고 원칙이 더 이상 부정할 수 없을 정도로 근거가 확실하고, 2부에서 볼 수 있듯이 그것이 올바름을 입증하는 사례가 풍부한 이상 현대 철학의 상대주의는 더는 설 땅을 잃을 것이다.

2부에서는 《정의란 무엇인가》를 계기로 '정의'에 집중된 사회적 관심을 '철학'에 대한 관심으로 연결하여 심화해보고자 한다. 이 책에서 마이클 샌델은 여러 가지 도덕적 딜레마들을 둘러싸고 자유주의, 공리주의 그리고 자신의 공동체주의 등 여러 입장의 주장들을 소개한다.

현대 사회는 상대주의가 지배하는 시대다. 그에 따라 현대 철학과 사회과학은 '절대적으로 옳은 것이란 없다' 라는 것을 보여주기 위해 수많은 사례들을 제시하고, 때때로 극단적인 사례들까지 동원한다. 또한 교묘하게도 상대주의는 '다양성 존중' 이라는 포장을 걸치고 획일적인 가치를 싫어하는 현대 사회의 분위기에 편승하여 생명력을 유지하고 있다.

그러나 앞서 우리는 개별적인 입장이나 이해관계에 상관없이 언제 어디서나 반드시 지켜져야 할 보편적인 기준으로서 도덕의 최고 원칙을 살펴보았다. 도덕의 최고 원칙은 우리의 모든 행동과 선택의 도덕성 여부를 객관적으로 판단할 수 있는 절대적 기준이다. 도덕의 최고 원칙은 현대 사회의 모든 상대주의와 대결하여 그것을 물리칠 수 있다. 필자는 그것을 보여주기 위해 마이클 샌델의 책에서 소개한 다양한 사회과학적 논쟁을 소재로 활용하고자 했다.

사회과학은 언제나 논쟁적이다. 하나의 입장에 대해 반대하는 입장이 맞서서 평행선처럼 영원히 자기주장을 계속한다. 그래서 결론은 '정답은 없다' 라는 상대주의로 귀결된다. 반면 사태를 근본에서 들여다보는 진정한 철학에서는 상대주의가 용납될 수 없다. 만약에 어떤 주장이 '이것도 옳을 수 있고, 경우에 따라서는 저것도 옳다' 라는 식의 상대주의에 머물고 있다면 아직 근본적인 사유에 도달하지 못했다는 증거일 뿐이다. 따라서 어떤 주장이 끝없는 사회과학적 논쟁을 종식시킬 수 있는 근본적인 통찰을 제공한다면, 그것은 이미 철학의 수준에 도달한 것이다.

칸트가 이성을 사용하여 정언명령을 도출해내는 과정과 롤스가 무지의 장막을 이용하여 약자 우대의 원칙을 도출하는 과정을 통해서 볼 수 있듯이, 도덕의 최고 원칙은 사태를 근본에서 들여다보는 철학에 의해 뒷받침되는 영역이다. 따라서 그것은 '논쟁 종식적 효용' 을 발휘한다.

2부

정의에 대한 논쟁

01 도덕적 딜레마와
도덕의 최고 원칙

마이클 샌델은 《정의란 무엇인가》에서 2004년 여름 허리케인 찰리가 플로리다를 휩쓸고 간 뒤 미국에서 불붙은 가격폭리 논쟁을 소개한다. 어느 주유소에서는 평소 2달러 하던 얼음주머니를 10달러에 팔았고, 건설업자들은 지붕을 덮친 나무 두 그루를 치우는 데 무려 2만 3천 달러를 요구했다. 심각한 바가지요금에 플로리다 주민들은 분통을 터뜨렸고, 가격폭리처벌법이 존재하는 플로리다의 법무장관 사무실에 2,000건이 넘는 피해 사례가 접수되기도 했다.

샌델에 의하면 가격폭리처벌법을 둘러싼 찬반양론의 주장은 세 가지 항목, 즉 자유 존중, 행복 극대화, 미덕 추구에 각각 초점을 맞추고 있다고 한다. 즉 자유 존중, 행복 극대화, 미덕 추구는 정의를 바라보는 서로 다른 세 가지 각도라는 것이다.

가격폭리처벌법을 집행하려 하자 일부 경제학자들은 '자유' 존중을 내세우며 '가격폭리가 어떻게 플로리다 주민에게 이익이 되는가'를 설명하려 했다. "얼음, 생수, 지붕 수리, 발전기, 모텔 방의 가격이 높아지면서, 수요자는 소비를 억제하고 공급자는 허리케인 피해를 입은 먼 곳까지도 재화와 용역을 공급하려는 욕구가 높아지는 장점이 있으므로, 비싼 값이 전혀 부당하지 않다."라면서, 그들은 "언뜻 터무니없어 보이는 가격이지만, 필요한 물건을 더 많이 생산하도록 공급 업자를 자극한다는 점에서 사실은 실보다 득이 훨씬 많다."라고 주장했다.

반면에 가격폭리처벌법을 찬성하는 사람들은 "지금은 자발적 구매자가 자유로운 선택으로 시장에 들어가 자발적 판매자를 만나고 가격이 수요와 공급에 따라 결정되는, 정상적인 자유시장 상황이 아니다. 안전한 숙박시설 같은 생필품에 대한 수요는 불가피하며, 비상 상황에서 강요받는 구매자에게 '자유'는 없다. 어려운 시기에 터무니없는 가격을 부르는 행위는 그 가격을 감당하기 벅찬 사람들이 느끼는 부담감으로 인해 사회 전체의 '행복'에 도움이 되지 않는다."라고 주장했다.

아울러 '미덕'을 중시하는 관점에서는, 어려운 시기에 이웃을 이용해 돈을 벌려는 태도는 미덕이 아닌 악덕이며 그런 사람들이 활개치는 사회는 좋은 공동체가 못 되므로 가격폭리를 처벌해야 한다고 주장한다.

그렇다면 여기서 무엇이 정의일까? 여기서는 자유와 행복, 미덕을 중시하는 입장에 따라 주장이 서로 대립하고 있다. 사회과학적 논쟁의 수준에서는 이 주장들이 팽팽하게 영원히 자기주장의 평행선을 달릴 수밖에 없는 운명이다. 그렇다면 논쟁을 종식시킬 근본적인 논의는 어떻게 가능할까?

도덕 논쟁과 철학의 효용

　철학에서는 이 문제를 자유 존중이나 행복 극대화, 미덕 추구의 관점에서 보지 않고, 도덕의 최고 원칙이라는 관점에서 본다. 도덕의 최고 원칙을 중심으로 위의 논쟁을 살펴보면 가격폭리 행위는 '인간을 목적으로 대우하라' 혹은 '약자 우대의 원칙' 등 어느 기준에도 정면으로 위배됨을 발견할 수 있다.

　특히 자유시장의 근본적인 한계에 대한 롤스의 분석에 의하면, 자유시장에서의 합의는 결코 '동등한' 계약에 의해 이루어질 수 없다. 그리고 이 사실은 허리케인 찰리의 사례에서 극명하게 드러난다. 따라서 자유시장의 탐욕에 대해 법과 정부가 중립을 지키지 않고 나서서 바로잡는 것은 언제나 정당하다. 여기에서 자유시장의 근본적인 한계에 대한 롤스의 분석이, 자유지상주의자들이 계속해서 자기주장을 할 수 없게 하는 힘을 갖는다는 사실에 주목하자. 이처럼 도덕의 최고 원칙은 도덕적 딜레마를 손쉽게 해소할 수 있는 강력한 힘을 갖는다.

　아울러 이 논쟁에 대해 근본적인 사유를 제공하는 또 다른 철학의 관점으로서 정신 속 매개적인 자기의식을 가진 인간에게 적용되는 '실존의 변증법'을 들 수 있다. 앞에서 언급한 바 있듯이 인간의 자기 자신에 대한 의식인 '자기의식'은 세계 속에서 현상하는 자신의 의식과 행동과의 관계를 통해서 매개적으로 성립된다. 인간은 이 정신 속 자기의식의 매개적 속성으로 인해, 자신이 세계 속에 현상하는 그대로 자기 자신에 대한 의식을 형성하는 존재다. 즉 인간은 세계 속에서 현상하는 그만큼 '자기 자신'이 된다. 따라서 내가 남의 불행을 이용해서 돈을 벌었을 때, 나는 '남의 불행을 이용해서 돈을 버는 사람'

이 된다. 자신이 세계 속에 찍은 발자국은 자기의식에서 영원히 지워지지 않고 어떻게든 남는다. 그래서 인간이 세계 속에 현상을 할 때는 조심스럽게 잘해야 한다. 인간은 남의 불행 앞에서 자기 이익을 위해 약탈하는 존재가 아니라, 남의 불행을 덜어주기 위해 희생하고 헌신하며 살아갈 때 비로소 세계와 올바른 관계가 형성됨으로써 자기 자신과 올바른 관계를 형성할 수 있는 존재인 것이다. 따라서 만약에 인간이 세계와의 관계를 통해 자신과의 관계를 정립하는 존재라면, "폭리는 탐욕도 뻔뻔스러움도 아니다."라는 일부 경제학자들의 주장은 근본적으로 발붙이기가 어려워진다.

이제 사회과학적 논쟁과 철학의 주장이 갖는 차이를 살펴보자. 사실 위의 가격폭리처벌법의 사례를 보면, 철학적 근거를 도입하지 않고도 행복과 미덕의 관점에서 가격폭리처벌법에 찬성하는 쪽의 논리가 더 튼튼해 보인다. 그러나 일부 경제학자들은 "폭리는 탐욕도 뻔뻔스러움도 아니다."라며 시장의 자유를 옹호하는 자신들의 주장을 끝까지 철회하지 않을 것이다. 그들의 주장은 진보적인 정권이 집권하면 좀 수그러들겠지만, 시장에서 강자의 권리를 노골적으로 옹호하는 보수정권이 집권하면 자본과 경제학자들의 목소리가 커져 다시 "가격폭리에는 실보다 득이 훨씬 많다."라는 주장이 힘을 얻어 정의처럼 행세할 것이다. 이처럼 사회과학 수준의 논의는 언제나 논쟁적이라는 한계를 벗어나지 못한다.

반면에 '인간을 폭리의 수단으로 삼아서는 안 되고 항상 목적으로 대우해야 한다'라는 칸트의 정언명령이나 '자유시장은 근본적인 도덕적 한계가 있다'라는 롤스의 분석, 그리고 '인간은 세계와의 관계를 통해 자신과의 관계를 정립하는 존재'라는 실존의 변증법을 토대로 성립하는 '도덕의 최고 원칙'은 가격폭리처벌법에 찬성하는 입장에 힘을 실어줄 뿐만 아니라, 동시에 가격처벌법에 반대하는 입장에도 더 이상 계속 자기주장을 할 수 없도록 근본적인 논리를 제공한다는 사실에 주목하자. 따라서 사회과학적 주장에서 철학적 통찰로 나아갈수록 도덕적 딜레마는 줄어들고, 정의는 힘을 얻으며, 상대주의는 설 땅을 잃는다. 그에 따라 설사 다시 보수적 정권이 들어섰다 해도 시장지상주의자들이 계속해서 "가격폭리에는 실보다 득이 훨씬 많다."라고 주장하기가 힘들어진다.

자유시장의 횡포에 대한 근본적 해법

《정의란 무엇인가》의 저자 마이클 샌델은 '미덕'의 관점에서 정의를 바라보는 입장을 지지한다. 마이클 샌델은 미덕의 관점에서 정의를 살피기 위해 미국발 신용위기에 따른 구제금융과 관련한 상여금 논란을 소개한다. 구제금융을 둘러싼 논란을 정리하면서 샌델은 매우 뛰어난 통찰을 보인다.

당시 신용위기 사태로 문을 닫은 회사의 최고경영자와 젊은 주식 거래인들은 자신들의 상여금을 두고 사람들이 분노하는 상황을 이해하느라 무척 힘들어했다고 한다. 그들은 "회사가 쓰러진 까닭은 거대한 경제적 힘 때문이지 자신의 결정 때문이 아니다."라고 생각했다는 것이다. 샌델에 의하면 미국인들이 상여금과 구제금융에 반대하는 진짜 이유는 탐욕을 포상했다는 사실이 아니라 실패를 포상했다는 사실 때문이라고 한다. 미국인은 탐욕보다 실패에 더 엄격한데, 내 세금이 실패를 포상하는 데 쓰인다는 점이 미국인의 정의감을 가장 심하게 건드린 대목이라는 것이다. 다시 말하면 실패에 대해 포상하는 것은 미국인들이 생각하는 미덕이 아니었다는 것이다. 그런데 탐욕을 포상했다는 것에 분노하기보다 실패를 포상했다는 사실에 더 분노하는 사회가 정상적인 사회라 할 수 있을까? 승자독식사회에 대한 그들의 문제의식은 여전히 취약하다.

구제금융을 받은 회사들의 상여금을 둘러싼 사태에서 '정의'는 무엇일까? 좀 더 진전된 논의는 샌델 자신에 의해 제시됐다. 샌델이 "월가의 주장대로 거대하고 조직적인 경제의 힘이 2008년부터 2009년 사이에 엄청난 손실을 초래한 주범이라면, 그보다 앞서 발생한 눈부신 이익도 마찬가지가 아닐까? 그 말이 사실이라면, 잘나갈 때 지나치게 많은 보상을 요구하는 행위에도 얼마든지 문제를 제기할 수 있다. 냉전 종식, 무역과 자본시장의 국제화, 개인용 컴퓨터와 인터넷의 등장, 그 밖에 수많은 요인이 1990년대와 21세기 초 금융 성공에 기여하지 않았던가?"라고 정리한 대목은 촌철살인을 느끼게 한다. 그것은 자본주의에서의 성과와 성공을 바라보는 새롭고도 올바른 시각임에 틀림없다. 그러나 월가의 논리는 약하지만 그들이 현실을 지배하는 힘은 강하다. 따라서 월가가 자신들의 눈부신 이익에 대해 엄청난 상여금으로 포상하는 관행을 멈출 것 같지는 않다. 따라서 이것은 여전히 치열한 논쟁의 영역 속에 있다.

이 문제를 다시 사태를 근본에서 들여다보는 철학의 관점에서 살펴보자. 시장에서 이뤄지는 분배의 정의를 판단할 때 효과적인 '도덕의 최고 원칙'은 롤스의 '약자 우대의 원칙'이다. 롤스에 따르면 월가의 상여금은 서로 다른 출발점과 타고난 능력이나 재능, 그리고 월가 종사자들에게 엄청난 액수로 성과를 포상하는 시대라는 임의의 요소의 산물이다. 그럼에도 그들이 엄청난 상여금을 독식하는 것은 승자 독식의 논리에 입각한 것이며, 따라서 약자 우대의 원칙에 정면으로 반하기 때문에 명백히 정의에 반하는 행위이다.

시장에서의 정의를 판단하기 위한 또 다른 근본적인 시각은 '인간을 위한 자유'와 '동물을 위한 자유'를 구분함으로써 성립한다. 현대 자본주의의 자유시장을 지배하는 약육강식과 적자생존의 원리는 바로 동물의 왕국을 지배하는 원리다. 아프리카 초원에서는 운도 실력이고 횡재도 정당한 자기 몫이다. 그 세계에서는 운을 즐기면 될 뿐, 인간의 정의가 통하지 않는다. 따라서 동물의 왕국에서는 하이에나가 활보하다가 만난 횡재는 당연하고 정당하게 그의 몫이다. 그렇지만 동물의 왕국의 하이에나도 자기가 배부를 때까지만 먹고 미련 없이 떠난다. 횡재를 만났다고 자기가 다 차지하지는 않는다.

따라서 잘나갈 때 엄청난 상여금을 독식하면서 위기 시에는 책임을 회피하는 월가의 횡포를 바로잡고자 한다면, 먼저 인간의 경제 영역을 지배하고 있는 동물의 생존 원리에 대해 근본적인 문제의식을 가져야 한다. 잘나갈 때 모든 횡재를 독식하는, 자유시장을 지배하는 동물세계의 논리를 계속 방치하는 한, '저조한 작황은 날씨 탓으로 돌리면서 날이 좋을 때의 어마어마한 수확은 자신의 덕'이라고 주장하는 월가의 불의는 계속될 것이다. 따라서 이제 자본주의의 자유시장에 대해서도 인간의 정의가 통하도록 해야 한다. 거기에는 뿌리 깊은 불의가 숨어 있다. 자유라고 해서 무조건 좋은 것이 아니라 인간을 위한 자유여야 한다. 인간을 위한 자유란 '인간을 목적으로 대우하라', '약자 우대의 원칙' 같은 도덕의 최고 원칙에 적용받는 자유를 말한다. 인간을 위한 자유와 '강자를 위한 자유'를 본질로 하는 동물적 자유를 구분하지 못해서 겪은 인류의 고통은 지금까지의 시행착오로도 충분하다.

철학의 관점에서 월가의 엄청난 상여금을 바라보는 또 다른 근본적인 시각은 '인류의 모든 잉여가치는 사회적 노동의 산물'이라는 사실을 성찰함으로써 성립한다. 월가의 눈부신 이익은 그 자체로서 성립하는 것이 아니라 전자, 통신기술을 비롯한 세계적인 금융시스템을 가능케 한 사회적 노동과 사회적 관계의 뒷받침으로 인해 가능한 것이다. 월가 종사자들은 거기에다 숟가락 하나를 더 얹었을 뿐이다. 따라서 인간의 모든 물질적, 정신적 자산은 '사회적 노동'의 산물이라는 관점에서는 월가가 창출한 잉여가치도 그들이 독식해서는 안 되며, '사회적 노동'의 산물에 해당하는 부분에 대해서는 모두 세금의 형태로 사회에 환원하여 인류 모두를 위해 사용해야 마땅하다는 새로운 사고가 성립한다. '인간을 위한 자유'가 보장되는 사회에서 '약자 우대의 원칙'은 이렇게 실현될 수 있다.

도덕적 딜레마와 '도덕의 최고 원칙'

한편 마이클 샌델은 '과연 모든 상황에 적용할 수 있는 정의의 원칙이 있는가'를 묻기 위해서 '철로를 질주하는 기차'라는 유명한 '도덕적 딜레마'를 소개한다. 그가 이론에서나 가능한 상상 속의 도덕적 딜레마를 문제 삼는 것은, '모든 상황에 적용할 수 있는 보편적인 정의의 원칙이란 없다'라는 것을 보여줌으로써 상대주의를 옹호하고 '도덕의 최고 원칙'의 존재를 부정하기 위한 것이다.

"당신은 전차 기관사이고, 시속 100킬로미터로 철로를 질주한다고 가정해보자. 저 앞에 인부 다섯 명이 작업도구를 들고 철로에 서 있다. 전차를 멈추려 했지만 브레이크가 말을 듣지 않아 불가능하다. 이때 오른쪽에 있는 비상 철로가 눈에 들어온다. 그곳에도 인부가 있지만, 한 명이다. 전차를 비상 철로로 돌리면 인부 한 사람이 죽는 대신 다섯 사람이 살 수 있다. 당신은 어떻게 하겠는가?"

"이제 다른 전차 이야기다. 당신은 철로를 바라보며 다리 위에 서 있는 구경꾼이다. 저 아래 철로로 전차가 들어오고, 철로 끝에 인부 다섯 명이 있다. 이번에도 브레이크가 말을 듣지 않는다. 전차가 인부 다섯 명을 들이받기 직전이다. 피할 수 없는 재앙 앞에서 무력감을 느끼다가, 문득 당신 옆에 서 있는 덩치가 산만 한 남자를 발견한다. 당신은 그 사람을 밀어 전차가 들어오는 철로로 떨어뜨릴 수 있다. 그러면 남자는 죽겠지만, 인부 다섯 명은 목숨을 건질 것이다(당신이 직접 철로로 몸을 던질까 생각도 했지만, 전차를 멈추기에는 몸집이 너무 작다). 그렇다면 덩치 큰 남자를 철로로 미는 행위가 옳은 일인가?"

이 두 사례에서 샌델은 "한 사람을 희생해 다섯 사람을 구하는 첫 번째 사례에서는 옳은 것 같던 정의의 원칙이, 왜 두 번째 예에서는 그렇지 않을까?"라고 물으면서, "한 사람을 구하기보다 다섯 사람을 구하는 편이 낫다면, 왜 이 원칙을 두 번째 예에 적용해 남자를 밀면 안 되는가?"라고 묻는다. 그러면서 그 이유에 대해 "사람을 밀어서 죽게 하는 행위는 아무리 바람직한 이유를 내세워도 잔인해 보이고, 다리에 서 있는 남자의 의지를 거스르기 때문일지도 모른다."라고 설명한다. 그 남자는 어쨌거나 직접 나설 뜻을 보이지 않았고 그냥 거기 서 있었을 뿐이라는 것이다.

샌델은 이 사례를 통해 도덕 원칙들이 서로 충돌하면서 생기는 도덕적 딜레마에 대해 이야기하고자 한다. 열차 이야기에서, 원칙 하나는 가능하면 많은 생명을 구해야 한다는 원칙이고, 또 하나는 아무리 명분이 옳다 해도 죄 없는 사람을 죽이는 것은 잘못이라는 원칙이다. 많은 사람을 구하자니 죄 없는 한 명을 죽여야 하는 상황에서 우리는 도덕적으로 난처한 입장에 놓인다는 것이다.

그러나 샌델이 소개한 이 유명한 도덕적 딜레마는 사실 '딜레마'가 아니다. 그 이유는, 첫 번째 열차 이야기에서 한 사람을 희생해서 다섯 사람을 구하는 공리주의적 해법이 도덕의 최고 원칙에 위배되는 것이기 때문이다. 이 상황에 적용할 수 있는 도덕의 최고 원칙은 '인간을 목적으로 대하라'라는 칸트의 정언명령과 필자가 뒤에서 제시하는 '인간 존재의 절대적 가치에 대한 존중'을 들 수 있다. 다섯 사람을 살리기 위해 한 사람을 철로로 미는 행위는 인간을 목적이 아닌 수단으로 삼는 행위이고, '인간 존재의 절대적 가치에 대한 존중'에 정면으로 반하는 행위다.

절대적 가치의 본래 의미는, 수학에서 무한대는 다섯 개를 더해도 한 개의 무한대와 값이 같듯이, 인간의 경우에는 한 사람의 가치보다 다섯 사람의 가치가 소중하다고 말할 수 없다는 것이다. 실제로 사회 통념상으로도 기차가 치어 죽인 한 사람이 나머지 다섯 사람을 합친 것보다 훨씬 고귀한 삶을 살아온 사람일 수도 있다. 언뜻 보면 '가능하면 많은 생명을 구해야 한다'라는 원칙이 더 정의로워 보일지 몰라도 그것은 인간의 영역이 아니다. 나는 한 사람의 인간일 뿐, 절대적 가치를 갖는 사람의 목숨을 놓고 저울질할 위치에 있는 신이 아니다. 만약에 다섯 사람을 살리기 위해 한 사람을 치어 죽였다 해도 죄 없는 그 사람을 치어 죽였다는 죄책감과 책임은 인간이 감당할 수 있는 것이 아니다. 따라서 열차 앞에 몇 명의 인부가 있는가를 헤아려볼 시간에, 다만 열차를 멈추기 위해 최선을 다하는 것이 인간인 내가 할 수 있는 모든 것이다.

따라서 두 번째 사례에서 남자를 다리 아래로 미는 행위가 옳지 않은 이유는 그것이 그 남자의 의지를 거스르기 때문이 아니라, 그것은 인간을 어떤 목적을 위한 수단으로 삼는 행위이고, 절대적 가치를 지닌 인간 존재의 생명을 자기 마음대로 재단하는 행위이기 때문이다. 인간은 누구도 어떤 목적을 위한 수단으로써 다른 사람의 목숨을 함부로 좌지우지할 자격이 없다. 혹시 기차를 멈추게 하기 위해 미력 하나마 자기 목숨을 던지는 것은 정의로운 행동일 수 있다. 인간은 단지 자신의 모든 것을 걸고 선택할 수 있을 뿐이다. 다른 사람의 목숨을 갖고 계산하는 것은 어떤 경우에도 정의로운 행동이 아니다.

그러나 우리의 현실에서는 비상 상황에서 공리주의의 입장에서 다수를 살리기 위해서 어쩔 수 없이 소수의 죽음을 초래하는 의사결정을 해야 할 때가 있다. 군대 지휘관이나 대통령 등에게 비상 상황에서 그런 권한이 위임되어 있다. 그러나 다수를 살리기 위해서 부득이 소수의 죽음을 선택해야 하는 비상 상황이 '인간 존재의 절대적 가치에 대한 존중'이라는 도덕의 최고 원칙을 훼손할 수는 없다. 극단적인 상황에서 누군가는 결정을 내려야 하기 때문에 그들에게 역할과 권한을 준 것에 지나지 않으며, 그들이 어떤 결정을 내리든 만약에 단 한 명이라도 절대적 가치를 갖는 인간 존재의 생명의 희생이 수반되었다면, 그것이 '부득이한 선택'일 수 있을지는 몰라도 '도덕적인 선택'이 될 수는 없다. 즉 그 상황에서 어떤 선택을 하더라도 그것은 도덕적으로 잘못된 선택인 것이다. 절대적 가치를 갖는 어떤 개인의 죽음을 초래한 의사 결정을 한 사람은 공적으로는 책임에서 면제받을 수 있을지 몰라도, 적어도 개인적으로는 그의 인격과 정신이 마비된 불행한 삶을 살 수밖에 없다. 절대적 가치를 가진 인간의 죽음을 초래한 사람은 그 뒤 자신의 삶과 모든 행동에서 가치의식이 뒤죽박죽일 수밖에 없기 때문이다.

따라서 샌델이 '철로를 질주하는 기차' 사례에서 제시한 '가능하면 많은 생명을 구해야 한다'라는 원칙과 '아무리 명분이 옳다 해도 죄 없는 사람을 죽이는 것은 잘못'이라는 원칙 사이의 딜레마는, 도덕의 최고 원칙에 입각하여 '아무리 명분이 옳다 해도 죄 없는 사람을 죽이는 것은 잘못'이라는 하나의 원칙으로 통합되어야 한다. 즉 사회과학의 입장에서 고안해낸 '철로를 질주하는 기차'라는 최고의 도덕적 딜레마에도 불구하고 도덕의 최고 원칙은 굳건히 제자리를 지킨다.

이처럼 철학한다는 것은 사회과학 수준으로 상황에 따라 그때그때 달리 적용되는 원칙을 찾는 작업이 아니라 근본적인 해법, 즉 모든 상황에 공통적으로 적용되는 최고 원칙을 찾는다는 것을 의미한다. 따라서 모든 상황에 공통적으로 적용되는 최고 원칙을 찾는 작업이 곧 철학이다. 필자는 이하에서 우리나라의 생생한 사례들과 샌델이 《정의란 무엇인가》에서 제시하는 현실의 구체적인 사례들을 차례대로 검토하면서, 이 모든 현실의 도덕적 딜레마들을 철학이 제시하는 도덕의 최고 원칙을 중심으로 접근할 때 딜레마가 해소되면서 어떤 상황에서도 흔들리지 않는 근본적인 해법을 도출할 수 있다는 것을 보여주고자 한다. 그것이 사태를 근본에서 바라보는 철학이 갖는 효용이다.

02 '다수의 행복을 위한 소수의 희생'을 옹호하는 공리주의

시내를 걸어가면서 차가운 길바닥에 앉아 구걸하는 노숙자를 외면하는 자신을 보면서 양심의 가책과 마음의 딜레마를 느껴보지 않은 사람은 거의 없을 것이다. 노숙자에게 돈을 줘야 하는가, 말아야 하는가? 사실 철학의 관점에서 볼 때 어떤 학문적인 문제보다 실생활과 관련된 이런 문제가 더 어렵다.

추운 겨울날 이른 아침, 을지로 지하보도에 가면 웅크리며 자고 있는 노숙자들과 그들을 애써 외면하면서 굳은 얼굴로 총총히 사무실로 향하는 시민들을 볼 수 있다. 노숙자들에 대해 어떻게 하는 것이 정의인가?

철학의 관점에서 볼 때 칸트의 '인간을 목적으로 대우하라'라는 정언명령과 롤스의 '약자 우대의 원칙'에 따라 당연히 노숙자들을 돕는 것이 정의다. 그러나 실존의 변증법에 따라 '인간은 세계와의 관계를 통해 자기 자신과의 관계를 정립하는 존재'이고 따라서 이웃의 불행을 방치하고 내가 결코 행복해질 수 없는 존재라고 해서, 만나는 노숙자마다 돈을 줄 수 없고 온 세상의 노숙자를 내가 다 책임질 수도 없지 않은가?

그렇다. 현실에 입각한 사고를 위해서는 먼저 자신의 한계를 인정해야 한다. 내 노후생활과 자식들의 양육을 위해 내가 힘들게 모은 돈인 만큼 지혜롭게 사용해야 한다. 노숙자 문제에 대해서는 나 혼자가 아니라 사회 전체가 책임져야 한다.

노숙자는 약육강식과 적자생존의 원리가 지배하는 현대 사회의 최종적인 결과물이다. 거기서는 '노숙자는 인간을 위한 정의로운 자유가 지배하는 경쟁사회에서 도태한 인생의 패배자들이므로 마땅히 그에 따른 고통을 감수해야 한다'라는 자유 이데올로기가 작용한다. 노숙자는 자본주의 생존경쟁에서 패배한 자들의 말로가 얼마나 비참한지를 보여주는 생생한 교훈이다. 현대인들은 노숙자들의 비참한 삶을 보면서 어떻게든 경쟁에서 살아남아 자신과 가족이 노숙자의 대열에 포함되지 않도록 하기 위해 발버둥을 친다. 노숙자는 자본주의 경제체제의 부산물이기도 하면서, 지배계급이 자본주의 체제를 유지하기 위한 억압적 통치구조의 산물인 것이다.

따라서 우리의 사고방식이 근본적으로 달라지지 않는 한 노숙자 문제는 해결되지 않는다. 노숙자 문제는 생산력 발달의 역사인 인류 역사에서 인류의 생산력은 사회적 노동의 산물이고 따라서 모든 인류가 그것을 향유할 자격을 갖고 있음에도 '강자를 위한 동물적 자유'에 휘둘리고 있는 우리 자신의 사고방식의 결과물이며, 따라서 '왜 우리가 하루빨리 강자가 모든 것을 독식하는 사회를 정당화하는 자유 이데올로기를 벗어나지 않으면 안 되는지'를 웅변적으로 보여주는 사례일 뿐이다. 이런 문제에 대한 방치나 방관이, 마치 우리 스스로를 조롱하는 듯한 자괴감이 들 정도로, 얼마나 인간 존중의 원칙이나 도덕의 최고 원칙을 훼손하는지 모른다.

그렇다면 어떻게 할 것인가? 노숙자들도 각자 서로 다른 사연이 있을 것이다. 사업에 실패해서 채권자들로부터 피해 다니기 위해, 혹은 진짜 직업을 구하려 해도 구할 수가 없어서, 혹은 인생의 무슨 역경을 겪고 나서 자기 자신을 용서할 수 없어서 스스로를 학대하기 위해 노숙자가 된 사람도 있을 것이고, 아니면 천성적으로 게으르고 나태해서 노숙자가 된 사람도 있을 것이므로, 그들 각자가 존엄한 인간의 삶을 살 수 있도록 개인 한 사람 한 사람에 맞는 해결책을 구해야 한다. 따라서 전문적인 봉사단체에서 개인적인 상담을 맡아서 그들에게 '좋은 영향'을 줄 수 있는 방안을 모색하고 그들에게 필요한 사항을 관리카드로 체계적으로 관리하고, 현재의 생산력을 인류 조상들의 사회적 노동의 산물로 간주하면서 인류 전체가 그것을 공동으로 누릴 자격이 있다는 사실을 자각하는 사람들의 사회적 공감대가 이들에 대한 복지정책을 강력하게 뒷받침해야 한다.

그렇다고 길거리 노숙자 문제를, 생산력에 대한 사회적 공감대가 형성되고 이런 전문적인 봉사단체들이 나서서 해결할 때까지 방관해선 안 된다. 인간은 한시도 이웃의 불행을 방치하고서는 결코 행복해질 수 없는 존재이기 때문이다. 주위의 불우한 이웃에게 마음을 열고 가능한 선에서 현실적 도움을 주고자 작은 노력들을 해야 한다. 그러한 도움이 현재 노숙자의 인생에 좋은 영향을 주리라는 믿음에서가 아니라, '이웃의 불행을 결코 방관해선 안 된다'라는 진리를 자신에게 일깨우기 위한 한 방법일 수 있기 때문이다.

공리주의와 도덕의 최고 원칙

공리주의는 우리가 어떤 행위나 선택의 판단 기준으로 삼아야 하는 기준으로 '공리'를 제시하는 입장이다. 흔히 '최대 다수 최대 행복의 원칙'이라고 일컬어지는 공리주의는 정의의 기준을 다수의 행복에 둔다. 다시 말하면 공리주의적 정의관에 의하면 다수의 행복에 기여하는 행동이나 선택이 정의라는 것이다. 공리주의 원칙을 언뜻 보면 의심의 여지없이 올바른 정의의 기준처럼 보이지만, 공리주의를 '다수의 행복을 위한 소수의 희생을 옹호하는 입장'으로 정리할 경우 사태는 민감해진다.

공리주의 철학자 벤담은 구빈원을 세워 빈곤층을 한곳에 모으고 스스로 생활자금을 조달하는 극빈자 관리 방안을 제시한다. 공리주의에 의하면, 우선 거지와 마주치면 두 가지 측면에서 행복이 줄어든다고 한다. 정이 많은 사람이라면 동정심이라는 고통이, 정이 없는 사람이라면 혐오감이라는 고통이 생긴다는 것이다. 결국 구빈원으로 끌려가는 거지들이 어떤 불행을 느끼든, 그러지 않을 경우 일반 대중이 겪는 고통의 합이 그보다 크다는 것이 벤담의 결론이다. 그러나 철학의 관점에서 볼 때, 이 문제에 대한 벤담의 해법은 '인간을 목적으로 대우하라'라는 칸트의 정언명령과 '약자 우대의 원칙'이라는 도덕의 최고 원칙에 모두 반하는 불의한 것이다.

공리주의 원칙은, 학자들에게는 여전히 논쟁의 영역에 있으나, 사실 현실에서는 이미 논쟁을 넘어 논의의 방향이 거의 정리되어가고 있다. 결론부터 이야기하면, 현대 사회 대부분의 나라에서 인간의 존엄성과 양심의 자유, 종교의 자유 등은 공리주의적 다수결로도 침해할 수 없는 불가침의 헌법적 권리로서 보호되고 있다. 이처럼 철학사에서는 철학이 현실을 지도하는 것이 아니라, 철학은 여전히 학자들 간의 치열한 논쟁으로 답보 상태에 있는 가운데 현실의 진보가 오히려 철학을 이끌어가는 사례들이 적지 않다.

그럼에도 공리주의는 여전히 현실에 막강한 영향력을 행사하고 있다. 그 이유는, 우리는 실제로 국가, 기업, 가정에서 정책이나 예산 집행의 우선순위를 정할 때 "우리가 이 정책이나 결정에서 얻는 이익을 모두 더한 뒤에 총비용을 빼면, 다른 정책이나 결정을 택할 때보다 더 많은 행복을 얻을 수 있을까?"를 항상 묻고 있기 때문이다. 그렇다면 공리주의 원칙의 적용을 둘러싼 논쟁도 영원한 평행선으로 자기주장에 그칠 것인가?

그러나 공리주의에 대해서도 근본적인 논의가 가능하다. 소수의 권리와 다수의 권리가 충돌했을 때 다수의 권리가 우선될 수 있는 영역이 있고, 한 사람의 권리라도 결코 무시되어선 안 되는 영역이 있다. 전자는 주로 재산권과 관련된 영역이고, 후자는 인간의 존엄성과 양심의 자유, 종교의 자유 등 정신적 존재로서의 인간의 기본권과 관련된 영역이다. 따라서 비록 공적 영역이라 하더라도 국가의 법과 정책에 의해 공리주의의 원리에 따라서 정신적 존재로서의 인간의 기본권이 침해되는 것은 어떤 경우에라도 정당화될 수 없으며, 그에 따라 현실에서도 헌법소원 등에 의해 법률이나 국가기관에 의한 기본권 침해를 구제하는 절차를 갖추고 있다. 정신적 존재로서의 인간의 기본권은 어떤 경우에라도 사회 전체의 행복의 극대화라는 명분

아래 무시될 수 없다.

특히 사람의 목숨은 숫자를 세고 비용과 이익을 저울질하는 공리주의의 문제가 아니다. 왜냐하면 인간의 생명은 절대적 가치를 갖는 것이어서, 한 사람의 목숨을 다른 여러 사람의 목숨을 살리기 위해 희생시킬 수 있는 대상이 아니기 때문이다. 그것이 절대적 가치를 갖는 인간 존재의 생명의 특징이다.

'철로를 질주하는 기차'가 유명한 도덕적 딜레마가 된 것도, 사람의 목숨은 절대적 가치를 갖기 때문에 한 명의 목숨과 다섯 명의 목숨의 가치를 비교할 수 없는 특수 사례를 다루고 있기 때문이다. 그리고 우리가 이 딜레마를 '딜레마'로 인식한다는 사실 자체가 우리가 알게 모르게 '인간 존재의 절대적 가치'를 인식하고 있다는 사실에 대한 움직일 수 없는 반증이다. 따라서 인간의 존엄성 존중을 비롯한 기본권은 워낙 기본적인 덕목이라 공리주의적 계산을 떠나 별도로 존재한다.

다수의 행복을 위한 소수의 희생을 옹호한 벤담

그러나 공리주의의 창시자 벤담은 '인간의 타고난 권리'라는 말에 조롱을 퍼부으며, 그러한 권리를 '헛소리'라고 치부했다. 근대 시민사회 전체가 인간의 천부적 권리를 옹호하던 시대에 그런 주장을 한 것을 보면, 그는 상당히 과감한 사람이었던 모양이다. 그러나 또한 그의 공리주의 철학에 대해 사회의 별다른 반발이 없었던 것을 보면, 당시에 '천부적 권리'라는 이론이 그만큼 취약했음을 반증하는 것이기도 하다. 그가 주창한 철학은 상당한 영향력을 행사해왔을 뿐만 아니라, 오늘날에도 정책 입안자, 경제학자, 경영자, 일반 시민들에게 막강한 영향력을 행사하고 있다.

벤담에 따르면 도덕의 최고 원칙은 사회 전체의 행복을 극대화하는 것이고, 그에 따라 정의, 즉 옳은 행위는 공리를 극대화하는 모든 행위이다. 그가 말하는 '공리'란, 쾌락이나 행복을 가져오고 고통을 막는 것 일체를 가리킨다. 벤담에 의하면 우리 모두는 (이성이 아닌) 고통과 쾌락이라는 감정에 지배되며, 이 감정이 우리의 통치권자다. 쾌락과 고통이 우리의 모든 행위를 지배할뿐더러 무엇을 해야 하는지도 결정한다. 우리는 모두 쾌락을 좋아하고 고통을 싫어한다. 공리주의 철학은 이 사실을 인정할 뿐 아니라 도덕적, 정치적 삶의 기초로 삼는다.

공리를 극대화한다는 원칙은 개인만이 아니라 입법자에게도 해당한다. 정부는 법과 정책을 만들 때, 공동체 전체의 행복을 극대화하는 일은 무엇이든 해야 한다. 그는 "모든 도덕적 주장은 반드시 행복 극대화를 전제해야 한다."라고 주장한다.

인간은 과연 쾌락과 욕망의 존재인가

그런데 서양 철학에서 참으로 희한한 현상은, 위대한 철학자들조차도 '쾌락'과 '행복'을 구분하지 않는다는 점이다. 아리스토텔레스가 '인생의 목적이 행복'이라고 했을 때 그것이 쾌락인지 행복인지가 분명치 않았으며, 이 점이 서양 철학사에서 에피쿠로스학파에서 스피노자와 공리주의, 그리고 실용주의를 거치면서 혼란의 근원이 되고 있다. 만약에 아리스토텔레스가 말하는 행복이 이성적 존재의 정신적 행복일 때는 흠잡을 데가 없지만, 그 행복이 동물적 쾌락을 의미할 때는 인간의 삶에 심각한 문제를 야기한다. 공리주의자 벤담이 "감정이 우리의 통치권자다. 우리 모두는 이성이 아닌 고통과 쾌락이라는 감정에 지배되며 무엇을 해야 하는지도 결정한다."라는 엄청난 이야기를 했을 때 서양 철학이 별다른 반응을 보이지 않은 것을 보면, 그들이 아리스토텔레스의 행복을 쾌락적 행복에 가깝게 이해했음을 의미한다. 따라서 정의로운 세상을 위해서는 철학에서 쾌락과 이성의 구분을 명확히 하는 문제가 매우 중요하다.

'쾌락과 이성의 관계'는 '신체와 마음의 관계'와 연결되어 철학의 핵심 주제를 이루며, 쾌락과 이성 혹은 마음과 신체 양자 중에 어느 쪽을 더 중시하느냐에 따라 철학의 방향이 근본적으로 달라진다. 즉 '인간이 쾌락 원리나 행복 원리에 지배를 받는 존재냐, 아니면 이성의 지배를 받는 존재냐' 혹은 '인간에게 신체의 원리가 마음을 더 지배하느냐, 아니면 마음의 원리가 신체를 더 지배하느냐'에 대한 입장의 차이가 서양 철학의 양대 흐름을 이룬다.

이성과 정신 우위의 입장에서 마음과 신체가 대립적인 것으로, 즉 마음은 신체와 달리 불멸성을 갖는 것으로 사유한 플라톤과 스토아 철학에서 인간은 이성적 존재였다. 반면에 "마음은 신체와 더불어 생겨나며 신체와 함께 성장하고 신체와 함께 늙어간다."라며 신체 우위의 입장을 견지한 에피쿠로스에게 인간은 쾌락의 존재였다. 인간은 쾌락을 가져다주는 것을 선택하고 쾌락을 방해하는 것을 회피하려는 본질을 가지고 있다는 것이다.

근대 철학에서도 '마음과 신체는 서로 다른 두 가지 실체'라는 데카르트의 심신이원론에 대해, 스피노자는 '마음과 신체는 사유의 속성과 연장의 속성을 비롯한 수많은 속성을 가진 신이라는 하나의 실체의 두 가지 속성'이라는 심신병행론을 주장했다. 또한 그는 "인간은 기쁨을 지키려 하고 슬픔을 제거하려 하는 '코나투스'를 본질로서 갖고 있다."라고 하여 코나투스를 인간의 본질로 삼는 등, 이 문제와 관련해 형이상학적 논쟁이 계속되었다.

현대 철학에서도 에피쿠로스학파나 스피노자를 재발견함으로써 '건강한 신체에 건전한 정신'이라거나 '육체의 역량과 마음의 역량은 반비례관계가 아니라 비례관계'라는 것이 강조되면서 '육체'가 화려하게 부활한다. 그러나 '건강한 신체에 건전한 정신'이 깃든다는 주장은 하나의 이데올로기일 뿐, 조금만 구체적으로 생각해보면 신체가 건장한 불량배가 인격자가 아니듯이 신체가 건강한 운동선수나 무사가 다른 사람에 비해 정신적 능력이 뛰어나거나 더 인격자일 가능성을 생각한다는 것 자체가 비상식적임을 알 수 있다. 역사적으로 인간의 삶을 되돌아볼 때 마음과 신체의 관계에 대한 지금까지의 모든 주장들은 무의미한 형이상학적 논쟁에 불과하다고 할 수 있다.

한편 에피쿠로스는 그리스의 어떤 젊은이에게 보낸 편지에서 자신의 쾌락에 대해서 "쾌락이란 계속 술 마시며 흥청거리는 것도 아니고 욕구를 만족시키는 일도 아니며 멀쩡한 정신으로 헤아리는 것"이라고 해명한 적이 있다. 이 대목에 이르면 육체적 쾌락과 정신적 쾌락을 구분하는 것조차 무의미해 보이기도 한다. 그러나 철학에서 신체와 마음의 관계, 쾌락과 이성의 관계, 즉 인간이 쾌락의 원리에 의해 지배를 받는 존재냐 아니면 이성의 원리에 의해 지배받는 존재냐의 문제는 그렇게 희석될 수 없는 철학적 논쟁의 양대 산맥에 해당한다. 에피쿠로스는 자신의 쾌락에 대해 공격당하자 한 발 후퇴하여 쾌락이란 술 마시며 흥청거리고 욕구를 만족시키는 것이 아니고 '멀쩡한 정신으로 헤아리는 것'이라고 주장하지만, 이것은 무슨 신오한 사상이 아니라, 여기서도 '자신의 신체를 멀쩡한 정신으로 돌보며 사는 쾌락'이라는 신체 중심의 독특한 개인주의는 그대로 유지된다. 즉 신체적 쾌락을 지속적으로 유지하기 위한 방법으로써 쾌락의 절제를 이야기하는 것이다.

또한 현대 철학에서는 그런 에피쿠로스를 계승하여 '육체적 쾌감은 정신적 쾌감과 함께 우리 실존의 쾌감을 드러내는 두 가지 측면 중의 하나'라는 사실을 강조한다. 여기서는 벤담처럼 노골적으로 "이성이 아닌 고통과 쾌락이라는 감정이 우리의 통치권자다."라고 말하지 않을 뿐 아니라, 육체와 정신의 철학적 대립관계가 정직하게 드러나지 않고 두루뭉술하게 포장되어 있다. 하지만 그것이 신체의 우위와 쾌락 원리를 주장하는 현대 철학이 생명력을 유지하는 비결이다. 여기서 현대 철학이 주장하려 하는 바는 인간의 본질은 '쾌락의 존재'라는 점이다. 현대 철학이 에피쿠로스나 스피노자를 재발견하고 재조명하려는 이유는 그들의 논리가 자본주의에서의 욕망과 쾌락, 나아가 '강자를 위한 자유'를 긍정하고 옹호할 수 있는 철학적 근거를 제공하고 있다고 생각하기 때문이다. 강자를 위한 자유를 옹호하는 니체 역시 어김없이 에피쿠로스와 스피노자에서 자기 철학의 근거를 찾는다.

물론 인간 또한 정신과 함께 육체를 갖는 존재인 이상 정신적 만족과 함께 육체적 만족을 무시할 수 없다. 오히려 인간 또한 본능을 가진 존재인 이상 욕망을 부정하지 않고 있는 그대로 긍정하는 것이 더 솔직한 태도처럼 보이기도 하며, 그런 점에서 현대인들은 욕망을 긍정하는 현대 철학에 우호적이다. 그러나 쾌락주의자들은 '사실을 근거로 당위와 윤리를 규정하는' 결정적인 오류를 범한다. 즉 그들은 인간이 고통과 쾌락이라는 감정에 지배된다는 주장을 근거로 '그것이 무엇을 해야 하는지도 결정한다'라고 주장한다. 그러나 인간을 '즉자존재'로 규정하는 것도 크나큰 오류려니와, 그것을 근거로 '대자존재'를 도출하려는 것은 전혀 터무니없는 시도이다. 믿기 어렵겠지만 이런 어처구니없는 실수가 대단한 천재들이 몰려 있는 철학의 역사에서 흔히 발견된다. 그들은 '참된 삶을 위한 철학'이 아니라 '철학을 위한 철학'을 하기 때문이다.

고통 없는 도덕은 무가치하다고까지 느끼는 인간

'육체와 정신'의 관계에서, 본질을 '그것을 빼면 더 이상 그것이 아닌 어떤 것'으로 정의했을 때 육체는 모든 동물들이 갖고 있는 것이지만 인간은 정신의 존재로 인해 다른 동물들과 구분되는 존재라는 점에서, 필자는 "마음은 신체와 더불어 생겨나며 신체와 함께 성장하고 신체와 함께 늙어간다."라는 사실에도 불구하고 '인간의 본질은 정신에 있다'라는 입장이다. 그러나 다른 한편으로 '육체와 정신의 관계'에 대한 철학의 논쟁에서 '어느 것이 근본적인 것이고 우위에 있는가'를 형이상학적으로 계속하는 논하는 것은 사실 무의미할 뿐 아니라 어리석은 접근이기도 하다. 왜냐하면 칸트가 신, 물자체, 자아 등 이론이성으로는 증명이 불가능한 실체의 문제를 도덕의 문제를 다루는 실천이성에서 증명의 실마리를 찾았듯이, 우리는 '도덕에 대한 정의'를 통해서 이 문제를 근본적으로 정리할 수 있는 통찰을 발견할 수 있기 때문이다.

칸트는 '도덕이란 사람으로서 도리나 의무를 다하는 것'이라고 정의 내리고, 이를 토대로 '최대 다수의 최대 행복'을 도덕의 기준으로 제시한 제러미 벤담을 통렬하게 비판한 바 있다. 만약에 인간을 '쾌락의 존재'로 놓고 최대 다수의 최대 행복을 도덕의 기준으로 삼을 경우 거기에는 적자생존의 원리는 있을지언정 '사람으로서의 도리나 의무'는 성립할 수 없음을 알 수 있다.

벤담은 "모든 도덕적 싸움을 알고 보면 쾌락을 극대화하고 고통을 극소화하는 공리주의 원칙을 어떻게 적용하느냐를 두고 이견을 보일 뿐이지 원칙 자체를 문제 삼지는 않는다."라고 주장하나, 이것이 바로 서양 철학의 문제점이자 한계다. 인간에게 도덕이나 정의는 동물적 쾌락을 극대화하고 고통을 극소화하는 문제일 수 없다. '행복의 극대화'라면 사회가 추구해야 할 당연한 목표처럼 보이고, 따라서 그것에 기여하는 수단들이 곧 도덕이자 정의처럼 보이지만, 인간은 정신 속 매개적 자기의식의 존재로 인해 '세계와의 관계를 통해서 자기 자신과의 관계를 정립하는 존재'인 이상 세계와의 올바른 관계없이 자기 자신의 행복이 극대화될 수 없다. 따라서 공리 원칙에서 배제되고 소외되는 소수에 대한 배려와 양보 그리고 손해와 희생 없이 인간은 결코 행복해질 수 없다. 서양 철학은 이러한 것들을 통해서 성립하는 행복의 세계에 대해서 모른다.

오히려 인간은 육체적 고통과 노고에도 타인의 행복을 위해 자신의 고통을 감수했을 때 더 큰 성취감과 자긍심을 느낀다. 심지어 희생이나 고통이 없는 배려나 봉사는 무가치하다고까지 느낀다. 따라서 '행복의 극대화'도 아니고 노골적으로 '쾌락의 극대화'를 옹호하면서 그것을 도덕과 정의의 기준으로 삼으려는 벤담의 철학이 얼마나 인간 자신에 대한 이해를 결여하고 있는 것인지를 알 수 있다.

육체와 정신의 관계에서 근본적인 사실은, 정신적 행복은 타인과 경합하지 않는다는 점이다. 매개적인 자기의식에 근거한 정신적인 행복은 내가 아무리 그것을 추구해도 그로 인해 타인이 불행해지지 않으며, 오히려 그것이 타인의 행복과의 공존을 가능케 하고 타인의 행복을 촉진하는 역할을 한다. 반면에 육체적 만족의 경우는 만약에 그것이 자신의 '건강'에서 멈추지 않고 육체적 '쾌락'으로 나아갈 때에는 희소한 자원을 놓고 타인과 치열하게 경합해야만 한다. 그러할 때 나의 쾌락은 타인의 불행을 밟고서야 성립한다.

따라서 철학에서 신체와 정신의 관계는 이제 다음과 같이 정리되어야 한다. 정신적 존재로서의 인간의 행복은 육체적 만족과 병행할 수도 있고 병행하지 않을 수도 있다. 그러나 만약에 도덕이 '사람으로서 의무나 도리를 다하는 것'이고 인간이 자신의 육체적 고통에도 불구하고 타인의 행복을 위해 자신의 고통을 감수했을 때 더 큰 성취감과 자긍심을 느끼는 존재라는 사실에 동의할 때, 우리는 비로소 쾌락을 선택하고 고통을 회피하는 것을 인간의 본질로서 파악하고 나아가 그것을 정의의 기준으로 삼으려 하는 신체 중심 철학의 한계를 극복할 수 있다. 우리는 이로써 이제 흔들림 없이 철학의 문제에서 '신체에 대한 정신의 우위', '쾌락에 대한 이성의 우위'의 입장에 설 수 있다. 그것이 '쾌락과 욕망의 존재'로써 끊임없이 인간과 도덕을 흔들려는 현대 철학의 불순한 시도로부터 자기 자신을 지킬 수 있는 길이다.

이 문제는, '어느 입장이든 크게 문제될 게 있겠는가'라는 식으로 관용이나 다양성 존중의 차원에서 바라볼 문제가 아니다. 이것은 학자들 간의 형이상학적 논쟁이 아니라, 우리의 삶과 매우 밀접한 관계에 있는 문제다. 왜냐하면 '정신에 대한 신체의 우위', '이성에 대한 쾌락의 우위'를 허용할 경우 그것은 벤담이나 니체에서와 같이 '강자를 위한 자유'를 옹호하는 세계관으로 직결되기 때문이다. 그리고 그것이야말로 적자생존과 약육강식의 원리로 작동되는 자본주의가 원하는 세계관이다.

욕망은 철학의 근본적인 주제이며, 인간은 자기가 가진 것을 당연하게 여기는 일상성의 함정에 빠져 욕망의 문제를 극복하지 못할 경우에 아무리 많은 쾌락으로도 결코 행복할 수 없는 존재다. 따라서 인간의 쾌락은 도덕의 최고 원칙과 병행할 수 있는 쾌락이어야 한다.

'사람으로서 의무나 도리를 다하는 것'으로 정의되는 도덕은, 쾌락이나 신체 우위의 세계관과 결코 공존할 수 없다. 따라서 사람으로서 의무나 도리를 다하는 도덕적인 사람으로 살고자 한다면 이제 쾌락이나 신체 우위의 세계관을 경계해야 한다. 만약에 이성이 아닌 고통과 쾌락이라는 감정이 인간의 통치권자이고, 그것이 우리를 지배할 뿐만 아니라 무엇을 해야 하는지도 결정한다면, 인간은 동물에 불과하다. 만약에 그처럼 인간이 동물에 불과하다면, 인간은 공리주의자들의 방식대로 '숫자'로 환원될 수 있다. '동물은 두 마리가 한 마리보다 낫기 때문'이다.

따라서 인간은 육체와 함께 자신의 본질로서 정신을 함께 가진 존재이기 때문에 쾌락도 행복의 중요한 구성요소지만, 그것은 '이성적 존재로서의 쾌락'이어야 하며, 쾌락이 인간의 통치권자이자 지배자가 되어선 안 된다. 벤담은 인간과 동물을 구분하지 못했기 때문에 '숫자'가 도덕의 최고 원리가 될 수 있었던 것이다.

세계관의 역전

현대 사회를 지배하는 상대주의의 영향으로 인해 현대인들은 '절대적 가치'라는 말을 싫어하는 경향이 있다. 그러나 현대인들은 또한 '인간 존재의 절대적 가치'를 삶 속에서 인식하고 있고, 누군가 그것을 부정하고 사람 목숨의 가치를 돈으로 계산할 경우 분노한다. 그 가치를 적게 계산해서 문제되는 것이 아니다. 설사 사람 목숨의 가치를 100억 달러로 계산하여 어떤 의사결정을 했다고 해도, 사람들이 분노하기는 마찬가지일 것이다. 만약에 사람의 목숨을 100억 달러로 계산할 수 있다면, 재산이 현재 540억 달러에 달한다는 세계 최고의 갑부 빌 게이츠는 다섯 명의 사람을 죽이고도 무사할 수 있을 것이나, 현실에서는 그럴 수 없다.

따라서 인간의 생명을 비롯한 기본권은 공리주의적 계산의 대상이 될 수 없다는 것을 알 수 있다. 물론 현대인들이 자본주의 사회에서 사업을 하거나 어떤 정부정책을 집행할 때 비용이나 편익분석을 안 할 수는 없겠지만, 사람의 목숨에 관한 한 그들은 비용을 무한대로 놓고 궁극적으로 단 한 사람의 목숨도 해치지 않는 사업이나 정책을 선택해야 한다. 인간 존재의 생명이 절대적 가치, 즉 무한대의 가치를 갖는 이상, 단 한 사람의 목숨이라도 소홀히 했을 때는 천문학적인 재산을 가진 부자나 최고 책임자도 순식간에 망하고 감옥에 갇히는 경험을 하게 될 것이기 때문이다.

앞에서 살펴봤듯이, 아리스토텔레스가 '인생의 목적은 행복'이라고 규정한 이래 벤담과 밀의 공리주의를 거쳐 생철학, 실용주의, 분석철학, 포스트구조주의의 상대주의가 지배적인 오늘날에 이르기까지

"행복을 양산할수록 옳은 행동이며, 행복이란 쾌락이 있고 고통은 없는 것이며, 불행이란 고통이 많고 쾌락은 적은 것이다."라는 쾌락 중심적인 행복관이 서양 철학과 정신에 미친 영향은 결정적인 것이다. 그러나 인간 자신에 대한 새로운 철학적 발견에 의하면, '인간은 세계와의 관계를 통해서 자기 자신과의 관계를 정립하는 존재'다. 행복이 쾌락이 있고 고통은 없는 것이라면, 그들에게 행복을 위해 결정적인 '세계와의 관계'는 부재할 수밖에 없다. 그들 자신만의 '쾌락이 있고 고통이 없는 삶'을 추구하느라 세계나 이웃과의 관계는 '약탈적인 관계'로 변모하기 때문이다. 그것이 서양 문명이 세계와의 관계에서 개인주의와 이기주의에 빠진 근본 원인이다.

인간이 '세계와의 관계를 통해서 자기 자신과의 관계를 정립하는 존재'라면, 인간의 행복을 위해 결정적인 것은 자신의 쾌락이 아니라 오히려 그 반대인 타인에 대한 배려와 희생, 양보, 손해다. 따라서 실존의 변증법에 의하면, 적어도 철학과 정신 면에서 서양인들은 정신적 존재인 인간의 행복과 정반대인 혹은 그와 전혀 무관한 삶을 추구하며 살아온 것이다. 정확히 '세계관의 역전'이다!

이를 통해 철학에서 인간의 매개적인 자기의식의 발견과 실존의 변증법의 발견이 얼마나 근본적인 사고의 변화를 초래하는지를 알 수 있다.

03 자유지상주의자들이 옹호하는 자유와
도덕의 최고 원칙

2011년 6월 신문 1면에 삼성그룹 회장이 우리 사회의 '이익공유제' 논란에 직격탄을 날렸다는 흥미로운 기사가 실렸다. "대기업의 초과 이익을 협력업체들의 미래 발전을 위한 동반성장기금으로 조성하자"라는 어느 국무총리 출신 경제학자의 제안에 대해 "이익공유제가 자본주의 용어인지 사회주의 용어인지 모르겠다."라며 불편한 심기를 드러냈다는 기사였다.

평소에 매우 신중한 언행을 보이던 사람이 오랜만에 사회 이슈에 대해 솔직하게 자기 생각을 밝혔다는 사실도 흥미로웠고, 오히려 재벌들이 저렇게 있는 그대로 자신들의 이해관계를 옹호하는 것이 그것을 숨기며 보편적 이해를 가장하는 것보다 사회의 건강을 위해 바람직하다는 생각도 들었다.

필자가 과거 지방에서 근무할 때, 광주에서 정읍 쪽 국도로 넘어가

는 길에 삼성전자 광주공장과 거래하는 협력업체들이 무여 있는 공
단이 있었다. 그런데 사전에 재무제표를 확인했음에도 막상 공장을
방문해보면 마땅히 거래할 만하지 않은 경우가 많았다. 해마다 매출
액은 계속 증가하는데, 순이익은 거의 없는 재무구조였다. 사장들을
만나보면 '빛 좋은 개살구'라고, 조금 숨통이 트이고 이익이 날 만하
면 삼성전자 측에서 어떻게 기막히게 알고 단가협상하자고 불러들이
기 때문에 이익을 남길 여지가 없다고 실상을 토로했다.

이 사회현상을 좀 더 깊이 있게 들여다보기 위해서는 철학의 도움
을 받아야 한다. 바로 앞에서도 잠간 살펴본 '자유'에 관한 문제인데,
자본주의에서 말하는 자유가 '인간을 위한 정의로운 자유인가', 아니
면 '강자를 위한 동물적 자유인가' 하는 문제다. 우리는 자본주의에서
의 자유가 인간을 위한 정의로운 자유라고 배웠고, 그것을 믿어 의심
치 않았다. 대학에서 경제학을 전공할 때 앞서 언급한 경제학자를 비
롯한 교수들로부터 그것에 대한 어떤 문제의식도 들은 적이 없다.

그런데 앞에서 살펴본 바와 같이 존 롤스에 의하면 자본주의에서
핵심적 역할을 하는 '가격'은 '강자를 위한 자유'를 의미할 뿐이다. 옷
가게의 가격표는 수요와 공급이 만나는 곳에서 대등하게 형성되는
가격이 아니라 강자인 공급자가 최대한 자신의 이익이 보장되는 선
에서 붙여놓은 가격표일 뿐이고, 대기업과 협력업체 간의 납품가도
쌍방의 합의가 아니라 대기업의 주문을 따내기 위해 협력업체가 울
며 겨자 먹기로 가장 낮은 입찰가를 써낸 결과일 뿐이며, 노동자의
임금도 고용주와 노동자 쌍방의 대등한 합의가 아니라 고용주가 제
시하는 임금을 노동자가 생계를 위해 어쩔 수 없이 수용한 결과일
뿐이라는 것이다. 여기에는 "싫으면 관둬라. 너 아니라도 살 사람, 공

급할 사람, 혹은 일할 사람은 얼마든지 많다."라는 강자의 폭력적인 논리가 깔려 있으며, 그 결과 형성되는 자본주의의 모든 거래에는 기본적으로 강자의 이익이 전제되어 있기 때문에 강자의 자유가 옹호되는 자본주의에서는 갈수록 강자의 이익이 더욱 더 강화될 수밖에 없다는 것이다. 실제로 자본주의가 발달하면 할수록 부익부 빈익빈 현상이 심화되는 것을 보면 롤스의 자본주의에 대한 분석이 매우 정확함을 인정하지 않을 수 없다.

사실 수십조 원의 재산을 갖고 있는 재벌 총수라면 그보다 더 많이 버는 것에 대해 그다지 연연하지 않을 것 같기도 한데, 자본주의의 강자를 위한 자유의 온갖 특혜를 독식하면서도 더욱 더 많이 벌기 위해 '이익공유제' 논란에 날카로운 각을 세우는 것을 보면서 마치 아프리카 세렝게티의 탐욕스런 사자의 모습을 보는 듯한 느낌이다.

이 문제에 대해 건전한 문제의식을 갖고 살기 위해서는 이제부터 '인간을 위한 정의로운 자유'와 '강자를 위한 동물적 자유'를 구분하는 연습이 필요할 것이다.

자유가 정의의 기준인 자유지상주의

현대 사회의 모든 이데올로기는 시장의 자유를 정의라고 주입시킨다. 또한 모든 경제교과서는 '시장의 자유가 인간의 모든 문제를 해결한다'라고 가르친다. 그에 따라 대부분의 사람들이 자유는 무조건 바람직하다고 생각한다.

그러나 모든 자유가 바람직한 것이 아니다. '모든 자유'를 옹호하는 것은 철두철미하게 이 시대 지배계급의 이해관계가 반영된 이데올로기에 불과하다. 따라서 이제부터 우리는 먼저 '그 자유가 어떤 자유인가', 즉 인간을 위한 정의로운 자유인가, 아니면 강자를 위한 동물적 자유인가를 물어야 한다.

우리가 여전히 강자가 약자를 지배하고 약자가 강자에게 복종하는 약육강식의 세계에 살고 있다면, 인간을 동물로부터 구별할 수 있는 근거는 어디에 있는가? '약육강식의 원리를 끝내 벗어나지 못한다면 인간은 결국 동물들과 한 치도 다를 바 없는 존재에 지나지 않는다' 라는 문제제기에 대해 현대인들은 과연 뭐라고 답할 것인가?

시장은 약육강식과 적자생존의 원리가 지배하는 살벌한 곳이다. 지금도 OECD 국가들이나 G20 국가 정상들이 만나면 무역장벽 철폐를 비롯한 교역 자유화를 중심 의제로 논의하는 것을 볼 수 있다. 그들에게 철학이 없기 때문이다. 그러나 시장의 자유가 세계 규모로 확대될수록 기업들은 살벌한 약육강식의 시장에서 살아남기 위해 더욱 더 기계화와 자동화에 매달리게 되고, 그럴수록 인간은 고스란히 실업으로 고통 받는다. 거기에는 물질을 지배하는 관성의 법칙과 동물을 지배하는 본능의 원리가 있을 뿐 미래가 없다.

동물의 세계에서는 사자가 군림하며 활개치고 나머지 동물들은 벌벌 떨며 살아야 하듯이, 강자를 위한 동물적 자유가 보장되는 자유시장주의 세계에서는 부자들이 군림한다. 그에 따라 경제 불평등은 다른 어느 민주국가보다 시장의 자유가 확고하게 옹호되는 미국에서 훨씬 더 두드러진다.

어떤 사람들은 이러한 불평등이 부당하다며 부자에게 세금을 부과해 가난한 사람들을 도와야 한다고 생각한다. 그런가 하면 다른 사람들은 강요나 사기가 없었다면, 그리고 시장경제에서 자유로운 선택으로 부를 얻었다면 그것은 전혀 부당하지 않다며 반대한다. 이것은 부익부 빈익빈의 원리가 작동되는 자본주의 사회에 등장하는 매우 현실적인 딜레마다. 우리의 자본주의 현실에서 부익부 빈익빈 현상이 갈수록 심화되고 있다는 것은, 이렇게 중요한 시장의 자유 문제가 아직도 전혀 해결될 기미가 보이지 않고, 여전히 논쟁의 영역에 머물러 있다는 반증이다. 그리고 시장의 자유에 대한 논쟁의 결론이 어떻게 귀결되느냐에 따라 인류의 현재와 미래의 삶에 중대한 영향을 미칠 수 있는 민감한 문제다. 그렇다면 시장의 자유문제는 영원한 논쟁에 머물 수밖에 없는 문제일까?

먼저 시장자유주의자들은 부자에게 세금을 부과해 가난한 사람을 돕는 행위는 기본권을 침해하기 때문에 부당하다고 주장한다. 이들은 빌 게이츠나 오프라 윈프리가 동의하지 않은 상태에서 그들의 돈을 가져가는 행위는 명분이 무엇이든 강압행위이며, 내 돈을 내 마음대로 쓸 자유를 침해한다고 주장한다. 이러한 근거로 재분배에 반대하는 사람들을 흔히 '자유지상주의자'라고 부른다. 자유지상주의자들은 규제 없는 시장을 옹호하면서 정부 규제에 반대하는데, 그 명분은 경제 효율성이 아니라 인간의 자유다. 이들의 핵심 주장은 '우리들 개인에게는 자유라는 기본권이 있다'라는 것이다. 다른 사람의 권리도 마찬가지로 존중한다면, 우리 소유물은 우리 마음대로 쓸 수 있다는 것이다. 자유지상주의자들의 권리이론이 옳다면, 현대 국가의 행위 가운데 상당수가 위법이며 자유를 침해하는 행위다. 오로지 최소국가만이 이들의 이론에 부합하는데, 최소 국가란 계약을 집행하고개인의 재산을 보호하며 평화를 유지하는 국가다. 자유지상주의자들은 국가가 그 이상의 기능을 수행한다면 부도덕하다고 주장한다.

철학의 관점에서 본 시장의 자유

사실 인간의 자유를 기본권으로 내세우며, 다른 사람의 권리도 똑같이 존중한다면 우리 소유물은 우리 마음대로 쓸 수 있다는 시장자유주의자들의 주장은 탄탄한 이론적 기반을 갖고 있는 것처럼 보인다. 지금까지 시장회의론자들도 시장자유주의자들의 이 주장을 반박할 수 있는 마땅한 논리가 없었다. 그러나 '자본주의 경제에서 작동하는 자유가 어떤 자유인가'를 근본적으로 들여다본다면 더 진전된 논의가 가능하다. 인간의 자유를 기본권으로 내세울 때 그 자유는 인간을 위한 정의로운 자유여야 하며, 강자를 위한 동물적 자유를 인간의 기본권으로 내세울 순 없다.

우리는 자본주의에서의 자유야말로 진정한 자유라는 자유 이데올로기 때문에 자본주의에서의 '자본의 자유'와 '진정한 자유'를 구분하지 못하고 살고 있다. 그러나 롤스가 자유시장에 대해 분석하듯이 시장에서의 자유는 동등한 자유가 아니라 본질적으로 강압이 따른다. 물건의 가격이 홍정이든 가격표든 힘과 정보의 우위에 있는 공급자에 의해 일방적으로 결정된다는 것은, 예나 지금이나 불변의 사실이다. 변한 것은 '가격은 수요와 공급의 법칙에 따라 공정하게 결정된다'라는 현대 사회 경제학의 이데올로기적 포장뿐이다. 또한 노동자가 해고당하지 않고 살아남기 위해서는 자본가의 생산관리에 순응해야 하고 나아가 충성해야 한다. 따라서 자본시장에서의 자유가 '다른 사람의 권리도 똑같이 존중하는 자유'가 아니라 '싫으면 관둬라. 너 아니라도 살 사람 혹은 일할 사람은 얼마든지 많다'라는 강자의 일방적인 자유일 뿐이라면, '다른 사람의 권리를 똑같이 존중한다면 우리 소유물은 우리 마음대로 쓸 수 있다'라는 시장자유주의자들의 주장은 근본적으로 흔들린다.

롤스는 자유시장에서의 분배는 어떤 경우에도 불공정하다는 점을 낱낱이 밝히고 있다. 현대인들에게서 발견되는 가장 큰 어리석음은 '자유는 무조건 선'이라고 믿는 '자유의 중독'에 단단히 걸린 나머지 '사자의 자유'를 자신들을 위한 자유로, 나아가 보편적인 인간을 위한 정의로운 자유라고 믿어 의심치 않는다는 점이다. 그들은 사자의 자유와 가젤의 자유를 '자유'라는 하나의 이름으로 부르고 있다. 그것은 너무나 큰 불의不義이다. 그럼에도 '자본주의에서의 자유야말로 정의로운 자유'라는 자유 이데올로기에 매달리는 현대인들의 모습은 처절하게 느껴지기까지 한다.

산업화시대에 인간이 기계의 톱니바퀴이자 생산요소로서 인간의 본질로부터의 소외를 감수하며 숨 참기로 살아온 것에는 '절대 빈곤으로부터의 탈출을 위한 불가피성'이라는 어느 정도의 진실이 있었다. 그러나 고도산업사회로 접어들어 인류가 생산력 측면에서 객관적으로 절대 빈곤을 벗어났음에도 인간이 여전히 생존을 위해 죽도록 매달리며 극심한 소외를 감수하고 있는 오늘날 현실은 절대로 합리화될 수 없다. 여기에는 온통 거짓된 이데올로기뿐이다. 그 중심에 자본주의에서의 '강자를 위한 동물적 자유'를 '인간을 위한 정의로운 자유'로 미화하는 자유지상주의 이데올로기가 있다.

자본주의의 현실에서 현대인들은 공장 밖에서는 형식적으로나마 인간의 자유를 누리다가 공장 안으로만 들어가면 다시 치열한 약육강식의 동물적 자유에 종속된다. 그곳에서는 어떻게든 경쟁자를 물리쳐야 내가 생존하며, 남의 불행이 곧 나의 행복이다. 그러나 그때 매개적인 자기의식을 가진 나는 '남의 불행을 통해 나의 행복을 두모하는 사람'이 된다. 그런 사람이 진정 행복할 리 없다. 거리에는 자본주의적 경쟁을 미화하는 온갖 플래카드들이 나부낀다. 그에 따라 현대 사회를 살아가는 우리는 마치 뭔가에 홀린 듯이 남의 불행을 통해 나의 행복을 도모하는 불행한 사람으로 살아가고 있는 것이다.

그러나 인간의 자기의식이 '매개적 의식'이라는 사실이 갖는 의미를 이해하면 사고의 축이 바뀐다. 강자를 위한 동물적 자유를 보장하는 시장의 자유는, 정신 속 매개적인 자기의식을 가진 인간의 본질과 근본적으로 상충된다. 동물과 인간은 다르다. 동물은 자기 혼자만의 생존을 도모하는 약육강식의 현실에서 강자를 위한 자유에 적응하면서 얼마든지 행복하게 생존을 영위할 수 있지만, 인간은 정신 속 매개적 자기의식의 존재로 인해 실존의 변증법에 종속되기 때문에 강자를 위한 동물적 자유로써 자신만의 생존을 도모할 때 오히려 불행해지며, 이웃에 대한 배려와 희생으로 세계와의 관계를 올바로 정립할 때 비로소 행복해질 수 있는 존재이다. 그러한 인간이 살벌한 동물적 자유의 원리로써 세계와의 관계를 정립하며 살아갈 때 결코 행복할 리가 없다. 철학이 부재한 부조리한 오늘날 현실을 보라.

자유 이데올로기의 위력과 세계관의 근본적 변화

필자는 우리나라가 국제통화기금IMF의 원조를 받던 경제 위기 직전인 20여 년 전에 직장에서 노조위원장을 맡은 적이 있다. 그 후 세계화와 상시적인 자본의 위기 하에서 진행된 경영합리화와 노동강도 강화, 임금 삭감, 신규 채용 중단, 희망퇴직, 정리해고를 비롯한 자본의 공세 앞에서 '어떻게 사람이 사람답게 살 수 있을 것인가'를 놓고 치열하게 고민해왔다. '자본이 살아야 노동자도 산다'라는 공동체주의 이데올로기가 지배적인 상황 하에서는 자본의 공세에 대한 어떤 대응논리도 옹색했고, 따라서 사람들의 공감대를 얻기도 어려웠다.

그런데 필자가 철학을 통해 세상을 바라보는 관점을 정립하게 되면서 비로소 해답에 도달할 수 있었다. 인간을 위한 정의로운 자유와 강자를 위한 동물적 자유를 구분하게 되면서부터, 경제 위기와 보편 이해를 내세우며 자본의 자유를 강화하기 위한 자본의 모든 주장들이 결코 보편 이해가 아니라 강자의 이익을 체계적으로 옹호하기 위한 것임이 분명해졌다. 필자같이 산업현장에서 시대의 문제를 안고 오랜 세월 동안 치열하게 고민하며 살아온 사람조차 강자를 위한 동물적 자유를 인간을 위한 정의로운 자유인 양 포장해온 자본주의의 정체를 제대로 파악할 수 없었을 정도로 자유 이데올로기의 위력은 정말 대단한 것이었다.

아프리카 세렝게티에서의 '자유'는 사자에게는 자유를 의미하겠지만, 가젤에게는 죽음을 의미할 뿐이다. 즉 거기서 '자유'란 거기 사는 모든 생명체에게 자유가 아니다. 세렝게티에서 사자의 자유는 결코 가젤의 자유와 병행할 수 없다. 따라서 사자의 자유와 가젤의 자유를 '자유'라는 하나의 이름으로 부를 수 없다. 강자의 자유는 약자의 예속과 희생을 의미할 뿐이며, 약자의 자유는 강자의 통제와 부자유를 의미할 뿐이다. 마찬가지로 자본주의에서 '더 높은 1인당 GDP'를 비롯한 어떤 보편 이해를 내세운 주장일지라도 그것이 결과적으로 강자를 위한 자유를 옹호하는 것인 한 그것이 동시에 인간을 위한 정의로운 자유일 수는 없으며, 강자를 위한 자유는 곧 약자의 예속과 억압, 착취를 의미할 뿐이다. 따라서 마치 야바위꾼처럼 보편 이해에 사람들의 관심이 온통 쏠리게 하면서 정작 그들이 노리는 '강자를 위한 자유'를 알아차리지 못하게 하려는 이 시대 이데올로기의 속임수를 간파해야 한다. 문제의 핵심은 '과연 누구를 위한 자유인가'에 있으며, 보편 이해를 내세운 어떤 명분도 결국 강자를 위한 자유를 은폐하기 위한 수단에 불과하다. 따라서 보편 이해가 아니라 여전히 '자유'가 이 시대 담론의 중심이 되어야 한다.

시장에서의 자유가 강자를 위한 동물적 자유라면 시장에서의 도덕은 거의 항상 문제가 된다. 왜냐하면 강자를 위한 동물적 자유는 거의 항상 '인간을 목적으로 대우하라'거나 '약자 우대의 원칙'이라는 '도덕의 최고 원칙'에 어긋나기 때문이다. 시장에서 이루어지는 선택은 결코 겉으로 보이는 것처럼 자유롭거나 정의롭지 않다. 그렇다면 전적으로 시장에 의존하며 살아가는 현대인들의 세계관은 근본적으로 달라져야 한다.

민주주의는 '과반수의 원리'로 작동하는 사회이다. 따라서 현대 사회의 '강자를 위한 자유'를 지탱하는 것은 과거처럼 계급사회의 강제가 아니라 바로 강자를 위한 자유를 인간을 위한 정의로운 자유로 착각하고 있는 우리 자신이다. 바로 우리 자신이 이 세상에 힘을 실어주고 있는 것이다. '경제 위기 극복'이나 '더 높은 1인당 GDP' 등 온갖 보편 이해에 현혹되어 '강자를 위한 자유'를 '인간을 위한 정의로운 자유'로 착각하고 있기 때문에 현 정부가 이토록 강자를 위한 자유를 노골적으로 옹호하고 있음에도 높은 지지율이 유지되고 있는 것이다. 진보진영조차도 이 사회를 어떻게 바라봐야 할지 관점을 상실한 상태다.

흔히들 "경제위기를 극복하고 선진국으로 진입하기 위해 세계적인 신자유주의에 따른 강자를 위한 자유의 확대는 어쩔 수 없는 것 아니냐?"라고 이야기한다. 그러나 그 명분이 무엇이든 강자의 이익을 강화하는 만큼 약자의 처지는 약화된다. 자본주의에서 부와 소득의 분배는 근본적으로 '누구를 위한 자유인가'에 의해 좌우되며, 따라서 신자유주의는 이 시대 기득권자들이 부와 권력을 강화하기 위한 전략인 것이다. "경제위기를 극복하고 더 많은 1인당 GDP의 선진국에 도달해야 한다."라는 주장은 얼핏 보편 이해처럼 보일지 몰라도 거기에는 물질에 대한 끝없는 욕망을 부추김으로써 현대인들을 기득권자들의 생산체계 속에 꼼짝없이 예속시키고자 하는 이데올로기가 숨어 있다. 따라서 현대인들은, 그 명분이 무엇이든 강자를 위한 자유가 아니라 인간을 위한 정의로운 자유와 함께할 때 경제 발전이 인간의 행복과 정의에 기여할 수 있다는 사실을 자각해야 한다.

'과반수의 원리'로 작동되는 민주사회에서는 공감대가 세상을 바꾼다. 따라서 이제부터 '자본주의 하의 모든 보편 이해는 궁극적으로 강자를 위한 자유를 강화하는 것을 목적으로 한다', '강자를 위한 자유로 작동되는 자본주의는 결코 공정한 사회가 아니다'라는 문제의식을 갖고 사회를 새롭게 바라봐야 하고, 그것에 대해 주위 사람들과 대화하기 시작해야 한다.

자본주의에서 상품가격은 물론 협력업체의 납품가와 노동자의 임금이 '강자를 위한 자유'를 반영할 뿐이라면, 인간을 위한 정의로운 자유의 엄격한 기준으로 기업의 잉여가치에 대해 과세하여 일반 소비자와 협력업체 그리고 노동자에게 그에 상응하는 재분배를 해주는 것이 정의다. 그리고 그 방향성을 확고하게 뒷받침해주는 근거가 바로 인류의 생산력과 그로 인한 모든 잉여가치를 조상들과 동시대인들의 '사회적 노동'이 만들어낸 산물로서 바라보는 관점이다.

시장자유주의의 논리와 철학의 통찰

현대인들은 '모든 자유는 선'이라고 가르치는 교육을 받아왔기 때문에 시장에서의 자유를 다루는 이 장은 앞 장의 공리주의보다도 더 일반인들의 상식과 충돌을 일으킬 것이다. 따라서 이제 시장자유주의의 중요한 논거들을 하나씩 살펴보면서 논지를 펼쳐나가고자 한다.

자유지상주의 원칙을 철학적으로 옹호하는 자유시장 철학은, "사람들이 돈을 벌 때 사용한 자원이 애초에 훔친 물건이 아니라 합법적인 소유물이었고, 자유로운 교환으로 벌어들인 것이라면, 그 결과가 평등하든 불평등하든 정당하다."라고 주장한다. 반면에 "자유시장에서의 분배는 대부분 강압적 혹은 우연적 요소들에 의해 좌우되므로 정의롭게 바로잡혀야 한다."라는 주장이 팽팽히 이에 대립한다. 따라서 각각의 주장이 갖는 도덕적 무게를 가늠해보면서, 과연 이 문제가 영원히 서로 자기주장에 머무는 딜레마로 그칠 것인지, 아니면 좀 더 근본적인 논의가 가능한지를 모색해보는 것은 의미 있는 작업일 것이다. 자유주의자들의 주장은 의외로 상식적임을 가장하고 있어서 사람들에게 영향력이 있으며, 따라서 사태를 근본에서 들여다보는 철학의 도움이 없으면 자유지상주의를 극복할 수 있는 진전된 논의에 도달하기가 어렵다.

자유지상주의자들은 "어떤 사람은 일출을 보고 싶어 하는 반면, 어떤 사람은 영화를 보거나 외식을 하거나 요트를 타는 등 돈이 드는 활동을 더 좋아한다. 그런데 한가로이 여가를 즐기기를 좋아하는 사람이 왜 돈이 드는 활동을 좋아하는 사람보다 세금을 덜 내야 하는가?"라고 반격한다. 참 어이없으면서도 근본적인 질문이다. 이 질문에 대해서 시장회의론자들은 마땅히 대응할 만한 논리가 없으며, 따라서 철학의 도움이 필요하다.

국가가 일출을 보고 싶어 하는 사람에게는 부과하지 않는 세금을 영화를 보거나 외식을 하거나 요트를 타는 등 돈이 드는 활동에 대해서는 세금을 부과하는 정당한 근거는, 돈이 들어가는 인간의 활동은 경제활동이고 모든 경제활동에는 '사회적 노동의 산물'의 개념이 성립하기 때문이다.

'생산력 발달의 역사'에서 인류의 모든 생산활동과 유통과정은 조상들과 동시대인들의 '사회적 노동의 산물'의 토대 위에 성립한다. 영화나 음식, 요트는 모두 이 같은 '사회적 노동'의 산물이다. 그것은 하늘에서 갑자기 떨어지거나 어떤 천재의 실험실에서의 갑작스런 발명의 산물이 아니다. 영화를 보거나 외식을 하거나 요트를 타는 행위는 모두 그런 사회적 노동의 산물을 향유함으로써 누군가 돈을 버는 과정이며, 따라서 영화나 외식이나 요트와 그것과 관련한 모든 활동에서 발생하는 잉여가치는 인류의 '사회적 노동의 산물'이다. 국가는 이러한 사회적 노동의 산물에 대해서 사회적 노동의 기여분만큼을 사후적으로 과세할 뿐이다. 인류는 사회적 노동의 산물에 대해서 어떤 사람이 혼자서 혹은 특정 계급만이 독점적으로 향유할 자격이 있는 것이 아니라, 모두가 공동으로 향유할 자격을 갖는다.

다른 한편 '가난한 사람에게는 그 돈이 더 절실하다'라는 일반적인 주장에 대해서 자유지상주의자들은 "내 콩팥이 나보다 투석치료를 받는 사람에게 더 절실하다고 해서 그에게 내 콩팥을 가질 권리가 있다고 말할 수는 없다."라며, "'절실함'이 내 소유물을 내 마음대로 쓸 기본권에 우선할 수 없다."라고 반박한다. 그러나 앞서 살펴봤듯이 경제적 행위의 잉여가치에 대한 사회적 노동의 기여분에 과세하는 것은, 로빈 후드가 하는 도둑질과 달리 정당한 근거를 갖고 있다. 따라서 경제적 행위에 대해 과세하는 것을 내 콩팥을 가져다 남에게 주는 행위에 비유하는 것은 논리적 비약이다.

그리고 '가난한 사람에게는 그 돈이 더 절실하다'라는 주장에 일반인들이 생각하는 것 이상의 정당한 논리가 있다는 사실을 주목해야 한다. 인간은 정신 속 매개적인 자기의식의 존재로 인해 '세계와의 관계를 통해 자기 자신과의 관계를 정립하는 존재'이기 때문이다. 인간이 세계와의 관계를 통해 자기 자신과의 관계를 정립하는 존재라면, "'절실함'이 내 소유물을 내 마음대로 쓸 기본권에 우선할 수 없다."라는 자유지상주의자들의 주장은 근거를 상실한다. 다른 사람의 절실함을 위해 내 권리를 희생하는 것은 잘못이라고 생각하는 사람에게는, '인간은 세계와의 관계를 통해 자기 자신과의 관계를 정립하는 존재다'라는 실존의 변증법이 들어설 여지가 없다. 따라서 그런 사람은 행복의 중요한 원천을 놓치고 사는 사람이다.

아울러 "마이클 조던 혼자서 경기를 치를 수는 없다. 따라서 조던은 그의 성공에 기여한 사람들에게 빚을 진 셈이다."라는 주장에 대해서 자유지상주의자들은 "이들은 비록 조던보다는 적은 돈이지만 자신이 제공한 용역에 대해 시장가치로 이미 대가를 받았다. 그리고 조던이 동료 선수들과 코치에게 어느 정도 빚을 졌다 한들, 그가 번

돈에 세금을 부과해 배고픈 사람에게 식권을 나눠주거나 집 없는 사람에게 공공주택을 마련해주는 행위를 정당화하기는 힘들다."라고 반박한다.

그러나 6명이 팀을 이루어 진행되는 흥미진진한 농구경기를 만들어낸 것, 텔레비전이 중요한 문명의 이기로 등장한 것, 그리고 광고주가 지급하는 광고료가 포함된 값비싼 신발이 등장하게 된 것 등은 사회적 노동의 산물이다. 따라서 조던은 이 같은 사회적 노동의 산물에 의해 돈을 벌었고 그의 성공에 기여한 사람들과 사회에 빚을 진 셈이므로, 사회적 노동의 산물은 특정인이 전유해서는 안 되고 인류 모두를 위해 사용되어야 하며, 따라서 그가 번 돈에 세금을 부과해서 배고픈 사람에게 식권을 나눠주거나 집 없는 사람에게 공공주택을 마련해주는 행위는 정당하다.

마지막으로 롤스의 관점에서 볼 때 조던은 '행운아'다. 조던은 농구에 타고난 재능을 지닌 행운아이며, 공중으로 날아올라 골을 골대에 집어넣는 능력을 포상해주는 사회에 사는 행운을 누리고 있다는 것이다. 따라서 그가 아무리 열심히 노력하고 기술을 갈고닦았다 한들, 타고난 재능에 대한 아낌없이 포상하는 시대에 태어난 것이나 농구경기의 텔레비전 광고에 아낌없는 돈을 쏟아 붓고 그에 따라 농구 스타가 천문학적인 소득을 벌어들이는 시대가 도래한 것 자체를 자신의 공으로 내세울 수는 없는 일이다. 따라서 그가 재능으로 벌어들인 돈을 전부 다 가질 자격이 있다고 말하긴 어려우며, 그러므로 공동체가 그의 수입에 세금을 매겨 그 돈을 공익을 위해 쓴다 해도 부당한 일이 아니라는 것이다. 또한 국가가 조던의 소득 전부에 대해서 과세하는 것이 아니라 자신의 성취가 아닌 부분에 대해서 과세하는 것이며, 나머지 소득에 대해서는 여전히 충분하게 자신의 몫을 누릴 수 있다. 따라서 조던의 재능이 그의 것임은 맞지만, 자신의 공으로 돌릴 수 없는 부분까지 소유권을 주장하는 것은 정의가 아니다.

지금까지 자유지상주의의 주장은 나름대로 상식을 바탕으로 자본주의 시장의 현실을 강력하게 뒷받침해왔다. 그러나 철학을 통해 좀 더 깊이 들여다본다면, 이상에서 살펴봤듯이 자유지상주의의 상식적 기초는 낱낱이 반박될 수 있다. 즉 자유지상주의는 시장의 자유가 보장되는 상태를 정의라고 전제하면서, 만약에 다른 사람의 권리도 똑같이 존중한다면 우리 소유물은 우리 마음대로 쓸 수 있다고 주장하나, 이상에서 보듯이 철학을 통해 좀 더 근본적으로 들여다보면 자유지상주의자들의 주장은 전제와 가정, 결론이 모두 오류를 포함하고 있음을 알 수 있다. 즉 강자를 위한 동물적 생존원리에 의해 지배되는 자유시장에서의 분배는 결코 정의롭지 않으며, 시장에서는 힘 있는 자의 권리만 존중될 뿐 다른 사람의 권리는 결코 똑같이 존중받지 못할 뿐만 아니라, 자유시장에서 벌어들인 돈에는 인류 조상들과 동시대인의 사회적 노동의 산물이 포함되어 있기에 자기 마음대로 쓸 수 있는 배타적 권리를 주장할 수 없고, 따라서 사회적 노동의 기여분에 해당하는 세금을 내는 것이 정의라는 것이다.

근대 시민사회와 현대 사회에서는 자유를 '남에게 구속받거나 얽매이지 않고 자기 마음대로 할 수 있는 권리'로 해석하는 경향이 있는데, 이것이 많은 혼란의 근원이 되고 있다. 지금까지 살펴봤듯이 강자를 위한 동물적 자유는 기본적으로 '강자를 위한' 자유이므로 약자에겐 근본적으로 불리함으로 작용할 수밖에 없다. 그럼에도 현대인들은 강자를 위한 동물적 자유에 무엇보다도 관용적이다. 여전히 인간을 위한 정의로운 자유와 강자를 위한 자유를 구분하는 데 서툴고, 자유의 의미를 제대로 이해하지 못하기 때문이다. 다시 정리하자면, 강자에게 '동물적 자유'를 줬을 때, 약자에게는 예속과 죽음만이 남을 뿐이다.

인간의 자유는 동물의 자유와 달리 무제약의 자유일 수 없다. 인간의 자유는 '인간을 목적으로 대우하라', '약자 우대의 원칙' 같은 도덕의 최고 원칙과 따로 떼어놓고 생각할 수 없기 때문이다. 인간은 도덕의 최고 원칙을 외면하고 자유를 주장할 수 없으며, 인간의 자유는 항상 도덕의 최고 원칙을 고려한 자유여야 한다. 이것이 사태를 근본에서 들여다보는 철학이 인간의 자유 문제에 대해서 내리는 최종적인 결론이다.

지금까지 도덕과 정의에 대해 '공리'나 '자유'의 관점에서 접근하는 사회과학의 입장들을 살펴보았다. 이제 '미덕'이라는 또 다른 관점으로 정의를 주장하는 마이클 샌델의 공동체주의적 정의론을 살펴볼 차례다.

상대주의는 현대 사회에서 여러 가지 모습으로 자신의 정체를 노골적으로 드러낸다. 마이클 샌델 또한 그의 저서 《정의란 무엇인가》 후반부에서 '공동체주의적 정의론'이라는 형태로 자신의 상대주의적 가치관을 제시한다.

그는 자유시장에 대한 롤스의 탁월한 분석 성과를 토대로 '어차피 자유시장에서는 천부적 재능이나 노력조차도 임의적 요소에 지배됨에 따라 누구도 그러한 이점을 누릴 특별한 도덕적 자격을 갖춘 사람은 없다고 볼 수 있으므로, 분배 정의는 어떤 개인적인 미덕이나 도덕적 자격을 포상하는 문제와 아무 상관이 없다'라는 주장을 끌어들인다. 그렇다면 정의란 도대체 무엇인가? 여기서 그는 아리스토텔레스의 목적론적 정의론을 결합하여 '공동체의 목적과 사명에 부합하는 행위가 곧 정의다'라는 자신의 공동체주의적 정의론을 내세운다.

그러나 우리는 정의론을 논의하기 위해 고대 그리스까지 되돌아가 아리스토텔레스를 불러낼 필요는 없다. '공동체의 목적과 사명'은 만능의 지팡이가 아니다. 아리스토텔레스의 목적론적 정의론은 '최고선'이라는 보편 정의를 논하는 것에서 그치지 않는다. 물론 '정치의 목적을 위해 가장 뛰어난 사람에게 정치권력을 주어야 한다'라는 목적론적 정의론의 기조는 변함이 없지만, 아리스토텔레스는 정의론의 근본문제로서 귀족, 부자, 평민 간의 계급 적대를 직시하면서 지배계급이 자신의 계급적 이익만을 맹목적으로 쫓지 않고 공동선을 추구할 수 있도록 계급 당파들 사이의 세력관계를 상호견제의 관계로 제도화하는 것을 정의 문제의 핵심으로 보았다. 따라서 샌델이 공동체주의에 정당성을 부여하기 위해 공동선의 원천으로 끌어들이고 있는 아리스토텔레스의 도덕철학에서 공동체의 목적과 사명에 부합하는 공동선은 벌써 '계급투쟁 속에서의 공동선'인 것이다. 그렇다면 아리스토텔레스에게 정의는 공동체가 지향해야 할 최고 수준의 보편적이고 이상적인 가치가 아니라, 계급투쟁의 지형에 따라 유동적이고 상대적인 것일 수밖에 없다. '그 시대의 이데올로기는 지배계급의 이데올로기'라는 이데올로기에 대한 마르크스의 통찰에서 알 수 있듯이, 계급투쟁 속에서의 공동선은 근본적으로 지배계급의 이해를 옹호하는 체계일 뿐 보편 이해와 거리가 멀다. 이처럼 아리스토텔레스에게서 샌델이 원하는 공동체주의의 이상향은 찾을 수 없다.

따라서 '공동체의 목적과 사명에 기여하는 공동선이 곧 정의다'라는 아리스토텔레스의 정의론은 그 자체로서 완벽해 보이지만, 앞에서 살펴본 바와 같이 공동체의 목적과 사명을 기준으로 위로부터 정의를 도출하려 할 때, 만약에 공동체의 목적과 사명이 특정 계급의 이해에 따른 독단적인 것일 경우 그것에 부응하는 행위를 정의로 규정하는 상대주의적 위험은 근본적으로 존재한다.

역사적으로 이러한 '위로부터의 정의론'이 갖는 위험성에 대한 해독제로서 등장한 것이 실은 인간의 자유나 행복, 실존 혹은 인간 존중 여부를 정의의 판단 기준으로 삼는 '아래로부터의 정의론'이다. 아리스토텔레스의 정의론에서는 공동체의 목적과 사명이 중요할 뿐 개인의 자유와 선택의 이상이 들어설 여지가 없다. 그리고 그것은 또한 공동체주의의 구조적인 문제점이기도 하다. 그런데 헤겔이 인류 역사를 자유의 실현 과정으로 보았듯이 아리스토텔레스 사후 르네상스와 시민혁명을 거치면서 자유와 의무, 권리에 관한 눈부신 역사적 발전이 있었고, 근대 계몽주의 사상가들과 칸트, 롤스에 이르기까지 위대한 도덕철학자들이 인간의 자유와 의무, 권리의 발전을 뒷받침했다. 따라서 이제 자유롭고 독립된 자아가 없는 아리스토텔레스의 정의론은 현대인들의 도덕 정서와 전혀 맞지 않으며, 우리에게 선을 스스로 선택할 여지를 남겨두지 않는 아리스토텔레스의 정의론은 그만큼 시대착오적인 것이다.

이 장에서 필자는 마이클 샌델의 공동체주의적 정의론을 검토하면서 그것의 위험성과 더불어 철학의 기초가 부족한 상태에서 철학을 했을 때 어떤 오류에 빠지는지 그리고 사태를 근본에서 들여다보는 철학이 얼마나 중요한지를 살펴보고자 한다.

소수집단 우대정책과 공동체주의

마이클 샌델은 그의 책 《정의란 무엇인가》에서 '공동체의 목적과 사명에 부합하는 것이 곧 정의'라는 자신의 주장을 뒷받침하기 위해 미국 대학들의 '소수집단 우대정책'을 둘러싼 몇 가지 사례를 제시한다.

우리나라에도 대학 입시에서 농어촌 출신 특별전형이라는 제도가 있듯이, 미국 대학이나 대학원도 사회적 소수자에게 가산점을 주는 소수집단 우대정책을 시행하고 있다고 한다. 그에 따라 법학대학원 입학을 거절당한 한 백인 여학생이 자신은 차별에 희생당했다며 소송을 제기하는 사건이 발생했다. 대학원 측은 법원에서 "법률사무소뿐만 아니라 입법부와 법정을 포함해 텍사스 법조계에 인종적, 민족적 다양성을 높이는 것이 텍사스대학교 법학전문대학원의 사명 중 하나"라고 답했다. 문명사회에서 법은 판결을 받아들이려는 사회의 의지에 크게 좌우되는데, 법 집행에 사회적 소수자를 포함한 모든 집단이 참여하지 않는다면 법의 목적을 달성하기 힘들기 때문이라는 것이다. 여기서 이 대학원 당국은 '입학심사에서 입학시험 점수나 학업 성적 같은 몇몇 도덕적 미덕이 아니라 공동체의 목적과 사명에 부합하는 것이 곧 정의'라는 입장을 취한 것으로 해석할 수 있다.

또한 하버드대학교는 이러한 문제와 관련하여 "학업성적과 시험점수가 입학심사의 유일한 기준이었던 적은 한 번도 없었다. 학문적 우수성이 유일한 또는 지배적 기준이라면 하버드대학교는 활기와 지적 우수성을 상당 부분 잃을 것이며, 모든 학생에게 제공되는 교육의 질도 떨어질 것이다."라고 밝혔다.

여기서 하버드대학교가 밝힌 "학업성적과 시험점수가 입학심사의

'유일한' 기준이 적이 한 번도 없었다."라는 수견서의 내용에 주목할 필요가 있다. 그것은 시험점수가 비슷하거나 약간의 차이가 난다면 소수집단 우대정책에 따라 사회적 소수자를 우대한다는 정책이지, 시험점수를 전혀 배제한다는 정책이 아닐 것이다. 하버드대학교도 시험점수가 타의 추종을 불허할 정도로 출중한 사람이라면 소수집단 우대정책에도 불구하고 우선적으로 선발할 것이며, 또한 같은 소수집단 내에서라면 당연히 입학자격시험이나 성적이 중요한 선발의 기준이 될 것이다.

그리고 대학 입학시험 성적이 뛰어난 학생에게 입학의 기회를 주는 것이 '자격을 갖춘 사람에게 영광을 줘야 한다'라는 아리스토텔레스의 목적론적 가치관과도 부합한다. 따라서 미국의 대학입학제도에 대해, 여전히 '자유와 노력에 대해 포상하는 기조가 유지되는 가운데 또 다른 중요한 고려 요소로서 소수집단 우대정책이 적용되고 있다'라는 식으로 정리돼야 한다. 비록 미국 대학의 입학 허가에서 소수집단 우대정책이라는 훌륭한 제도가 채택되고 있더라도 신입생 선발은 여전히 뛰어난 능력이나 미덕을 포상하는 영광스러운 절차인 것이다. 미국의 대학들은 사회적 소수자 중에서도 뛰어난 학생을 선발하지, 사회적 소수자라고 해서 아무나 선발하지는 않는다. 즉 대학 입학심사는 기본적으로 도덕적 자격을 따지는 절차인 것이며, 사회적 소수자는 하나의 고려 요소에 불과한 것이다.

정의는 개인의 도덕적 자격에서 분리될 수 있는가

공동체주의적 정의론은 도덕적 개인주의의 부정 위에 성립한다.

그에 따라 샌델은 정의를 개인의 도덕적 자격에서 분리하고자 한다. '정의를 개인의 도덕적 자격에서 분리한다'라고 함은 개인의 미덕이나 장점, 재능이나 능력 등 도덕적 자격을 분배 정의의 기초로 삼지 않는다는 뜻이다. 개인의 도덕적 자격을 분배의 기초로 삼지 않는 사회로서 흔히 '공동생산 공동분배'의 공산주의를 떠올리겠지만, 샌델은 이 원리가 지배하는 사회로 공동체주의 사회를 내세운다.

샌델은 성공을 개인의 미덕이나 장점, 노력의 결과로 여길수록 사회 구성원들을 결속시키는 데 걸림돌이 되고 뒤처진 사람들에 대한 책임감이 줄어든다고 본다. 그리하여 성공을 미덕에 대한 포상으로 보아야 한다는 이 끈질긴 믿음은 단순한 오해이며 버려야 할 그릇된 통념이라고 주장한다.

그러나 미국의 사회과학자가 사회 결속과 뒤처진 사람들에 대한 책임감을 강조하며 개인의 미덕과 장점, 노력의 도덕적 자격을 부정하는 이 대목은 왠지 생소하고 진정성이 결여되어 보인다. 왜냐하면 그것이 공동체주의에 입각한 어떤 의미 있는 현실 개혁을 요구하는 것이 아니라, 단순히 '현실을 공동체주의적인 관점으로 봐야 한다'라는 식의 관점의 변화만을 요구하는 수준일 때 그것은 진보를 가장한 또 다른 현실 정당화 혹은 현실 해석의 이론에 불과하기 때문이다. 그것은 인간을 오도하기 쉽다.

사실 샌델의 일면 진보적이고 용감한 이 주장은, 정의나 도덕의 기준에서 '개인의 미덕에 대한 포상'을 제거함으로써 도덕적 개인주의와 대립하여 '공동체의 목적과 사명에 부합하는 것이 곧 정의'라는 자신의 공동체주의적 정의론을 옹호하기 위한 논리적 장치에 지나지 않는다.

우리는 "성공은 개인의 미덕을 반영한다는 확신에 집착하면 사회 결속에 걸림돌이 된다."라며 '자유와 노력'을 단칼에 자르듯이 버리고 공동체주의적 가치관으로 되돌아갈 수는 없다. 지금까지 살펴봤듯이 공동체주의는 지배계급의 이데올로기로 인해 결코 안전지대가 아니기 때문이다.

중요한 것은 모든 공동체의 목적이나 사명이 인간의 존엄성을 존중하고 인간을 목적으로 대하라는 도덕의 최고 원칙에 일관성 있게 복종해야 한다는 것이다. 도덕의 최고 원칙이라는 최후의 보루를 제거한 공동체주의는 결코 인류의 안전한 미래를 뒷받침할 수 없다. 특히 현대 사회와 같이 상대주의가 지배적이고 계급 이해가 보편 이해를 가장하는 이데올로기에 의해 정교하게 뒷받침되는 시대일수록 공동체의 목적이나 사명이 도덕의 최고 원칙을 벗어날 가능성이 있으므로 항상 미심쩍은 눈으로 바라봐야 한다.

도덕적 개인주의와 공동체의 의무

'도덕적 개인주의'는 관습이나 전통 또는 물려받은 지위가 아니라 개인이 자유롭게 선택한 행동에 대해서만 도덕적 의무를 짊어진다는 입장이다. 반면에 공동체주의는 도덕적 의무의 근거를 개인의 자유로운 선택이 아니라 공동체의 목적과 사명에서 구하는 입장이다. 마이클 샌델은 우리의 공적인 삶에서 발견되는 몇 가지 사건들을 소개하면서, 도덕적 개인주의로는 설명하기 어려운 공동체의 의무에 대해 이야기한다. 그렇다면 그가 제시하는 공동체의 의무란 것이 과연 도덕적 개인주의로 설명하기 어려운 것인지를 살펴보자.

샌델은, 지난 몇 년 동안 역사에 기록된 부당행위를 공개적으로 사죄하는 문제를 둘러싸고 힘겨운 논쟁이 봇물처럼 터진 시기였음을 지적한다. 제2차 세계대전 때 자행된 만행에 대해 독일은 유대인 대학살의 책임을 인정하고 생존자와 이스라엘을 상대로 수백억 달러 상당의 배상금을 지출했고, 또한 지난 수년 동안 독일 정치지도자들은 나치의 만행을 공개적으로 사죄하면서 지난 역사에 대한 책임을 다양한 모습으로 인정했다. "독일 국민의 절대 다수가, 유대인을 상대로 저지른 범죄를 증오하며 그 범죄에 동참하지 않았다. 그러나 입에 담기 힘든 범죄가 독일 국민의 이름으로 저질러졌으며, 그에 대한 도덕적, 물질적 보상이 필요하다." 독일 대통령은 이스라엘 국회 연설에서 "독일인이 한 일을 용서해달라!"라고 사죄했다.

여기서 샌델은 '조상의 죄를 우리가 속죄해야 하는가?'라고 문제를 제기하면서, '내가 하지 않은 행위는 사죄할 수 없다. 그렇다면 내가 태어나기도 전에 일어난 일을 어떻게 사죄할 수 있겠는가?'라고 묻는다. 우리는 한 번도 노예를 소유한 적이 없다. 오늘날 살아 있는 시민 가운데 노예제에 책임이 있는 사람은 없다. 개인적으로 자신과 무관한 잘못에 집단적 죄의식이나 책임감을 느낄 수는 없는 일이다.

그러나 과연 오늘날 살아 있는 사람들 가운데 유대인 대학살과 노예제에 책임이 있는 사람이 없는가? 유대인 대학살과 노예제는 개인적으로 그 후손들과 무관한 조상들의 잘못에 불과한가? 도덕적 개인주의에 따라 개인이 자유롭게 선택한 행동에 대해서만 도덕적 의무를 져야 한다면 유대인 대학살과 노예제와 관련한 집단적 죄의식이나 책임감을 어떻게 설명해야 하는가?

매개적 자기의식과 역사적 존재로서의 인간

샌델은, 도덕적 개인주의가 개인이 자유롭게 선택한 행동에 대한 책임에 관해서만 설명할 수 있을 뿐, 오늘날 공개사죄와 같은 조상들의 행동에 대한 책임 문제를 설명하지 못하기 때문에 결정적인 한계를 갖는다고 한다. 그러나 도덕적 개인주의에 근거해서도 우리가 한 행동이 아닌 다른 사람의 행동에 대해 책임을 이야기할 수 있는 근거가 있다. 그 근거는 바로 인간의 정신 속 '매개적 자기의식'과 '역사적 존재'로서의 인간이다.

앞에서도 언급한 바 있지만, 철학의 새로운 성과에 의하면 인간의 정신은 세계의식과 자기의식, 자기규정, 가치의식, 인격의 일관성을 추구하는 5대 속성의 통일체다. 그리고 인간의 자기의식, 즉 자기 자신에 대한 의식은 자립적이거나 직관적인 의식이 아니라, 자신의 현상을 통해 매개되는 의식이다. 다시 말하면 인간의 자기 자신에 대한 의식은 우리가 세계 속의 사물을 바라보듯이 대상적으로 자신의 내부를 들여다본다고 파악되고 형성될 수 있는 게 아니라, 자신의 생각과 행동, 관계 등의 현상을 통해서 매개적으로 형성된다.

그런데 인류가 정신 속 가치의식에서 휴머니즘이 발달하기 이전 단계에서는 인간의 인간에 대한 야만이 크게 문제가 되지 않았다. 인간의 자기의식이 자신의 현상을 통해 매개되는 의식임을 자각하지 못한 정신의 미발달 상태에서는, 예컨대 원시시대의 다른 종족이나 고대와 중세시대의 노예나 하층계급, 혹은 제국주의시대의 식민지 원주민에 대한 대학살조차도 인간은 별로 죄의식을 느끼지 않았다. 인간은 자기의식에 큰 상처를 입지 않고도 인간을 학살할 수 있었던 것이다.

그러나 다른 한편 이웃에 대한 사랑을 강조하는 세계종교가 출현한 뒤로 중세, 르네상스와 계몽시대, 시민혁명을 거치면서 휴머니즘이 점차 인간의 자기규정과 가치의식 속에 깊숙이 자리 잡게 되었고, 계몽주의 사상가들은 인간 존엄성의 근거를 다방면으로 제시하여 커다란 호응을 얻게 된다. 정신 속 자기규정과 가치의식에 휴머니즘이 확산될수록 사정은 달라진다. '매개적 자기의식'으로 인해 세계와의 관계를 통해 자기 자신과의 관계를 정립하는 인간에게, 세계 속에서 인간을 학살하는 자신의 행동은 이제 정신 속 자기규정과 가치의식에 격렬한 충동을 일으킨다. 매개적 자기의식을 가진 인간에게 자신의 행위에 의해 초래된 남의 고통은 이제 더 이상 나와 상관없는 남의 고통에 불과한 것이 아니다. 그에 따라 '매개적 자기의식'으로 인해 세계와의 관계를 통해서 자기 자신과의 관계를 정립하는 인간은 이제 '나는 나의 어떤 목적을 위해 남의 고통을 초래한 사람'이라는 죄의식을 갖게 된다.

그런데 또한 인간은 '역사적 존재'이다. 앞에서 언급한 바 있는 현대 철학의 한 조류인 철학적 인간학에 따르면, 인간은 자아의 가장 깊은 곳에 이르기까지 하나의 역사적 존재이며, 우리의 이해, 지식, 세계관 그리고 신체적 발전까지도 역사 현실에 의해 전적으로 제약받는 존재라고 한다. 철학적 인간학의 성과에 의하면, '인간은 역사에 의해 피조되는 존재이면서 동시에 창조하는 존재'이며, '인간은 창조하기 위해 먼저 피조되어야' 한다. 인간의 현재 삶과 '개인의 자유로운 선택'은 이처럼 역사와 무관한 것이 아니라 '역사에 의해 피조되는 존재'라는 토대 위에서 성립한다. 따라서 인간이 자아의 가장 깊은 곳에 이르기까지 하나의 역사적인 존재인 한, 인간은 자기 자신에 대해 성찰할 때 더 이상 자기 조상들의 행위와 무관할 수 없다. 역사는 미래와 함께 현재의 나를 이루는 중요한 구성요소이기 때문이다. 그에 따라 세계와의 관계를 통해서 매개적으로 자기 자신에 대한 의식을 형성하는 인간에게 휴머니즘이 확산될수록, 그리고 역사적 존재로서의 인간 자신에 대한 이해가 깊어질수록, 비록 내가 한 행위는 아니지만 남에게 끔찍한 고통을 초래한 조상의 행위가 곧 나의 행위로서 마치 공범이 된 것처럼 정신의 자기의식에 반영된다.

동양에는 '그 아버지에 그 아들' 혹은 '유유상종'이라는 말이 있다. 만일 자신의 아버지나 친구가 도덕적으로 용납할 수 없는 중대한 범죄를 저질렀다면 그 피해자들 앞에서 고개를 들지 못하고 곤혹스러워하며 공동책임을 느끼는 자신은 역사적, 사회적 존재로서의 도덕적 개인이다. 만일 그 사람이 자신이 진정으로 사랑하고 존경해 마지 않는 아버지거나 자신과 모든 가치를 공유하던 절친한 친구일수록 죄책감과 곤혹스러움은 더할 것이다. 만일 그 상황에서 고개를 숙일지언정, 자신과는 아무 관계가 없는 일이라고 주장하거나 당당하게 고개를 들고 다닌다면 우리는 당연히 그 뻔뻔스러움에 분노를 느낄 것이다.

따라서 1, 2차 세계대전이나 유대인 대학살에 대해 내가 가해자가 아니라고 해서 '그것은 내가 한 행위가 아니다'라면서 불행한 자기의식에서 완전히 벗어날 수 있는 것이 아니다. 특히 유대인 대학살의 경우 서양인들은 유대인을 더 이상 자신들과 동등한 인간이 아니라거나 한낱 동물처럼 취급해도 되는 존재로서 자신들을 합리화할 수 없었다. 왜냐하면 아무리 현실을 외면하려고 해도 그들이 학살한 유대인들의 상당수가 그동안 유럽 사회의 상류층을 형성해왔을 뿐 아니라, 철학자, 예술가, 과학자들 중에 스피노자, 베르그송, 아인슈타인을 비롯하여 그들이 존경해 마지않는 유대인들이 수두룩하기 때문에 유럽 문명은 자신들의 정체성 속에서 도저히 유대민족을 배제할 수가 없기 때문이다. 더구나 인간은 정신 속 매개적인 자기의식의 속성으로 인해 세계와의 관계를 통해 자신과의 관계를 정립하는 존재라는 점을 감안하면, 독일인들은 바로 그들 자신의 정신을 학살한 것이다. 그것은 자기 자신에게뿐만 아니라 후손들에게까지 엄청난 죄를 짓는 일이다.

독일의 후손들은 이스라엘에 제대로 사죄조차 하지 않고 그것을 외면하는 상태에서 정상적인 도덕생활을 할 수가 없었을 것이다. 따라서 독일 대통령이 조상의 죄를 이스라엘 의회에서 사죄한 것은 공동체의 의무 이전에 떳떳하게 도덕적 개인으로서 살고자 하는 독일 후손들의 강력한 요구에 따른 것으로 보아야 한다. 사과하고 또 사과해야, 그러고도 오랜 시간이 흐른 뒤에야 그들은 자신들의 자기의식에서 학살의 망령을 지울 수 있을 것이다.

따라서 이처럼 영묘한 인간의 자기의식이라는 존재에 주목하면 왜 인류 역사에서 전쟁과 같은 집단적인 불행을 막는 것이 중요한지, 왜 인간이 무한한 책임을 지고 방관자와 선악의 회색지대를 최소화하는 노력을 기울여야 하는지를 알 수 있다.

독일인들의 사례에서 보듯이 집단적 죄의식이란 정신 속 자기의식으로 세계와의 관계를 통해서 자기 자신과의 관계를 정립하는 개인들의 죄의식에 다름 아니다. 따라서 집단책임은 도덕적 개인주의를 부정하는 토대 위에 성립하는 것이 아니라 바로 도덕적 개인주의의 토대 위에서 성립한다. 휴머니즘이 확산될수록, 그리고 역사적 존재로서의 인간 자신에 대한 이해가 깊어질수록, 아울러 인간의 자기의식이 매개적 의식임을 자각할수록 조상의 중대한 반인륜적 범죄는 세계와의 관계를 통해서 매개적으로 자기 자신에 대한 의식을 형성하는 도덕적 개인에게 더욱 더 외면할 수 없는 도덕적 현실이 된다. 현대의 집단적 사죄문제는 그러한 도덕적 현실의 결과인 것이다.

한편 세계와의 관계를 통해 자기 자신과의 관계를 정립하는 인간에게 자신이 막을 수 있었거나 도울 수 있었는데도 방관한 이웃의 불의나 불행은 이제 더 이상 나와 무관한 남의 일이 아니라 자기 자신에 대한 의식에 깊숙이 영향을 미치는 요소가 된다. 따라서 정보의 세계화로 인해 세계 곳곳의 실상이 인터넷을 통해 낱낱이 알려지는 현대 사회에서, 현대인은 세계인으로서 세계인의 이웃이 되어 그들의 고통에 항상 관심을 갖고 돌보며 살지 않는 한 진정으로 행복할 수 없다.

그동안 도덕철학에는 인간의 정신 속 자기의식의 매개적 속성과 역사적 존재로서의 인간이 알려지지 않았기 때문에 샌델은 공적 책임 문제에 대해 설명하지 못하는 것을 도덕적 개인주의의 결정적 한계라고 생각했겠지만, 이상에서 살펴봤듯이 철학에서의 새로운 발견에 주목하면 도덕적 개인주의에 입각해서도 공적 책임 문제가 근본적으로 설명될 수 있음을 알 수 있다.

공동체의 목적과 독립적인 자아의 대결

'정부는 도덕적으로 중립을 지켜야 하는가?' 아리스토텔레스에 의하면, 정치는 사람들로 하여금 좋은 인격을 기르게 하고 좋은 시민이 되도록 해야 한다. 따라서 공동체주의자들은, 정부가 도덕적으로 중립을 지켜서는 안 되고 정의와 도덕에 개입해야 한다고 주장한다.

하지만 공동체주의자인 샌델은 동시에 "그러나 정치는 좋은 삶에 상응하는 미덕을 키우는 것이라는 생각은 현대인들에게는 생소하고 위험하기까지 하다."라고 말한다. 이것이 무슨 말인가? 정치가 좋은 삶에 상응하는 미덕을 키우는 것이 도대체 무슨 문제가 있을 수 있단 말인가?

하지만 샌델은 이어서 자신이 하는 말의 의미에 대해 언급한다. 샌델은 "미덕이 무엇에 좌우되는지 누가 말할 수 있겠는가? 좋은 삶 혹은 가장 바람직한 삶에 대해 말한다 한들 사람들이 동의하지 않는다면? 만약에 공동체가 다시 노예제나 계급제를 도입하면서, 그것을 공동선이나 좋은 삶 혹은 미덕으로 미화하려 한다면? 법이 특정한 도덕적, 종교적 이상을 강제하려 한다면, 간통에 돌을 던지고 여성에게 의무적으로 부르카를 입게 하는 식으로 배타적이고 강압적인 수단이 동원되지 않겠는가?"라고 말한다. '좋은 삶'이나 '미덕', '도덕적, 종교적 이상' 같은 것들이 마냥 믿을 수 있는 보편적 가치인 경우만이 아니라, 자칫 민감하고 위험한 내용을 포함할 수도 있는 가능성에 대해 언급한 것이다. 사실 그것들은 본질적으로 계급 이해를 반영하거나 대변한다.

따라서 칸트와 롤스는, 좋은 삶에 대해 종교적으로든 세속적으로든 특정한 개념을 강조하는 정의론은 그것이 타인의 가치를 강요함으로써 자기 목표를 선택할 능력이 있는 자유롭고 독립적인 자아로서 인간을 존중하지 않는다고 보고 경계한다. 이처럼 선택이 자유로우 자아와, 타인의 가치에 대한 도덕적·종교적 중립은 밀접하게 연관된다. 그러한 중립은 도덕적·종교적 논란에서 어느 쪽도 편들지 않으며, 도덕의 최고 원칙에 위배되지 않는 한 시민 스스로 자신의 가치를 선택할 자유를 부여한다.

반면에 아리스토텔레스는 선에 관해 '사뭇 다른' 이론을 제시한다. 공동체의 목적에 부응하는 삶이 곧 '좋은 삶', '가장 바람직한 삶' 혹은 '선'이라고 인간의 선을 미리 정해 놓고 그것을 바탕으로 정의를 추론한다는 점에서 그의 추론은 목적론적이다. 이는 칸트와 롤스가 거부하는 추론법이다. 칸트와 롤스가 보기에 목적론적 정의론은 좋은 삶이나 선을 이야기하면서 자유와 권리를 배제하는 위험한 이론인 것이다. 목적론적 정의론에서는 공동체나 법이 인간 위에 군림하는 '정의'의 주관자다. 그러나 공동체의 목적과 사명 혹은 그것에 부합하는 공동선을 내세우면서 타인의 가치를 강요당하는 곳에 자유롭고 독립적인 자아는 존립할 여지가 없다. 우리는 이 지점을 주목할 필요가 있다. 공동체주의자인 샌델도 아리스토텔레스의 정의론이 '선에 관한 사뭇 다른 이론'이라는 점을 분명히 인식하고 있다. 아리스토텔레스의 정의론에는 자유롭고 독립적인 자아가 없다! 여러분은 이에 동의할 수 있는가?

우리가 공동체의 목적에 부합하는 좋은 삶 혹은 공동선이 먼저냐 아니면 인간의 자유와 의무, 권리가 먼저냐를 논의할 때 이 논의가 어려워 보이는 이유는, 아리스토텔레스가 말한 '정치의 목적은 좋은 인격을 기르게 하고 좋은 시민이 되도록 하는 것'이라는 내용을 출발점으로 삼아 논의하기 때문이다. 사실 그런 보편적인 가치가 지배하는 사회라면 '인간을 목적으로 대우하라'라는 칸트의 정언명령과도,

롤스의 '약자 보호의 원칙', 즉 차등 원칙과도 어긋나지 않는다.

그러나 고대, 중세의 계급사회와 종교의 자유가 없었던 중세, 근대, 그리고 아직도 종교적 근본주의로 여성에게 부르카를 강요하는 이슬람 사회나 군사적 모험주의에 빠져 있는 미국 사회를 생각한다면, 공동체의 목적에 부합하는 선이 먼저냐 아니면 인간의 자유와 의무, 권리가 먼저냐라는 논의에서, 우리는 전자의 위험성을 이해하기가 한결 쉬워질 것이다. 어떤 공동체가 자신의 목적과 사명을 정해놓고 그것에 부응하는 삶이 좋은 삶이고 선이라는 주장은, 특히 현대 사회처럼 국가가 기득권층의 이해를 대변하고 상대주의와 이데올로기의 지배를 강하게 받는 사회일수록 그만큼 보편적 가치와 보편 인권으로부터 멀어질 위험을 안고 있다.

이 문제를 둘러싼 좀 더 궁극적인 논쟁은 '인간의 자유'에 관한 것이다. 칸트와 롤스가 아리스토텔레스의 목적론을 거부하는 근본적인 이유는, 거기서는 우리가 자유롭게 선을 선택할 여지를 남겨두지 않기 때문이다. 정치는 좋은 삶을 단정하지 않고 중립을 지켜야 한다는 (칸트나 롤스의) 생각은 인간을 도덕적 선입견에 얽매이지 않고 자유롭게 선택할 권리를 지닌 자아로 본다는 뜻이다. 중립을 지킨다는 것은 인간이 자신을 둘러싼 공동체의 목적과 사명, 혹은 그것이 규정하는 좋은 삶이나 공동선, 혹은 미덕이 어떤 것이든 좋은 삶에 대한 어떤 목적론적인 전제도 허용하지 않고 인간의 모든 행위에 대해 오직 도덕의 최고 원칙에 따라 옳고 그름을 판단한다는 것이다. 따라서 도덕의 최고 원칙을 중심에 둔 자유야말로 여전히 어떤 공동체의 상대주의와 기득권층의 계급 이해로부터 인간의 보편적 가치와 보편 인권을 지킬 수 있는 해독제인 것이다.

공동체주의지의 정의론

그러나 공동체주의자 샌델은 "그 이론이 아무리 호소력이 있다 해도 자유를 바라보는 칸트와 롤스의 시각에는 문제가 있다. 선택의 자유는 정의로운 사회의 기초로는 충분치 않다고 생각한다. 중립적인 정의의 원칙을 찾다 보면 엉뚱한 길로 빠진다는 느낌이 든다. 본질적인 도덕 문제를 다루지 않고서는 권리와 의무를 규정하기가 때로 불가능하다."라고 주장한다.

그렇다면 무엇이 공동체주의자인 샌델로 하여금 칸트와 롤스를 결별하고 자신의 위험한 길로 접어들게 했는지, 그 생각에 과연 자유와 도덕적 의무에 대한 우리의 생각을 바꿀 만한 어떤 통찰이 들어 있는지를 살펴보자.

샌델에 의하면, 자유주의자들이 생각하는 자유에는 약점이 있다고 한다. 즉 자신을 자유롭고 독립적인 자아로 여긴다면, 그래서 스스로 선택하지 않은 도덕에 구속되지 않는다고 생각한다면, 우리가 공통적으로 인식하고 칭찬하기까지 하는 다양한 도덕적·정치적 의무를 이해할 수 없다는 것이며, 여기에는 연대와 충직의 의무, 역사적 기억과 종교적 신념에 관한 의무가 포함된다고 한다. 이는 우리의 정체성을 형성하는 공동체와 전통이 요구하는 도덕이다. 샌델은 우리 자신을 '부담을 감수하는 자아'로 여기지 않는 한, 즉 내가 선택하지 않은 도덕적 의무도 받아들일 자세를 취하지 않는 한, 우리가 경험하는 도덕과 정치에서 그 의무를 이해하고 받아들이기란 어려운 일이라고 말한다.

샌델은, 롤스의 《정의론》이 미국의 자유주의에 풍부한 철학적 발상을 제공한 지 10년이 지난 1980년대에 자신을 포함해 수많은 비판자들이 '자유로운 선택권을 지닌 자아'라는 이상을 수정했다고 밝힌다. 그들은 미국 사회가 자유와 권리에 대한 논의가 충분히 이뤄짐에도 정의로부터 갈수록 멀어지는 원인을, 강자를 위한 자유를 여전히 노골적으로 옹호하고 있는 미국 사회의 계급 이해와 이데올로기에서 찾지 않고, 칸트와 롤스 식의 절차적 민주주의가 내포하는 한계에서 찾으려 한다. 샌델은 "권리와 의무를 공동선에 앞세우라는 요구를 거부하면서 목적과 애착으로부터 관심을 끊고 정의를 이성적으로만 생각할 수는 없다고 주장하는 이들을, 현대 자유주의를 비판하는 '공동체주의자'로 부른다."라면서 그의 책 《정의란 무엇인가》의 뒷부분에서 비로소 자신의 정체를 드러낸다.

이들은 대개 '공동체주의자'라는 용어를 달가워하지 않는다고 한다. '특정 공동체가 규정하는 것은 무엇이든 정의가 될 수 있다'라는 상대론적 견해를 암시하는 느낌이 들기 때문이라는 것이다. 그들도 공동체가 주는 부담은 억압적일 수 있다거나 억압적일 수밖에 없다고 인정한다. 그럼에도 그들은, 우리의 의무가 전부 우리 의지에 따른 '선택하는 자아'에서 나오는 것이 아니라는 점을 들어 자신들의 공동체주의를 옹호한다.

그러나 앞에서 살펴봤듯이 우리의 의무가 전부 우리 의지에서 나온 것이 아니라는 사실이, 인간의 자유와 자발적 존재를 부정하는 결정적 근거가 되는 것은 아니다. 이들 공동체주의자들은 인간의 정신 속 매개적인 자기의식의 존재와 역사적 존재로서의 인간을 이해하지 못하기 때문에, 인간이 자유롭고 독립적인 선택권을 지닌 자아이면서도 칸트의 정언명령이나 롤스의 차등 원칙과 함께 공동체의 목적에 따른 도덕적 요구를 선택적으로 받아들일 수 있는 존재라는 사실을 이해하지 못한다.

샌델은 "공동체의 도덕적 중요성을 인식하면서 동시에 인간의 자유를 인정하는 것은 가능한 일일까?"라며 회의를 표시하지만, 앞에서 살펴봤듯이 만약에 자유와 목적이 결합될 수 있고, 아울러 도덕적 개인주의에서도 공동체의 책임이 설명될 수 있다면 자유롭고 독립적인 자아를 부정하는 공동체주의는 송두리째 그 근거를 상실하게 된다.

우리는 앞에서 자유롭고 독립적인 자아에서도 역사적 기억과 종교적 신념을 비롯한 다양한 도덕적, 정치적 의무를 이해할 수 있고, 우리 자신을 '부담을 감수하는 자아'로서 내가 정하지 않은 도덕적 요구도 받아들일 수 있다는 점을 살펴본 바 있다. 역사적 존재로서 실존하는 인간은, 자유롭고 독립적인 자아이면서도 자신이 선택하지 않은 조상들의 역사적 책임까지 받아들일 자세를 취한다.

공동체주의자의 편협한 사례들

샌델은 도덕적 개인주의에 입각한 사회계약으로는 설명할 수 없는 연대의무 혹은 소속의무를 설명하기 위해 몇 가지 사례를 든다. 먼저 그는 가장 기본적인 예로서 가족 공동체의 구성원으로서 서로에게 느끼는 특수한 연대의무를 든다.

만약에 두 아이가 익사 직전인데, 한 명은 당신의 아이고 한 명은 모르는 사람의 아이라고 해보자. 그렇다면 당신의 아이를 먼저 구하는 것이 잘못일까? 샌델은 여기서 당신의 아이를 구하는 것은 전혀 잘못이 아니라고 말한다. 부모라면 자식을 행복하게 할 특별한 책임이 있다는 것이다. 그러나 과연 이 문제가 그렇게 쉽게 연대의무나 소속의무로 정리될 수 있는 것일까?

이 문제에 대해 철학의 새로운 성과를 통해 접근해 보자. 철학의 새로운 성과인 '실존의 변증법'에 의하면 '인간은 세계와의 관계를 통해서 자기 자신과의 관계를 정립하는 존재'다. 자기 자식은 끔찍이 아끼면서 세계와 이웃에 대해서는 무관심하거나 이기적으로 대하는 것이 무지와 야만의 특징이다. 자식을 먼저 챙기는 것이 설사 본능에 속한다고 할지라도, 인간이 세계와의 관계를 통해서 자기 자신과의 관계를 정립하는 존재인 한, 자기 자식을 살리느라 다른 아이의 익사를 방치한 행위는 두고두고 그 사람의 마음의 상처로 남을 것이다. 반대의 경우에는 물론 더 큰 마음의 상처로 남을 것이다. 또한 여기서 '한 아이만 구할 수 있다'라는 것은 샌델의 이론적인 상황 설정일 뿐이고, 실제로는 한 아이만 구할 수 있는 상황인지 두 아이를 같이 구할 수 있는 상황인지 불투명한 경우가 대부분일 것이다. 따라서 그런 상황에서는 설사 자신이 빠져 죽는 한이 있더라도 두 아이를 같이 구하려고 필사적으로 노력하는 것이 정의일 것이다. 이 설명이 의미하는 바는 연대의무 혹은 소속의무를 함부로 인정하면 안 된다는 것이다. 따라서 철학의 새로운 성과에 의하면, "여기서 당신의 아이를 구하는 것은 전혀 잘못이 아니다."라는 샌델의 주장은 잘못된 것이다. 설사 그 상황에서 자기 자식을 살릴 수밖에 없었다고 하더라도, 그것은 상황에 의해 강요된 '부득이한 선택'으로 정리되어야 한다.

또한 샌델은 프랑스 레지스탕스의 사례를 든다. 하루는 폭격기 조종사가 명령을 받고 보니, 목표 지역이 고향 마을이었다. 그는 이번 임무에서 자기를 빼달라고 요청한다. 어제도 폭격 임무를 수행했고,

프랑스 해방을 위해서는 이 마을도 폭격할 수밖에 없다는 사실을 그도 인정한다. 이 사례에 대해 샌델은 "우리가 이 조종사를 존경한다면, 그의 태도에서 고향 마을의 일원으로서 책임감을 느끼는 정체성을 발견했기 때문일 테고, 그 행동에 나타난 인격을 존경하기 때문일 것이다."라고 말한다. 그러나 실존의 변증법에 의하면 '인간은 세계와의 관계를 통해 자기 자신과의 관계를 정립하는 존재'다. 따라서 설사 당시 프랑스의 상황에 '자연법상의 정당방위'를 적용하여 그 폭격임무를 '누군가는 했어야 할 부득이한 선택'으로 정당화할 수는 있어도, 남의 마을은 명령에 따라 민간인의 희생을 동반하는 폭격 임무를 수행했으면서 자기 마을의 폭격에 대해서는 고향 마을 공동체의 일원으로서 연대의무나 소속의무를 느끼는 태도에서 우리가 존경할 인격은 남아 있지 않다. 남의 마을을 폭격하는 순간 그는 매개적 자기의식을 가진 정신적 실체로서의 자신의 인격을 버린 것이다.

한편 샌델은 '애국심이 미덕인가?'라고 물으면서 "애국심은 논란이 많은 도덕감정이어서, 이를 반박의 여지가 없는 미덕으로 보는 사람이 있는가 하면, 생각 없는 복종, 국가 우월주의 발상, 전쟁의 근원으로 보는 사람도 있다."라고 말한다. 그러면서 "같은 시민끼리의 의무는 다른 나라 사람에 대한 의무를 넘어서는가? 그렇다면 그 의무를 합의만으로 설명할 수 있는가?"를 묻는다.

그러나 애국심 자체는 미덕이 아니다. 오히려 위험스러운 것이 될 수 있다. 필자는 앞서 '역사상 얼마나 많은 잔악한 행위들이 애국심이라는 미명하에 자행되었는가'를 서술했다. 결국 애국심 자체에 도덕적 기초를 부여해선 안 되며, '어떤 것에 대한 애국심인가'를 도덕의 최고 원칙에 기초하여 항상 따져봐야 한다. 우리는 민족이나 국가

단위로 의사를 결정한다. 그러한 의사 결정의 반복과 축적의 역사에서 어떤 공동의 정체성이 생기는 것은 자연스럽고 당연한 일이다. 애국심이란 바로 그처럼 자연발생적인 역사적 산물에 불과하다.

인간은 세계와의 관계를 통해 자기 자신과의 관계를 정립하는 존재이므로, 같은 공동체 안에서 관계가 빈번할수록 특별한 애착이나 의무가 생길 수 있다. 그러나 같은 시민끼리 특별한 애착이나 의무가 있다고 해서, 그것이 다른 나라 사람들에 대한 보편적 의무를 소홀히 하는 것에 대한 합리화가 될 수 없다. 우리는 세계여행을 할 때 손님 접대를 중시하는 이슬람문화권의 선량한 주인의 환대를 접하게 되면, 금방 두려움이나 경계심이 풀리고 마음이 열리면서 그들의 삶에 동화되는 걸 느끼며, 우리 자신이 세계시민의 일부라는 것을 새삼 깨닫게 된다.

애국심이 도덕에 기초를 두고 있다는 주장은 잘못이다. 인간인 한, 인간의 정신 속 자기의식에는 이웃 혹은 세계가 있을 뿐이다. 특별한 이웃이란 없으며, 특별한 이웃은 만들어지는 것이다. 연대의무든 소속의무든 누구든 어려운 이웃을 돕는 것은 좋은 일이다. 대신 패거리 의무가 아니어야 한다. 따라서 애국심이나 애국적 자부심을 절대화시키는 것은 경계해야 한다. 애국심은 오히려 생각 없는 복종이나 국가 우월주의 그리고 전쟁의 근원이 되므로 항상 도덕의 최고 원칙을 중심으로 그것이 올바른 애국심인지를 엄밀하게 따져봐야 한다.

한편 샌델은 '충직이 보편적 도덕원칙을 뛰어넘을 수 있을까?'를 물으면서 자신이 다룬 거의 모든 사례에서, 연대의무는 자연적 의무나 인권과 대립하기보다 그것들을 보충하는 성향을 보인다는 것을 인정한다. 따라서 이러한 사례들은 다른 사람의 권리를 침해하지만 않는다면, 가족과 동료 시민처럼 우리와 가까운 사람들을 도움으로써 타인을 돕는 일반적 의무를 수행할 수 있다는 사실을 부각시킨다고 한다. 즉 연대의무가 지탄받을 때는 자연적 의무를 방해할 때뿐이라는 것이다. 그리고 샌델은 바로 여기서 멈췄어야 했다.

그러나 샌델은 '연대의무는 때로 자연적 의무와 대립할 수도 있다'라며 거기서 더 나아간다. 샌델은 이것을 설명하기 위해 열아홉 건의 살인 혐의를 받고 도주 중인 형을 매사추세츠대학교 총장까지 역임한 동생이 끝까지 감싸고 은신처를 말하지 않은 사례를 들면서, '도덕보다 충직과 연대가 더 무거울 수도 있다는 사실을 인정해야만 이들의 딜레마를 이해할 수 있다'라고 말한다. 필자가 아리스토텔레스의 목적론적 정의론이나 샌델의 공동체주의에 대해 가장 경계하는점이 바로 이런 노골적인 도덕적 상대주의다. 형제라고 감싸는 곳에 정의는 성립되지 않는다. 비록 형제라고 하더라도 도덕의 최고 원칙을 위반하여 타인에게 피해를 입힌 범죄에 대해서는 자신의 무한책임으로써 감당하게 하는 것이 정의다. 물론 형제가 어려움을 겪고 있다면 우리는 기꺼이 도와야 한다. 그러나 형제로서 감옥을 찾아가서 위로해주거나 출소한 형을 도와주는 일들과 같은 연대의무나 소속의무에 의한 행위는 다음 순서의 일이다.

우리의 의무는 항상 도덕의 최고 원칙에 따른 인간의 보편적 의무에 기초해야 한다. 샌델이 인용한 형제의 사례는 오히려 연대의무나 소속의무의 도덕적 기초를 상실케 하는 사례일 뿐이다. 이상에서 살펴본 어떤 사례에서도 우리는 공동체주의자들이 자신들의 논리 근거로 제시하는 연대의무나 소속의무의 도덕적 기초를 발견할 수 없다. 잘못된 관점이기 때문이다.

철학의 빈곤과 수동적 독서에 대한 우려

앞서 살펴봤듯이 '공동체의 목적과 사명에 부합하는 행위가 곧 정의다'라는 공동체주의적 정의론이 안고 있는 가장 근본적인 한계는 '공동체의 편협성을 어떻게 극복할 것인가'에 있다. '공동체가 목적과 사명을 정하면 그것이 곧 정의의 기준이다'라는 공동체주의에 대해, 우리는 공동체의 '현실 영합'을 가장 경계해야 한다. 어떤 공동체든지 또 공동체의 목적과 사명이 무엇이든지 그것이 정의의 기준이고 그것에 맹종해야 한다는 도덕철학은, 사실 도덕철학이라고 부를 수도 없을 만큼 편협하고 시대착오적인 것이다.

그럼에도 마이클 샌델의 《정의란 무엇인가》를 우리나라에서 70만 명 이상의 독자들이 읽고 칭찬 일색의 반응을 보이는 것을 보면서 필자는 심각한 문제의식을 느꼈다. 철학에서 도덕 혹은 정의를 다루는 가치론은 민감한 영역에 속한다. 이처럼 민감한 주제를 다루고 있는 책은 독자들의 가치관에 중요한 영향을 미칠 수 있다.

'공동체의 목적과 사명에 부합하는 행위가 곧 정의다'라는 공동체주의적 정의관이야말로 현재 미국이 주도하는 세계 자본주의 체제를 최고 수준으로 옹호하고 뒷받침할 수 있는 가치체계다. '공동체가 정한 목적과 사명에 부합하는 미덕이 곧 정의'라는 샌델의 공동체주의에는 진화론을 무기로 현대 산업사회를 진화의 최고 형태로 미화하는 존 듀이식 미국 실용주의의 상대주의가 교묘하게 결합되어 있다. 그것은 어떤 공동체라도 그것의 목적과 사명, 혹은 그런 공동체가 제시하는 좋은 삶이나 공동선에 도덕의 최고 원칙이라는 위상을 부여하면서 옹호할 수 있는 독선적인 가치관이다. 이런 공동체주의에서는 '어떤 것이 옳은 것인지는 상대적인 것이다'라는 상대주의가 안정적으로 자신의 기반을 가질 수 있다. 가뜩이나 미국 사대주의에 대한 우려를 낳고 있는 이 시대에 이처럼 편협한 가치관에 대해 우리는 문제의식을 갖고 주의 깊게 경계해야 한다. 공동체의 목적과 사명에 철학이 결합하여 도덕의 최고 원칙을 통해 그것이 보편 인권에 부합하는지를 검증하지 않는 한 그것은 위험한 사상이 될 수 있다. 우리는 오히려 공동체주의가 갖고 있는 근본적인 문제점과 한계를, 샌델이 도덕적 개인주의로는 설명하기 어려운 연대의무나 소속의무의 사례로 제시한 '그릇된 모성애'와 '그릇된 애국심', '그릇된 형제애' 등에서 발견할 수 있다.

따라서 이처럼 편협한 공동체주의는 수많은 반대 의견에 직면하지 않을 수 없다. 이에 대해 샌델은 자신의 다른 책에서 '표현의 자유'와 관련된 사례를 들면서 자신은 전통적인 공동체주의자는 아니라며 거리를 두고자 한다. 샌델은 가령 홀로코스트 생존자들이 모여 사는 지역에서 신나치주의자들이 연설을 할 경우와 인종차별을 옹호하는 지역에서 흑인민권운동가들이 가두행진과 연설을 할 경우 어떻게 대응해야 하는가의 문제에서, 두 가지 사례 모두에서 시위대는 그 지역 공동체의 일반적인 의사와 반대되는 메시지를 전달하려고 하는데 '이 시위대의 연설을 제한해야 할까, 아니면 보호해야 할까'라는 도덕적 딜레마를 제기한다.

공동체주의자라면 '공동체의 지배적 가치를 존중한다'라는 취지에서 두 시위 모두에 반대할 것이다. 그러나 이 딜레마에 대해 샌델은, 당연히 신나치주의자들의 연설을 반대하고 흑인민권운동가들의 가두행진은 옹호하는 것이 정의라고 주장한다. 물론 신나치주의자들의 연설을 반대하고 처벌해야 하는 이유는, 그것이 인간 존중을 핵심으로 하는 도덕의 최고 원칙에 명백히 반하는 행위이기 때문이다. 그런데 샌델은 대량학살과 혐오를 선동하는 신나치의 연설과 흑인의 민권을 얻어내려고 하는 민권운동가의 연설은 그 '대의'에 따라 분명히 구별돼야 한다고 주장함으로써 공동체주의의 곤경으로부터 벗어나고자 한다. 그러면서 그가 최종적으로 의존하는 것은 '최고선은 가장 완전하고 최상인 덕에 따르는 영혼의 활동'이라고 주장한 아리스토텔레스의 초기 정의론이다. 그러나 가장 완전하고 최상인 덕 혹은 도덕에 따르는 것은 도덕의 최고 원칙에 따르는 것과 다르지 않다.

철학에서 쾌락주의자들이 공격을 받으면 결국 정신적 쾌락으로 후퇴하면서 생명력을 유지하듯이, 공동체주의자들 또한 공격을 받으면 결국 아리스토텔레스의 이상정치론으로 후퇴하는 것을 볼 수 있다. 앞에서 살펴본 바 있듯이 '시민들이 공동선을 고민하고, 판단력을 기르며, 시민자치에 참여하고, 공동체 전체의 운명을 걱정하고……' 등등에서처럼 아리스토텔레스의 초기 정의론에서 출발할 경우에는 도덕적으로 거의 흠잡을 게 없다. 그러나 아리스토텔레스의 정의론은 그게 다가 아니다. 그의 책에서 뒤로 갈수록 이상주의적인 플라톤과 달리 현실주의적인 아리스토텔레스는 정의를 다시 '계급투쟁 속에서 공동선을 추구하는 것'이라고 규정하는 것을 볼 수 있다. 만약에 정의가 '계급투쟁 속에서의 공동선'이라면, 자본주의에서 강자를 위한 동물적 자유가 인간을 위한 자유로 둔갑하여 인간을 끝없이 생존에 매달리게 하는 것에서 볼 수 있듯이 계급투쟁의 지형에 따라서 정의나 공동선은 달라진다. 아리스토텔레스의 정의론은 요술방망이가 아니다. 더구나 아리스토텔레스의 목적론적 정의론은 '개인의 자유와 선택'이라는 이상이 없다. 거기서는 공동체의 목적과 사명이 중요할 뿐 개인의 자유와 선택은 중요한 고려사항이 아니기 때문이다.

그에 따라 샌델은 공동체주의를 옹호하자니 아리스토텔레스에 의존해야 하고, 아리스토텔레스에 의존하자니 '계급투쟁 속에서의 공동선'이라는 진퇴양난에 빠진다. 그뿐만 아니라 샌델은 공동체주의의 입장에서 연대의무와 소속의무를 설명하는 과정에서 프랑스 레지스탕스의 사례, 그릇된 형제애를 옹호하는 사례 등에서 공동체주의자인 자신의 정체를 더 이상 숨길 수 없을 정도로 공공연히 드러낸다.

그에 따라 샌델이 최후로 의존하는 것이 바로 대화와 논쟁이다. 자기성찰만으로는 정의의 의미나 최선의 삶의 방식을 발견할 수 없으며, 대화와 논쟁이야말로 도덕적 사고의 핵심 구성요소라는 것이다. 물론 그가 질문과 대답의 연속으로 이루어진 변증법적 탐색과정을 통해서 유도하는 결론은 결국 정의를 '공동선'과 연계하는 것이다. 하지만 그런 공동체주의적 결론을 원칙으로 고집하는 것이 아니라 다른 입장에 대한 면밀한 대화적 검토를 통해서 자연스럽게 끌어내고자 한다.

샌델이 도덕적, 종교적 이견에 개입하기 위한 해법으로서 제안하는 것이 공개토론이다. 그러나 그것이 미국식 해법이고, 그들의 상대주의가 아직까지도 생명력을 유지하고 있는 비결이며, 현대인들이 가장 공감하는 방법이기도 하다. 공개토론이야말로 이견을 해소하기 위한 가장 개방적인 자세처럼 보이기 때문이다. 그들의 실용주의적 상대주의철학의 생존법, 즉 생존의 궁극적인 비결이 그것이다. 샌델은 공동체의 목적이나 미덕이 '미리 주어져 있는 어떤 것'인 양 말하면서 '함께 잘 생각해보면 모두가 동의할 수 있는 방식으로 그것을 찾아낼 수 있을 것'이라고 주장한다. 그러나 그렇게 해서 모든 갈등이 '항상 미리 해결된 방식'으로 나타나는 샌델의 접근방식은 내용 없는 순환논법에 불과하다. 사태를 근본에서 들여다보는 철학이 없이는 결코 정의로운 해법에 안전하게 도달할 수 없다.

분명 논쟁이 없을 때 사상의 발전은 없다. 샌델이 우리에게 도덕적, 종교적 이견에 대한 공개토론을 제안했으므로, 이제 우리는 그들의 공개된 광장에서 사태를 근본에서 들여다보는 철학으로 뒷받침되는 '도덕의 최고 원칙'을 통해 그 한계를 분명히 드러내야 한다.

상대주의라는 화려한 독버섯

이상의 논의를 통해 상대적 가치관의 문제점이 도덕의 최고 원칙에 의해 어렵지 않게 정리된 듯하지만, 현대 사회에서는 여전히 상대주의가 압도적이다. 이 시대의 진보진영조차 상대주의를 옹호하고 있는 이유는 그것이 독재자들과 기득권자들의 이데올로기로부터 국민과 약자를 방어할 수 있는 대항적인 사고체계처럼 보이기 때문이다. 그것은 독재자들과 기득권자들이 획일적 가치를 강요함으로써 비롯된 수많은 역사적 불행과 양차 세계대전에 대한 반성의 산물이기도 하다.

현대인들은 상대주의를 그들의 핵심가치인 '다양성 존중'을 뒷받침하는 진보적인 사상이라고 생각한다. 그에 따라 "하나의 가치를 신봉하는 것은 반민주주의적 발상이며, 민주주의 사회는 획일적인 가치를 거부해야 한다."라고 주장한다. 그들은 현대 사회에는 너무나 많은 확신과 믿음이 서로 충돌하는 사회라는 점을 강조하면서 "가치들은 이질적이고 심지어 상반될 수도 있다."라며 상대주의를 옹호한다. 그러면서 우리나라 진보진영 또한 공통적으로 '진솔한 대화와 관용의 정신'을 탈출구로 삼는 것을 볼 수 있다.

그러나 상대주의는 '독을 숨기고 있는 화려한 독버섯'과도 같다. 상대주의는 두 가지 얼굴을 갖고 있다. 사회적 약자의 입장에서 상대주의는 자신들의 핵심가치인 '다양성 존중'을 뒷받침하는 무기로 활용될 수 있을 것 같지만, '무엇이 옳은 것인지는 상대적인 것이다'라는 상대주의는 또한 강자의 입장에서 자신들의 획일적 가치를 옹호하는 훌륭한 무기로 활용될 수 있다. 똑같은 무기가 강자와 약자에게 주어졌을 때 그것을 효과적으로 활용하는 것은 언제나 강자였다. 그들은 자신들의 계급 이해를 관철시킬 수 있는 수단인 권력과 돈과 이데올로기를 장악하고 있기 때문이다. 이 시대 기득권자들이 얼마나 완벽하게 근대 시민사회의 자유를 강자를 위한 동물적 자유로 만들고 있는지를 보라.

'진솔한 대화와 관용의 정신'은 시대 이데올로기의 강력한 영향으로 인해 일상적인 시기에도 정상적으로 작동하기가 구조적으로 어려울 뿐 아니라, 정작 사람들의 목숨을 좌지우지하는 중요한 일들이 결정되는 정치적인 격변기에 비상대권이 발동되고 언론의 동원이데올로기가 기승을 부리고 끓는 피가 난무하는 상황에서는 '진솔한 대화와 관용의 정신'이란 지식인들의 잠꼬대에 불과하다.

상대주의는 결국 '내가 어떻게 생각하든 참견하지 마라'라는 폭력적 논리에 다름 아니며, 그것은 바로 독재자들이 원하는 사고체계이다. 지식인들이 상대주의에 안주할 때 권력자와 기득권자 들은 안심하고 그 상대주의에 편안히 기생할 것이며, 따라서 획일적 가치를 강요하는 전체주의는 앞으로 틀림없이 상대주의의 또 다른 표현인 '가치다원주의'라는 얼굴로 등장할 것이다.

현대인들의 핵심가치인 '다양성 존중' 또한 '도덕의 최고 원칙'의 기초 위에서만 안정적인 토대를 가질 수 있다. 절대적 진리와 절대적 가치를 부정하는 모든 상대주의는 결국 기득권자들의 이해에 봉사하게 되며, 또한 그 과정에서 철학이 부족한 지식인들은 자신도 모르게 현실적 이해에 영합하게 된다. 그것이 이 시대에 상대주의가 이토록 만연하게 된 근본 원인이다.

그러나 오직 진리만이 사람을 움직일 수 있고 사람을 감동시키는 힘이 있다. 도덕의 최고 원칙이야말로 불변의 진리이자 불변의 가치다.

철학에서 가치 판단을 세거하려 한 05
분석철학

이제 시대의 철학으로 자리 잡고 있는 상대적 가치관의 전모를 본격적으로 파헤쳐보고자 한다. 상대적 가치관의 모든 근거를 살펴보고 그것의 근본적인 한계에 대한 확인 없이는 도덕의 최고 원칙에 대해 확신을 갖기가 그만큼 어렵기 때문이다.

현대는 상대주의가 지배하는 시대이다. 지금은 어디를 둘러보든지 상대주의적 사고를 발견하게 된다. 상대주의 철학은 나름의 역사를 갖고 있다. 거기에는 실체를 부정하는 근대 철학의 역사가 있고, 본질을 부정하는 현대 철학의 역사가 있다. 그리하여 이제 현대인들은 상대주의적 인간관, 인생관, 가치관, 세계관으로 인간과 세계를 본다.

그러나 실체 부정은 실체에 대한 서양 철학의 잘못된 이해에 기인한 것이었고, 본질 부정 또한 본질에 대한 그들의 잘못된 이해에 기인한 것이었다. 즉 그들은 실체를 '성질, 상황, 작용, 관계 등의 현상을 통해 그것을 받들고 있는 기체基體'로서 상식적으로 이해하지 못하고, '실체에 대한 전통적인 정의'에 입각하여 실체를 '존재하기 위해 다른 것을 필요로 하지 않는 독자적인 존재' 혹은 '그 자신이 다른 것의 원인이지만 다른 어떤 것이 그 자신의 원인이 될 수 없는 존재'라고 정의한다. 그럼으로써 현상을 통해 그 원인이자 기체인 실체를 이해해나가는 건전한 과학의 길에 도달하지 못하고, 아직도 '불변하는 실체가 없다'는 것을 근거로 '실체로서의 자아'를 부정하는 오류를 벗어나지 못하고 있다.

그러나 실체의 핵심은 '통일성'에 있다. 통일성의 의미는 실체를 둘러싼 현상들 중 어떤 현상도 그 실체의 영향에서 벗어나지 못함을 뜻한다. 즉 생명체의 모든 현상은 그 현상의 원인이자 기체인 실체의 현상으로써 현상한다. 인간에게 실체란 자아를 뜻한다. 따라서 인간의 모든 현상은 '자아의 생각', '자아의 행동', '자아의 관계'인 것이며, 자아의 것이 아닌 것이 하나도 없다.

그런데 인간에게서 실체를 부정한다는 것은 인간을 실체로서의 자아로 보지 않고 '지각의 다발' 정도로 본다는 것을 의미한다. 그렇다면 인간은 수동적으로 여기서는 이런 지각을 하고 저기서는 저런 지각을 하는 존재에 지나지 않는다. 이 입장에서는 사람이란 자아와의 통일성을 상실하고 상황에 따라 생각하고 판단하는 존재에 불과하다. 따라서 만약에 현상의 원인이자 기체인 실체로서의 자아를 부정할 경우 어제의 나와 오늘의 나 사이에 일관성과 통일성을 뒷받침하는 토대를 상실하여 필연적으로 상대주의로 빠지게 된다.

또한 현대 철학은 본질을 '형식과 속성에서 불변하는 공통성'에서 찾으려 하지 않고 여전히 '내용과 질료에서 불변하는 공통성'이 부재하다는 것을 근거로 하여 본질을 부정하는 오류에 빠져 있다. 만약에 세계에 불변하는 공통성으로서 본질이 없다면 오로지 변화만이 긍정되고 강조됨으로써 필연적으로 '세상에 불변하는 것은 없다'라는 상대주의로 빠지게 된다. 그러나 '본질의 토대 위에서 변화를 보는 것'이 세계를 바라보는 균형 잡힌 관점이며, 불변하는 본질만을 긍정하면서 변화를 부정하거나 변화만을 강조하면서 불변하는 본질을 부정한다면 독단론에 빠진다.

그뿐만 아니라 가치의 영역에서도 우리는 칸트와 롤스의 도덕철학과 하이데거의 《존재와 시간》을 통해 불변하는 절대적 가치의 기초를 세우기 위한 빛을 발견할 수 있다. 만약에 가치의 영역에서 객관적이고 절대적인 도덕의 최고 원칙이 성립한다면 '무엇이 옳은 것인지는 상대적인 것이다'라는 현대 철학의 상대주의는 뿌리째 흔들린다. 따라서 만일 철학에서 절대적 가치를 위한 기초를 다시 세울 수 있다면 현대인의 인간관과 인생관, 가치관, 세계관은 완벽히 역전될 수 있으며, 그것이 현대인과 후손들의 삶에 비치는 영향은 실로 거대할 것이다. 이제 이 시대의 주류인 상대적 가치론과 관련된 철학적 논쟁을 살펴보면서, 그 철학적 근거를 하나하나 검토해보고자 한다.

상대주의의 정점, 분석철학

서양의 현대 철학은 인식론을 떠난 가치론에서 특히 깊이 있는 이해가 부족하다. 상대적 가치론은 현대 철학의 논리실증주의와 분석철학에 이르러 정점에 달한다. '과학의 시대'를 대변하는 논리실증주의와 분석철학은, 철학의 과제를 세계와 인간에 관한 이론을 정립하기보다 언어와 세계의 관계를 정확히 밝히는 것에 두고 있는 입장이다. 즉 그들은 세계관과 가치관, 인간관을 정립하는 것을 철학의 과제로 삼지 않고 '철학의 과학화'를 과제로 삼는다. 논리실증주의와 분석철학의 대부인 비트겐슈타인에 의하면 '철학의 모든 것은 언어 비판'이다.

그에 따라 분석철학은 '철학의 과학화'를 구호로 내세우면서 '철학적 언어의 명료화'를 위해 언어와 세계의 관계를 비판적으로 검토함으로써 철학에서 가치를 몰아내는 방식으로 그들의 상대적 가치론을 정교하게 전개한다. '철학의 과학화'나 '철학적 언어의 명료화' 혹은 '언어와 세계의 관계 규명'이란, 철학의 명제들에 대한 경험적 검증을 강조하는 그들의 태도를 말한다. 그렇다면 그들이 언어 비판을 통해 철학에서 어떻게 가치를 몰아내려 했는지를 알아보자.

먼저 그들은 가치 판단이 사실 판단이 아니라는 점을 문제 삼는다. 이에 관해 《철학개론》(서울대 교양교재편찬위원회, 2007)의 내용을 옮겨보겠다.

종래 오랜 역사를 통해서 대개의 철학자들은 '가치 판단'도 사실 판단의 일종이라고 믿었으며, 일반 상식인들의 경우는 사실 판단과 가치 판단의 차이를 의식하는 일조차 별로 없었다. 그러다가 20세기에 이르러 명제 또는 발언의 의미를 논리적으로 분석하는 일을 철학의 중요한 임무로 생각하는 학자들이 많이 나타나게 되었으며, 그들이 수행한 의미 분석의 한 결론으로서 가치 판단과 사실 판단의 논리적 성격에 차이가 있음이 크게 논의되기 시작하였다. 가장 먼저 논리실증주의자들이 명제 또는 발언의 의미를 논리적으로 분석함으로써 가치 판단의 논리적 성격이 특수함을 강조했는

데, 그들의 주장은 대략 다음과 같다.

'이 장미는 붉다'와 '이 장미는 아름답다'라는 두 명제는 표현 형식으로 볼 때 똑같은 언어 구조를 가지고 있다. 즉 둘 다 'S는 P다'라는 형식의 판단이다. 똑같은 형식의 언어로써 표현된 까닭에 사람들은 이 두 명제가 의미하는 바의 논리적 성격도 같은 것으로 보기 쉽다. 즉 '이 장미는 붉다'가 어떤 객관적 사실에 대한 단순한 서술이듯이, '이 장미는 아름답다'도 역시 어떤 사실을 그저 사실대로 묘사하고 있음에 불과하다고 생각하기 쉽다. 그러나 '이 장미는 아름답다'라는 말을 한 사람은 그 장미에 관한 어떤 사실을 주장하고 있다고 보기 어렵다. 그렇게 보기 어렵다는 것은, 그 장미에 관한 두 사람의 견해가 대립되었을 때 두 사람 가운데 누구의 견해가 옳은가를 판결하는 문제를 생각해보면 곧 알 수 있다고 논자들은 주장한다. 즉 장미의 색깔에 관해 두 사람의 견해가 서로 맞설 경우에는 사실에 관한 과학적 탐구를 통해서 올바른 견해를 가려낼 수 있으나, 장미의 아름다움에 관해서 견해가 대립할 경우에는 그러한 판가름이 원칙상 불가능하다는 것이다.

도덕적 가치 판단의 경우를 예로 들어 생각한다 해도 문제의 근본은 마찬가지다. 가령 산아제한이 옳은 일이냐 그른 일이냐에 관해 두 가지 의견이 대립했을 때, 그 어느 편의 주장이 참되다는 것을 논리적으로 증명하는 것은 엄밀하게는 결국 불가능하다. 산아제한의 도덕적 정당성을 증명하는 경우를 보더라도 어느 쪽이든 그것을 증명할 수 없는 근본 이유는 증명하고자 하는 주장이 사실에 관한 판단이 아니기 때문이라고 논자들은 설명한다.

가치 판단이 사실에 관한 판단이 아니라면 그것은 결국 무엇에 관한 판단이라고 보아야 할 것인가? 논리실증주의자들은 극단적인 대답을 한다. 즉 이른바 가치 판단은 엄밀하게 따지자면 판단이 아니라는 것이다. 명령문이나 감탄문 또는 외마디의 부르짖음이 그렇듯이 가치 판단도 어떤 감정 또는 욕망을 표명하는 발언일 뿐이고, 진정한 의미의 판단이라고 인정할 수 없다는 것이다. 예컨대 "네가 그렇게 거짓말을 한 것은 잘못이다."라고 하는 말은 "네가 그따위 거짓말을 하다니!" 하고 노여움에 가득 찬 어조로 내뱉는 말과 다를 바가 없다는 것이다. 그것은 그 거짓말에 대한 증오감을 나타내는 것일 따름이요, 거짓말에 관한 어떤 사실에 대해서 판단을 내리고 있는 것은 아니라고 논자들은 주장한다.

현대 철학의 논리실증주의자들은 '그것이 대상에 관한 어떤 객관적 사실을 그대로 서술하는 것이냐, 아니면 그 대상에 대한 판단자의 평가적 태도를 포함하고 있는 것이냐'에 따라 먼저 사실 판단과 가치 판단을 엄밀히 구분한 다음, 어떤 판단에 관한 두 사람의 견해가 대립되었을 때 두 사람 가운데 누구의 견해가 옳은가를 판결하는 문제를 생각해보면 그것이 사실 판단인지 가치 판단인지 곧 알 수 있다고 주장한다. 사실 판단의 경우에는 두 사람의 견해가 서로 맞설 경우 '사실에 관한 과학적 탐구를 통해서' 올바른 견해를 가려낼 수 있으나, 가치 판단에서는 견해가 대립할 경우 그러한 판가름이 원칙상 불가능함을 들어, 가치 판단은 판단이 아니라 명령문이나 감탄문 또는 외마디의 부르짖음에 불과하다고 주장한다.

가치 판단이란, 그 정의定義에 의해 사실 판단 그 자체가 아니라 사실에 대한 평가 행위를 수반하는 판단이다. 따라서 가치 판단이 사실 판단이 아님은 새로운 사실이 아니다. 그런데 논리실증주의자들은 철학의 명제들에 대한 경험적 검증을 강조함으로써 철학에서 가치를 배제하고자 한다.

그렇다면 위에서 예를 든 '산아제한'이나 '장미의 아름다움'에 관한 내용은, 논리실증주의자들이 주장하듯이 대상에 관한 어떤 객관적 사실을 사실대로 서술하는 것이 아니고 과학적 탐구를 통해서 올바른 견해를 가려낼 수 없는 감정의 표현에 지나지 않는 것이어서 진정한 의미의 판단이 아닌 것일까?

그렇다면 가장 일반적인 가치 판단인 '폭행, 절도, 사기, 강도, 살인은 악이다'라는 명제는 어떨까? 그것이 대상에 관한 어떤 객관적 사실을 사실대로 서술하는 것이 아니고 판단자가 그 대상에 대해 평가하는 태도를 포함하고 있는 것이기 때문에 과학적 탐구를 통해 올바른 견해를 가려낼 수 있는 진정한 의미의 판단이 아닌 것일까? 그렇지 않다.

사실 판단뿐만 아니라 가치 판단 또한 삶에서 가장 기초적인 부분을 차지하며, 우리는 상식적으로 가치 판단을 배제한 삶을 상상할 수도 없다. 지금까지 이 책에서 살펴봤듯이 인간의 모든 행위에 대해서 우리는 도덕의 최고 원칙에 근거하여 옳고 그름을 객관적으로 판단할 수 있다. 어떤 명제가 '그것이 대상에 관한 어떤 객관적 사실을 사실대로 서술하는 것이냐'라는 경험론적 검증기준만으로 올바른 견해가 가려지는 것은 아니다. 사실에 대한 경험이나 관찰이 아닌 공리와 원리에 근거해서 수학적 명제가 성립하듯이, 도덕의 최고 원칙에 근거하여 가치 판단이 성립하며 이로써 객관적으로 올바른 견해를 가려낼 수 있다.

우리가 가치 판단을 사실 판단의 일종이라고 믿으며 상식적으로 사실 판단과 가치 판단을 별도로 구분하지 않고 사용해온 데에는 객관적인 근거가 있다. 우리는 생활 속에서 "이 장미는 붉다."라고 말하듯이 "이 장미는 아름답다."라고 판단하는 것에도 그다지 어려움을 겪지 않는다. 가치 판단과 사실 판단은 근본적으로 다른 판단이 아니다. 즉 '이 장미는 붉다'가 어떤 객관적 사실에 대한 서술이듯이, 희소성에 대한 판단 또한 객관적 사실에 근거한 판단이다. 단지 희소성에 대한 판단의 경우, 그 근거를 제시하는 방법 면에서 눈앞의 '감각'과 '인상'의 존재만을 경험적 검증의 근거로 인정하는 과학적 방법과 차이가 있을 뿐이다.

장미의 아름다움은 '생명의 희소성'과 '아름다운 것의 희소성'에 대한 사실 판단을 토대로 이루어진다. '아름다움'에 대한 기준은 사람마다 시대마다 다를 수 있지만 '생명의 희소성'은 사람의 평가에 따라 달라지지 않는 객관적인 것이다. 그에 따라 논리실증주의자들이, 상대방이 '대등한 근거로써' 반대 주장을 펼칠 수 있으므로 진정한 의미의 판단이 아니라고 주장하는 가치 판단의 사례로 제시한 산아제한이나 장미의 아름다움에 관한 판단을 엄밀히 들여다보면 상대방이 '대등한 근거로써' 반대 주장을 펼칠 수 있는 가치 판단이 아님을 알 수 있다. 먼저 산아제한은 도덕의 최고 원칙인 '인간 존재의 절대적 가치 존중'에 정면으로 위배되는 것이고, 장미의 아름다움 또한 물질과 다른 생명의 절대적 희소성에 기초해 있기 때문에 상대방이 '대등한 근거로써' 반대 주장을 펼칠 수 있는 가치 판단이 아니다.

따라서 논리실증주의자들처럼 '철학에서 가치 판단을 배제한다'라는 입장을 미리 정해놓고 자신들의 주장을 합리화하려는 시도는 정당화될 수 없다. 모든 판단을 사실 판단과 가치 판단으로 나누고 사실 판단에 적용해야 할 '감각'과 '인상'이라는 경험적 검증의 기준을 가치 판단에 획일적으로 적용하여 그것이 사실에 대한 과학적 탐구를 통해 올바른 견해를 가려낼 성질의 것이 아니라고 주장하면서, 가

치 판단을 명령문이나 감탄문 또는 외마디 부르짖음으로 평가절하하
는 논리실증주의자들의 태도는 옳지 않다.

사실 인간의 평가 행위는 대부분 사실을 토대로 하는 것이다. 인간
의 삶은 이미 그렇게 허술하지 않다. 따라서 인간의 삶에서 가장 바
탕이 되는 부분을 차지하는 가치 판단이 사실을 배제한 평가 행위일
리 없다. 인간은 실제 삶에서 대부분 사실을 바탕으로 한 평가 행위
를 하면서도 지금까지 생명철학과 도덕철학의 취약함으로 인해 그
근거를 제대로 밝히지 못했을 뿐이다.

그렇다면 인간은 어떤 사실들을 기초로 평가 행위를 하는가? 생명
은 광대한 물질로 구성된 우주에서 물질의 법칙에 종속되지 않고 자
신만의 독자적인 원리에 따라 운동하며 자신을 완성해가는 너무나
신비로운 영혼을 가진 존재라는 사실과, 모든 생명 중에서도 인간은
유일하게 눈앞의 본능에 종속되지 않고 이성으로써 현재의 의식 속
에 영원한 과거와 영원한 미래를 함께 조망하는 가장 신비로운 존재
라는 사실을 토대로 평가 행위를 한다. 그에 따라 인간은 '생명의 가
치 존중'을 도덕의 원칙으로 삼고 '인간 존재의 절대적 가치 존중'을
도덕의 최고 원칙으로 삼아 평가 행위를 하며, 또한 마땅히 그렇게
해야 한다.

생명의 희소성에 대한 정당한 가치 판단을 위해서는 우주의 광대
한 물질 속에서 생명이 얼마나 희소한 것인지에 대한 비교검증이 필
수적이나, 분석철학의 '언어비판'이라는 것은 '저 아이는 뚱뚱하다' 같
은 눈앞의 직접대상에 대한 감각검증 수준에 머물고 있다.

생명이 아닌 '물질'의 희소성에 대한 판단은 사람마다 주관적인 것
으로 성립할 수 있다. 모든 물질의 가치는 사람마다 처한 주관적 희

소성이나 선호도에 근거하여 일시적, 상대적으로 성립한다. 반면에 생명이야말로 진정 희소한 존재이며 생명 중에서도 유일하게 본능에 종속되지 않는 인간이야말로 절대적으로 희소한 존재라는 희소성의 판단이야말로, 현대 과학의 우주적 관찰에 의해 뒷받침되는 객관적 사실에 근거한 판단에 해당된다.

따라서 자신들의 '검증원리'를 통해 가치 판단이 눈앞의 '감각'과 '인상'에 의해 뒷받침되는 사실에 대한 판단이 아니라는 근거로 철학에서 가치를 몰아낼 수 있다고 생각한 논리실증주의자들의 상황 인식은, 생명과 인간에 대한 깊은 이해의 부족에서 비롯된 오류였던 것이다.

도구적 가치와 본래적 가치, 실재적 속성으로서의 가치

또한 논리실증주의자들은 '본래적 가치'의 존재를 부정함으로써 상대적 가치관을 주장한다. 그들은 '가치의 본성은 무엇인가?'라는 물음을 통해 '도구적 가치'와 '본래적 가치'를 비교한다. 도구적 가치란 '주위의 사정 여하에 따라 그 가치가 달라지는 가치'를 말한다. 반면에 본래적 가치란 다른 무엇을 얻기 위한 방편으로서 소중한 것이 아니라, 그 자체가 귀중하고 그 자체가 목적으로 추구되는 가치, 즉 도구적 가치의 근원이 되는 가치를 일컫는다.

동일한 물건도 역사적, 사회적 여건이 달라지면 그 가치가 달라진다는 것은 현대 철학의 상식에 속한다. 그에 따라 논리실증주의는, 그 자체로 목적으로서 추구될 수 있는 본래적 가치라는 것은 없으며, 인간을 포함한 모든 존재는 주위의 사정 여하에 따라서 그 가치가 달라지는 상대적 가치를 가질 뿐이라고 주장한다.

그러나 '생명의 가치'나 '인간 존재의 절대적 가치'는 다른 어떤 것과의 관계를 통해 형성되는 도구적 가치가 아니라 본래적 가치에 해당된다. 도구적 가치의 근원이 그 대상 밖에 존재하는 다른 어떤 목적이라고 할 때, 다른 목적의 사다리 꼭대기에 본래적 가치인 '생명의 가치'와 '인간 존재의 절대적 가치'가 위치할 것임은 우리의 상식과도 일치한다.

논리실증주의자들은 본래적 가치를 부정하기 위해 '실재적 속성'으로서의 가치를 부정한다. 예컨대 사실 판단인 '뚱뚱한 아이'는 우리의 감각으로 실재적 속성의 존재를 확인할 수 있지만, 가치 판단인 '착한 아이'는 실재적 속성을 객관적으로 검증할 도리가 없다는 것이다. 그렇다면 과연 실재적 속성에 의해 뒷받침되는 본래적 가치가 없는지에 대해 가치 판단 중에서 '인간 존재의 절대적 가치'를 중심으로 살펴보자.

하이데거는 《존재와 시간》에서 인간 존재의 실재적, 본질적 속성으로서 '현재의 의식' 속에 과거와 현재 그리고 미래의 세 방향을 함께 지향하는 삼차원적 시간성을 주목한다. 하이데거에 의하면 그 실재적 속성으로 인해 인간이 현재의 의식 속에 미래의 죽음을 항상 그리고 이미 함유하며, 죽음을 앞둔 자기 삶의 유한성에 대해 절실하게 자각하게 된다. 그리고 그것이 '인간 존재의 절대적인 가치'를 위한 근거가 된다. 따라서 인간 존재의 절대적 가치는 '인간 자체에 속해 있는 실재적 속성'에 기인하는 가치임을 알 수 있다.

만약에 어떤 판단이 '뚱뚱한 아이'의 경우와 같이 어떤 '실재적 속성'에 의해 뒷받침된다면, 그것은 언제 어느 곳에서나 객관적으로 일정하게 유지될 수 있다는 장점을 갖는다. 뚱뚱한 아이는 누가 보더라도 객관적으로 뚱뚱한 아이이기 때문이다. 따라서 만약에 의식의 삼차원적 시간성이 인간 정신의 실재적 속성에 해당한다면, 그것으로 인해 성립하는 '인간 존재의 절대적 가치'는 보는 사람 또는 시대에 따라 변할 수 없으며, 어느 때 어느 곳에서나 객관적으로 일정한 수치를 유지할 것이다.

칸트가 인간의 이성적 능력을 우리 모두에게 비차별적으로 존재하는 능력으로 보아 그것을 인간 존중의 근거로 삼았듯이, 인간의 삼차원적 시간성 또한 우리 모두에게 비차별적으로 존재하는 능력이다.

생명의 가치에 대한 답변

본래적 가치의 본성에 관한 가장 기본적인 문제는 '가치라는 것이 그 자체로서 독자적으로 실재하는 것이냐, 또는 가치를 인정하는 주체의 태도, 즉 평가라는 심리작용의 영향을 받고 생기는 것이냐?"라는 물음에 의해 제기된다. 논리실증주의자들은 가치가 '평가라는 심리작용'으로 인해 생기는 것이라고 보기 때문이다.

가치란 반드시 사실에 대한 인간의 평가를 수반하므로, 가치의 독자적 실재를 주장하는 가치실재론은 일종의 난센스로 보이기도 한다. 그러나 앞서 살펴봤듯이 엄밀한 가치 판단은 사실 판단의 토대 위에 성립하는 것이며, 따라서 모든 가치를 그것을 인정하는 주체의 태도, 즉 평가라는 '심리작용'으로 환원시킬 수는 없다. 즉 주체의 심적 태도로 환원할 수 있는 가치도 있고, 환원할 수 없는 가치도 있다.

결코 주체의 심적 태도로 환원할 수 없는 가치에는 '생명'과 '인간'

이 있다. 즉 모든 생명과 인간의 가치는 인간들이 각각 어떻게 평가하든 상관없이 독자적으로 실재한다. 생명과 인간에 대해서도 주체의 심적 태도가 가치 발생의 필수요건이라고, 즉 인간의 심리작용에 따라 그것의 가치가 달라진다고 생각하는 것은, 생명과 인간에 대한 무지에 기인한다. 모든 가치를 주체의 심리작용으로 환원할 때, 그것은 '만물의 척도는 (개별적) 인간이다'라고 주장한 프로타고라스의 극단적인 상대주의로 직결된다.

세상의 모든 물질들은 타인의 심적 태도나 타인의 평가라는 심리작용의 영향을 받을 수 있지만, 하이데거가 《존재와 시간》에서 주목한, 인간의 현재 의식 속에 작용하는 미래의 자신의 죽음 혹은 삶의 유한성에 대한 절실한 의식이나 자각으로 인해 성립하는 인간 존재의 절대적 가치는 타인의 심적 태도나 타인의 평가라는 심리작용에 영향을 받지 않는다는 점에서 결정적인 차이가 있다. 이때 타인이 그에 대해 어떻게 평가하느냐는 아무런 의미도 없다.

따라서 '인간 존재의 절대적 가치'는 언뜻 보면 인간 존재의 생명에 대한 '평가'에 속하므로 인간의 심적 태도의 관여를 가치 발생의 필요조건이라고 주장하는 심리학적 가치론을 뒷받침하는 것으로 생각하기 쉬우나, 인간 자신의 생명은 타인의 태도나 평가에 의해 좌우되지 않는 독립적이고 고유하며 본래적인 가치를 갖는다. 그리고 그것은 인간 존재의 '현재 의식 속에' 과거와 현재 그리고 미래의 세 방향을 함께 지향하는, 인간 정신의 독자적 실재로 인해 가능한 일이다. 여기서 성립하는 가치의 실재는 붉은 꽃의 '붉음'과 같이 시각 또는 청각 따위의 지각기관으로 뒷받침되는 것이 아니라, '미래에 근거한 현재'를 사는 인간의 독특한 의식의 존재에 의해 뒷받침되는 것이다.

칸트가 나와 '내 안에 있는 인간성'을 구분했듯이, 나와 '내 안에 있는 의식의 삼차원적 시간성'을 구분할 줄 알아야 한다. 칸트가 나와 내 안에 있는 인간성을 구분함으로써 언제나 내 안에 있는 인간성을 결코 수단으로 대해서는 안 되고 항상 목적으로 대해야 한다는 절대적인 도덕의 최고 원칙에 도달할 수 있었듯이, 나와 내 안에 있는 의식의 삼차원적 시간성을 구분할 줄 알아야 그것을 토대로 '인간 존재의 절대적 가치에 대한 존중'이라는 흔들리지 않는 도덕의 최고 원칙을 정립할 수 있다. 나와 내 안에 있는 인간성이나 내 안에 있는 의식의 삼차원적 시간성을 구분할 줄 안다면, 여러분은 이미 인간에 대해 깊이 있게 통찰하는 철학자다.

자기의식 속에서 '삶의 희소성 혹은 유한성을 자각함으로써 성립하는 인간의 생명에 대한 가치의식은, 외부의 평가에 의존하는 가치가 아니라 본래적인 가치에 해당한다. 인간은 남이 평가하기 전에, 타인의 평가와 독립적으로, 자기 삶의 가치와 생명의 소중함을 자각한다. 삶의 유한성 혹은 죽음에 대한 자각과 그에 따른 자기 존재의 절대적 가치에 대한 자각은 그 사람을 대하는 타인의 심적 태도와 전혀 별개의 것이며, 그 가치는 남이 어떻게 생각한다고 해서 달라지는 것이 아니다. 따라서 심리학적 가치론을 중심으로 모든 가치의 상대성을 주장하는 현대 철학의 경향은 가치에 대한 피상적인 고찰이 반영된 것이라는 점에서 옳지 않다.

그리고 인간이 자기 존재의 절대적 가치를 자각할 수 있는 의식구조를 본질로 갖고 있다는 것이야말로, 인간이 어떤 역사적 시행착오 과정을 거치든 결국 자기 존재의 절대적 가치로 정향성定向性을 갖고 있다는 실로 중대한 사실을 의미한다.

생명의 가치에 대해서도 마찬가지다. 심리학적 가치론자들은 자신들의 상대주의적 가치론을 뒷받침하기 위해 '생명이 그 자체로 고귀한 가치를 가진 것이라면, 그렇다면 곰팡이의 생명도 고귀한 것인가?'라는, 오랜 역사를 통해 인류를 괴롭혀온 질문을 제기한다. 이로써 모든 가치는 인간의 평가라는 주관적인 심리작용으로 인해 생긴다는 것이 자명해진다는 것이다.

여기에 답변이 있다. 모든 가치의 근원은 그 '희소성'에 있다. 그런데 인간 존재는 하이데거가 지적했듯이 항상 그리고 이미 미래의 죽음에 대한 의식을 현재에 갖고 있어 본질적으로 생명의 희소성, 유한성, 소중함에 대해 자각하고 있는 존재인 까닭에, 타인이나 심지어 자신의 평가를 떠나서 그 자체로 소중한 독자적 가치를 갖는다. 반면에 곰팡이는 생명의 희소성, 유한성, 소중함에 대한 의식의 자각을 그 본질로 갖고 있는 존재가 아니기 때문에, 외부의 평가에 의해 그 가치가 달라지는 운명을 피할 수 없다. 그에 따라 개나 고양이 같은 애완동물들은 독자적으로 실재하는 생명의 가치에도 불구하고, 독자적인 가치의식이 없기 때문에 인간의 기준에 의해 그 가치를 인정하는 주인의 태도나 평가에 따라 하찮은 가치에서 끔찍이 여기는 가치에 이르기까지 가변적인 가치를 가질 수밖에 없는 것이다.

그러나 인간은 또한 자기 생명의 절대적 가치를 자각하는 데 그치지 않고 그 객관적 정신으로 물리적 현상과 차원이 다른 생명의 존귀함을 깨달을 수 있는 유일한 존재이다. 따라서 우리는 이제 인간 존재의 절대적 가치에 대해 이해함으로써 이를 토대로 다른 생명들에 대해서도 '생명은 본래 귀중한 것인 까닭에 우리는 그것에 대해 강한 애착을 느낀다'라는 실재론자의 주장을 취해야 한다. 이로써 생명의 존귀함의 가치는, 어떤 주체의 평가적 태도와 관계없이 그 자체로 성립할 수 있다.

우리가 가치실재론자의 입장을 취한다면 이로부터 다른 생명들의 가치 또한 존중하는 데까지 나아가야 한다. 물론 지구상의 식물이나 동물들은 잠시 생명의 옷을 입었다가 다시 영원한 물질로 환원되는 자기 존재의 희소성의 가치를 의식하지 못한다. 그러나 인간은 자연과 동물의 법칙을 객관적으로 파악하여 지배할 수 있는 이성을 갖고 있으면서, 동시에 그 이성은 우주 속에서 생명의 희소성을 객관적으로 파악할 수 있는 이성이기도 하다. 따라서 인간이 이성으로써 생명의 가치를 깨달을 수 있는 유일한 존재인 한, 설사 모기나 파리, 곰팡이라 할지라도 '인간 자신의 생존을 위해 불가피한 경우를 제외하고는', 즉 자연법상의 정당방위 조치가 불가피한 경우를 제외하고는, 생명 그 자체를 존중하고 다른 생명들의 가치를 배려하면서 공존해야 한다. 다시 말하면, '자신의 생존이 위협받는 상황에서 정당방위의 권리는 모든 생명에게 부여된 자연권'이라는 사실을 같이 고려한다면, 우리의 삶은 생명 존중 사상과 모순 없이 공존할 수 있다.

심리학적 가치론은 생명의 가치에 대해 '만약에 이 세상에 죽음이라는 현상이 전혀 없다면 그날그날의 삶이 몹시 지루하고 고통스러울 것이며, 거기서는 생명에 대한 애착이 아무에게도 없을 것이다'라고 주장한다. 그러나 이는 '만약에 이 세상에 죽음이라는 현상이 전혀 없다면'이라는 불가능한 전제를 통해 생명에 대한 가치를 폄하하려는 불건전한 시도이다. 만약에 생명의 신비를 깊이 있게 이해하는 사람이라면, 설사 이 세상에 죽음이라는 현상이 전혀 없다고 하더라도 생명을 그리고 생명으로서 자기 자신의 존재를 그 자체로서 존귀하게 생각할 것이다.

'우리는 생명에 대한 강한 애착이 있는 까닭에 그것이 존귀하다고 믿는다'라며 생명에 대한 가치 판단의 근거를 인간의 주관적 애착에 의존하는 가치심리론자들의 견해야말로 생명을 경시하는 인간 중심적 가치관의 근원이다. 가치심리론자들의 견해에 따를 경우 '그렇다면 생명에 강한 애착이 없는 사람은 다른 사람의 생명을 함부로 해도 된다'라는 엉뚱한 결론으로 흐를 수도 있다. 왜냐하면 심리적으로 생명에 대한 강한 애착을 느끼는 정도는, 사람마다 그리고 동일한 사람에게서도 순간마다 천차만별이기 때문이다. 인간의 애착을 가치가 성립하는 조건으로 삼는 심리학적 가치설은 이처럼 비논리적이고 인간 중심적인 이기적인 가치관일 뿐이며, 거기서는 생명 존중의 가치가 온전히 성립할 수 없다.

이상에서 살펴봤듯이 현대 사회의 상대적 가치론을 위한 철학적 기초를 제공하려 한 논리실증주의와 분석철학의 시도는 가치 문제의 중심 주제 중에 어느 것 하나도 성공하지 못했다. 도덕의 최고 원칙을 중심으로 하는 절대적 가치론에 입각하여 사고할 때에야 비로소 '가치란 무엇이냐?', '참된 최고의 가치는 무엇이냐?' 등의 모든 규범적 문제에 대한 만족스러운 해답을 발견할 것이다.

지금까지 우리는 도덕의 최고 원칙으로서 '인간을 목적으로 대우하라' 라는 칸트의 정언명령과 롤스의 '약자 우대의 원칙'을 다루면서, 그것이 영원히 평행선일 것 같던 사회과학적 논쟁들을 종식시키고 도덕적 딜레마를 근본적으로 해결하는 효력을 발휘하는 것을 살펴봤다. 아리스토텔레스의 목적론적 정의론이 불러일으킬 수 있는 독단적인 공동체의 목적이나 사명 혹은 공동선을 바로잡을 수 있는 것이 도덕의 최고 원칙이었다. 그리고 사회과학자들이 제기하는 수많은 도덕적 딜레마들을 해소할 수 있는 관점도, '다수의 행복을 위한 소수의 희생 옹호' 라는 공리주의의 근본적인 문제를 해결할 수 있는 관점도, 자유시장에서의 자유와 도덕 문제를 바로잡을 수 있는 관점 또한 도덕의 최고 원칙이었으며, 마이클 샌델의 공동체주의적 정의론이 가지고 있는 상대주의적 위험을 제거할 수 있는 관점 또한 도덕의 최고 원칙이었다.

이상의 모든 사례에서 우리는 도덕의 최고 원칙을 기준으로 일관되게 사고함으로써 예외 없이 도덕적 문제들이 해결됨을 발견할 수 있다. 아울러 현대 사회의 상대적 가치론을 위해 철학적 기초를 제공하는 논리실증주의와 분석철학의 주장들이 갖는 논리적 취약성도 함께 살펴봤다.

그에 따라 우리는 도덕의 최고 원칙이야말로 인간의 모든 행동과 선택의 도덕성 여부를 판가름할 최고 원칙이자 최종 원칙임을 확인할 수 있다. 도덕의 최고 원칙은 인간의 모든 행동의 도덕성을 판단하는 최고 원칙으로서 의미를 갖는다. 인간의 모든 행동은 이 도덕의 최고 원칙에 위배되지 않아야 도덕적이라고 할 수 있다.

우리 시대의 대세로 자리 잡은 상대적 가치론은 절대적 가치론의 입장에서 모두 반박될 수 있다. 그 토대 위에 현대인을 위한 흔들릴 수 없는 '도덕의 최고 원칙'을 굳건히 정초하고자 한다. 현대인들은 이제 도덕의 최고 원칙을 통해서 상대주의에 따른 예측할 수 없는 현재와 미래에 대한 불안에서 벗어나 자신감을 갖고 자신이 원하는 본래적 자아의 모습으로 실존하며 살 수 있다.

3부

흔들릴 수 없는 도덕의 최고 원칙

01 절대적 가치론과 상대적 가치론의 대결

　　현대 사회의 '상대적 가치론'은, 언어비판을 통해 철학에서 도덕과 가치를 배제하려 한 분석철학의 성과를 토대로 나름대로 정교한 논리로써 '절대적 가치론'을 반박한다.

　　상대적 가치론은 먼저 '도덕규범의 유래'와 '그것을 지켜야 하는 의무의 근거'와 관련하여, 절대적 가치론이 '모든 사람들이 지켜야 할 도덕률이 선천적으로 주어진 것으로서 실재한다'라는 증명되지 않은 믿음을 바탕으로 삼고 있다는 이유로 비판한다.

　　그러나 절대적 가치론이 영원히 변치 않는 선천적 규범으로서 보편타당한 도덕의 존재를 주장한다는 점은 맞지만, 절대적 가치론에도 여러 갈래가 있다. '신이 의지하는 바가 곧 도덕이다'라며 신의 의지를 도덕의 유래와 의무의 근거로서 제시하는 신학적 입장이 있는가 하면, '절대정신'을 도덕의 유래와 의무의 근거로서 제시하는 관념론적 입장도 있다. 신의 의지나 절대정신 등의 경우, 결국 '과연 그런 것이 존재하느냐'라는 믿음의 문제로 환원된다고 할 수 있다. 그러나 모든 절대적 가치론이 이처럼 이론적으로 허약한 것이 아니며, 따라서 절대적 윤리의 유래와 의무의 근거가 모두 증명되지 않는 한갓 믿음의 문제로 환원되는 것은 아니다.

칸트는 '도덕이란 사람으로서 의무와 도리를 다하는 것'이라는 상식적 정의로부터 출발하여 인간은 본능에 종속되지 않는 존엄한 이성적 존재라는 사실을 근거로 '인간을 목적으로 대우하라'라는 절대적 가치를 도출해냈다. 따라서 칸트의 도덕규범은, 어떤 증명되지 않은 가설에서가 아니라 바로 '도덕'의 정의와 '인간은 이성적 존재'라는 객관적 사실 등을 근거로 엄밀한 논리적 추론을 통해서 도출된 것이다. 이처럼 인간 자신의 본질적 특징으로부터 도출해낸 명제에 대해 단순한 믿음의 문제로 환원하려는 상대적 가치론의 시도는 한마디로 터무니없다. 칸트의 정언명령은 '인간은 이성적 존재'라는 인간 자신의 본질적 특징으로부터 이성적으로 추리함으로써 도달한 최고 수준의 도덕 원칙이며, 따라서 칸트의 경우 절대적 가치의 유래와 의무의 근거는 결코 단순한 믿음의 문제로 환원되지 않는다.

또한 필자가 다음 장에서 제시하는 도덕의 최고 원칙인 '인간 존재의 절대적 가치에 대한 존중'이라는 명제 또한 어떤 가설적 믿음이 아니라, 바로 인간 자신의 본질적 특징인 '의식의 삼차원적 시간성'을 근거로 도출된다. '인간 존재의 절대적 가치에 대한 존중'이라는 도덕의 최고 원칙 또한 인간 존재의 절대적 가치의 객관적 실재를 주장한다는 점에서 절대적 가치론의 입장에 서 있으나, 신의 존재나 순수의지 또는 절대의지 등 인간의 '외부'에서 선천적인 가치의 근거를 발견하려는 다른 절대적 가치론 주창자들과는 달리, '인간 존재의 절대적 가치'는 죽음과 맞서 자신의 생명이 유한함을 절실히 자각하는 인간 자신의 삼차원적 시간성이라는 의식구조상의 본질에 근거한다. 따라서 인간 의식의 삼차원적 시간성이라는 본질적 특징에 근거한 '인간 존재의 절대적 가치에 대한 존중'이라는 도덕의 최고 원칙은, 결코 신이나 순수의지, 절대의지 등의 형이상학적 보편자와 같은 차원의 믿음 문제로 환원될 수 없다.

한편 앞에서 우리는 '생명은 본래 귀중한 것인 까닭에 우리는 그것에 대하여 강한 애착을 느낀다'라는 가치실재론자의 입장을 다룬 바 있다. 만약에 생명과 인간의 가치가 단순한 믿음의 문제가 아니라 인간의 심리나 평가와 상관없이 객관적 실재성을 가진 것이라면, 그것에 기초한 도덕의 최고 원칙은 불변부동의 것으로서 만인에게 타당성을 갖는 절대성을 획득한다. 그에 따라 생명과 인간의 절대적 가치에 근거한 도덕의 최고 원칙은 인간이 편의를 따라서 만들거나 변경할 수 있는 것이 아니라, 인간의 의사를 초월하여 미리 주어진 것으로서 절대적 권위를 갖게 되며, 도덕의 근본원리는 확고부동하게 서게 된다.

미래의 죽음을 현재의 의식 속에 선취함으로써 자신의 생명의 절대적 가치를 자각하는 독특한 인간에게, 나 자신의 생명이 절대적 가치를 갖는다면 내 자식과 가족의 생명도 절대적 가치를 가지며 나아가 '다른 모든 인간'의 생명도 현재의 의식 속에서 영원한 과거와 영원한 미래를 함께 조망하면서 살아가는 절대적 가치를 갖는 존재라는 결론은, '논리의 일관성'을 요구하는 인간 이성의 속성에 의해 필연적으로 도출될 수밖에 없는 진리이다. 이로써 '인간 존재의 절대적 가치'는 보편적이 절대적 가치로서 성립한다.

상대적 가치론의 논리체계

현대 사회에서 상대주의적 가치관이 이처럼 유행하게 된 것은 그 것이 나름대로 상당히 설득력 있는 상식적 기초를 갖고 있기 때문이 다. 상대적 가치론은 절대적 가치론을 '근거 없는 믿음의 산물'로 평 가절하한 뒤, '도덕이나 윤리는 후천적으로 인간의 사회생활 속에서 자연발생적으로 생긴 필요의 산물에 지나지 않는다.'라고 주장한다.

상대적 가치론은, 윤리나 도덕을 인간의 사회생활 속에서 인간성 에 근거를 두고 필요에 따라 자연발생적으로 생긴 일종의 사회현상 으로 본다. 인간도 일종의 동물인 까닭에 항상 어떤 욕구에 따르면서 욕구의 충족을 기뻐하고 그 반대를 못마땅하게 여긴다는 것이며, 욕 구의 충족을 좋아하고 그 불만을 싫어하는 원초적 심리가 욕구의 충 족과 관계를 가진 다른 사물과 행동에까지 전파된다고 한다. '윤리' 또는 '도덕'도 실은 욕구의 충족과 관련된 모든 사물과 사람에 대하여 인간이 취하는 그같은 평가의 태도를 바탕으로 하여 형성된 일종의 경험적 규범이라는 것이다.

상대적 가치론에 의하면, 인간은 사회적 동물인 까닭에 한 사회의 공동 목표의 달성 및 그 사회 여러 성원들의 욕구 충족을 위해 도움 이 된다고 판단되는 행동에 대해 찬양의 반응을 보이고 그 반대의 행동에 대해서는 비난의 반응을 보이게 되거니와, 이러한 찬양과 비 난의 반응이 어떤 고정관념을 형성하기에 이르렀을 때 관습이 탄생 하게 된다고 한다. 또한 관습이 오랜 자기수정의 과정을 거쳐서 합리적이며 세련된 형태를 갖추기에 이르렀을 때, 그것이 바로 그 사회의 윤리 또는 도덕으로서의 자리를 차지하게 된다는 것이다. 그리고 한 사회 또는 국가의 도덕이 금지하는 행위 가운데서 특히 사회적 악영향이 큰 것에 대해서는 사회 또는 국가의 간섭도 심하게 되거니와, 그 간섭이 강권적 제재의 단계로 제도화되었을 때 그것이 다름 아닌 법을 형성하게 된다는 것이다.

상대적 가치론은 오늘날 현대 철학에서 이처럼 뛰어난 논리적인 완결성에 의해 뒷받침되고 있지만, 도덕을 인간 욕구를 충족해가는 과정의 결과물로써 설명하려는 상대적 가치론의 시도는, 도덕을 '사람으로서의 의무와 도리를 다하는 것'으로 정의할 때 욕구 반대편의 양보, 손해, 희생을 토대로 성립하는 도덕을 설명하지 못한다는 근본적인 한계를 갖고 있다. 이같이 욕구 충족 과정을 통해 도덕의 기초를 설명하려는 상대적 가치론의 근본적인 오류는 앞에서 살펴본 바와 같이 쾌락과 행복을 구분하지 못하는 서양 철학의 오류와 맥락을 같이한다.

인간은 육체와 정신을 가진 존재이지만, 그 본질은 정신에 있다. 따라서 인간은 욕구와 쾌락을 목적으로 사는 동물적 존재가 아니라, 세계와의 관계를 통해 자기 자신과의 올바른 관계를 정립하며 본래적 자아로서 실존하는 것을 목적으로 사는 정신적 존재다. 그리고 거듭 강조하거니와, 인간 정신의 자기의식은 '매개적 의식'이다. 즉 인간은 세계와의 관계를 통해서 매개적으로 자기 자신과의 관계를 정립하는 존재다. 따라서 그러한 인간에게 도덕은, 자신의 동물적 욕구를 충족시키기 위한 시행착오 과정을 통해 성립되는 것이 아니라 오히려 자신의 동물적 욕구 충족과 반대편인 '세계와의 올바른 관계' 형성을 통해 성립한다. 욕구의 충족을 좋아하고 그 불만을 싫어하는 원초적 심리를 토대로 도덕을 설명할 경우, 아무리 욕망과 동시에 지능을 가진 존재라는 개념을 도입해도 세계와의 관계는 이기주의나 개인주의의 매우 제한적인 범위를 벗어날 수 없다.

그런데 인간이 정신 속의 매개적인 자기의식으로 인해 세계와의 관계를 통해 자기 자신과의 관계를 정립하는 존재라면, 세계와의 관계 개선과 구조적으로 공존하기 어려운 서양 물질문명의 쾌락과 욕구는 오히려 그들을 불행으로 몰아넣기 쉽다는 놀라운 결과를 보게된다. 인간이 세계와의 관계를 통해 자기 자신과의 관계를 정립하는 존재라면, 서양 철학이 주장하는 쾌락과 욕구가 아니라 오히려 동양 철학이 중시하는 희생과 손해, 양보가 인간의 행복과 실존과 도덕을 위한 더 튼튼한 기초가 될 수 있다. 동물적 욕구와 쾌락의 충족을 중심으로 삼는 도덕에서는 희생과 손해, 양보가 도덕의 기초로서 존립할 여지가 없다. 그리고 우리의 도덕적 상식은 후자를 지지한다.

그뿐만 아니라 상대적 가치론은 '모든 가치의 역사적, 사회적 가변성을 옹호하는 상대주의와 연결되어 있다'라는 근본적인 한계를 갖고 있다. 왜냐하면 현재의 모든 규범체제는 상대적 가치론에 따라 '인간의 사회생활 속에서 시행착오를 거쳐 종국에는 사회에 미치는 영향을 떠나 그 행위 자체가 추구의 목적이 되는 과정을 통해 형성된 결과물'로서 미화되고 정당화될 수 있기 때문이다. 따라서 상대적 가치론은 현재의 모든 규범체제를 옹호하고 정당화할 수 있는 근본적인 보수성을 갖고 있다. 설사 상대적 가치론이 '현행 도덕의 변화 가능성'을 열어놓는다고 해도 적어도 현재 시점에서는 그것이 최선이며, 따라서 현행 도덕이 변화할 가능성은 자체의 보수성을 방어하기 위한 논리적인 장치에 불과할 뿐 별 의미가 없다. 결국 상대적 가치론은 모든 기존의 규범체제를 역사적 시행착오의 결과물로서 옹호할 수 있으므로, 현행 규범체제의 모순을 '치유할 능력'이 없다. 현대 사회에서 인간 소외와 전쟁에의 동원가능성은 '역사적 시행착오를 통해서 성립된 모든 윤리는 선하다'라고 보는 상대적 가치론에 의해 치밀하게 뒷받침된다.

또한 상대적 가치론이 개인적 이해관계와 함께 '사회 전체의 이익'을 도덕의 기준으로서 고려한다고 해서 사태가 달라지는 것은 아니다. 거기서는 '무엇이 사회 전체의 이익인가'가 항상 논란의 대상이고 가변적이기 때문이다. 그에 따라 상대적 가치론 아래에서는 파시즘이나 전쟁의 명분도 쉽게 '사회 전체의 이익'으로 둔갑한다.

아울러 상대적 가치론에 의하면 '사회 의사'가 개인의 마음속으로 침투했을 때 그것이 곧 양심을 형성한다고 한다. 그러나 양심은 상대적 가치론의 주장처럼 '사회 의사'에 의해 형성되는 것이 아니라, 정신적 실체인 인간이 자신의 가치의식과 위배되는 생각이나 행동을 했을 때 매개적이고 반성적인 자기의식에 의해 형성된다. 따라서 자신의 현상, 즉 자신의 모든 생각과 행동, 관계를 통해 거울처럼 자기 자신을 들여다보며 자기의식을 형성하는 정신적 실체인 인간에게, 자신의 생각과 행동, 관계에 대해 '그것은 내가 한 것이 아니다'라고 외면한다고 해서 외면될 수 있는 것이 아니다. '통일성'을 핵심으로 하는 인간의 정신적 실체로서의 자아는 자신의 현상이 바로 자신의 것임을 너무나 잘 안다. 이것이 바로 '양심'과 관련된 오랜 비밀의 정체다. 따라서 인간의 '양심'에 대해 이처럼 정확하게 이해하는 것이야말로 인간의 '매개적이고 반성적인 자기의식'과 '가치의식'을 이해하는 핵심 고리이기도 하다.

　'사회 의사가 개인의 마음속으로 침투했을 때 그것이 곧 양심을 형성한다'라는 상대적 가치론의 주장이야말로, 현대 철학이 인간 자신에 대해 얼마나 천박하게 이해하고 있는지를 보여주는 예이다. 더구나 개인의 양심을 형성한다는 '사회 의사'가 절대적 가치나 보편적 가치가 아니라 상대적 가치론에 의해 뒷받침되는 이데올로기일 때, 강자를 위한 동물적 자유를 인간을 위한 정의로운 자유로 여기는 현대 사회를 통해 볼 수 있듯이 상대적 가치론은 주체성이자 개별성으로서의 존엄한 인간의 양심마저도 '지배계급을 위한 대중으로서의 양심'으로 오염시키는 커다란 해악을 끼칠 수 있다. 인간의 정신 속 '매개적이고 반성적인 자기의식'과 '가치의식'에 기초한 양심에 대해 제대로 이해했을 때에야 인간은 그것에 기초한 '도덕의 최고 원칙'을 토대로 시대의 온갖 이데올로기적 광기에 휩쓸리지 않고 양심을 지키면서 절대적인 삶의 안정성을 확보할 수 있다는 전망을 얻는다.

　도덕과 윤리는, 상대적 가치론이 주장하듯 인간이 자신의 욕구를 충족시키는 복잡한 시행착오의 과정을 통해서 설명되는 것이 아니다. 그것은 결과론적인 엉성한 짜맞추기식 설명에 불과하다. 물론 관습이나 법률은 인간의 시행착오를 통해 형성되지만, 도덕의 최고 원칙은 인간 자신의 본질로부터 도출되는 것이다. 그러한 도덕의 최고 원칙은 관습과 법률의 토대이면서, 동시에 관습과 법률이 인간 존중의 중심에서 빗나갔을 때 바로잡아주는 기준이기도 하다. 따라서 도덕에 대한 건전한 상식이 시대를 관통한다. 도덕의 최고 원칙을 기준으로 중심을 잡으며 앞으로 나아가면 된다. 우리의 삶을 위해 필요한 가치가 그렇게 복잡할 필요는 없다. '인간은 삶을 위해 필요한 모든 가치를 유치원에서 다 배운다'라고 하지 않는가.

한편 도덕의 문제에서 "도덕을 지키는 것은 타인을 위해서 또는 사회 전체를 위해서는 좋은 일일지 모르나, 지키는 사람 자신을 위해서는 오히려 손실을 가져올 경우가 많지 않느냐?"라는 평범하지만 근본적인 물음에 대해서, 상대적 가치론에서는 그럼에도 자신의 손실을 감수하면서 도덕을 준수해야 할 이유로서 "인간은 본래 사회적 동물인 까닭에 남의 지탄과 배척 속에서 행복을 누리기는 어렵게 되어 있다."라며 '남의 지탄과 배척'을 중시하는 표면적인 분석에 그친다. 도덕을 지키지 않으면 결국 남의 지탄과 배척을 받게 되고, 인간이 본래 사회적 동물로서 남의 지탄과 배척 속에서 행복을 누리기는 어려운 존재이기 때문에 그것이 진정으로 나를 위한 길이 될 수 없음을 알게 된다는 것이다.

반면에 '인간 존재의 절대적 가치'에 입각한 절대적 가치론에서는 자신에게 손실을 가져올 경우에도 도덕률을 따라야 하는 근거로서 '도덕의 준수, 그 자체가 신성한 의무이기 때문에'라고 답변하는 것이 아니라, 실존의 변증법을 통해 세계와의 관계를 통해 자기 자신과의 관계를 정립하는 인간이 손실을 감수하면서 도덕을 지켰을 때의 자긍심과 자기의식의 고양, 그리고 그것을 가능케 하는 자기규정과 가치의식, 인격의 일관성과 통일성 추구라는 정신의 내면적 특징으로써 설명한다.

아울러 '인간 존재의 절대적 가치'에 입각한 절대적 가치론에서는 남의 지탄이나 배척과 다른 차원의, 정신적 존재인 인간에게만 고유한 도덕의 최고 원칙이 있다는 입장을 취하며, 도덕의 최고 원칙을 토대로 형성된 가치의식이 남의 지탄이나 배척 또는 이해관계를 떠나서 인간이 도덕을 준수하는 근거가 된다. 인간은 설사 남의 지탄과 배척을 교묘히 피했다고 해도 그것이 정신의 자기규정과 가치의식, 인격의 일관성과 통일성 추구라는 요구를 충족시키지 못할 경우 고통을 받을 수밖에 없는 존재인 것이다.

상대주의의 영원한 난제, 가치의 기준 문제

상대적 가치론에서 가장 근본적인 난점은, 바로 역사적, 사회적으로 변화하는 가치의 상대성을 옹호하면서 어떻게 '가치의 기준'을 확보하느냐는 문제이다. '가치란 언제든지 변할 수 있는 것'이라는 윤리 체계에서 '누구의 기준이 진정한 타당성을 갖는지'를 판가름할 수 있는 상위의 권위를 갖는 기준을 세우는 것은 불가능하다.

삶에서 어떤 행위가 옳으며 바람직한 것인지 가치의 기준을 세우는 것은 가장 기본적인 문제이다. 그런데 인간이 그처럼 오랫동안 수많은 역사와 경험 그리고 지혜와 학문을 축적해왔음에도 삶에서 가장 기본이 되는 객관적인 도덕 원칙 하나를 정립하지 못하고 여전히 상대적 가치론에 머물러 있다는 것은 참으로 한심한 일이다.

반면에 '인간 존재의 절대적 가치를 존중하라'를 비롯한 도덕의 최고 원칙은, 바로 가치이론에서 가장 어려운 기본문제, 즉 '윤리 판단 또는 가치 판단의 기준을 어떻게 세우느냐' 하는 문제에 대한 대답인 것이다. 판단자들의 윤리 판단에서 대립이 생길 경우, 누구의 판단이 진정한 타당성을 갖는지를 판가름하기 위해 우리는 '그것이 도덕의 최고 원칙에 부합하는 것인가'라는 기준에 비추어보면 된다. 어떤 학문에서 흔들리지 않는 기초를 갖는 문제는 확고한 학문의 체계를 세우기 위한 핵심적인 관건이라 할 수 있으며, 절대적 가치론의 입장에 섰을 때에야 우리는 비로소 흔들리지 않는 기초를 가진 가치론을 수립할 수 있다.

상대적 가치론은 '인간이 주체적으로 형성한 것 또는 사회생활 속에서 역사적으로 발생한 것에 대해서도 그 타당성 여부를 가릴 기준을 세울 수 있다는 것'을 보여주기 위한 예로서 '언어'를 제시한다. 그러나 그것은 그들의 한계를 단적으로 보여주는 것이다. 상대적 가치론의 견지에서 도덕적 판단의 기준에 대해 사고하기 위해 언어와 비교하는 것은 불행한 사례 선택일 뿐이다. 즉 역사적 산물일 뿐인 언어에서도 언어의 우열 또는 어법의 정오를 따질 기준이 전혀 없는 것이 아니듯이, 윤리를 역사적 산물로 보는 상대적 가치론에서도 판단의 기준이 전혀 없는 것은 아닐 것이라는 유추는 잘못된 것이다. 왜냐하면 언어는 2인 이상이 사회적으로 그렇게 사용하기로 약속하기만 하면 그것이 곧 규칙으로 성립되는 매우 특수한 사례에 해당하기 때문이다. '2인 이상이 약속하기만 하면 그것이 곧 가치의 기준이 된다'라는 입장으로는 파시즘도 옹호될 수 있다. 오히려 언어는 지시적 수단이나 용법에 지나지 않으므로 특정한 목적이나 이해관계가 개입할 여지가 상대적으로 적지만, 나치즘의 인종주의 사례에서 볼 수 있듯이 가치의 기준에는 언제든지 지배계급의 이데올로기가 개입할 여지가 있다.

또한 상대적 가치론은 자신들의 입장에서 '슬기로운 삶' 혹은 '가장 바람직한 삶'을 위한 윤리적 판단의 기준을 세우는 일이 결코 불가능하지 않다는 것을 증명하려고 미국 실용주의 철학자 존 듀이^{John Dewey}를 선택한다. 그러나 그것 또한 그들의 불행한 선택일 뿐이다. 듀이에게 '가장 바람직한 삶'이란 '인간이 부딪치는 개인적 내지 사회적 제 문제를 가장 원만하게 해결해나가는 삶'을 의미한다. 부단히 봉착하는 문제의 상황을 가장 효율적이며 원만한 방법으로 해결해나가는 것이 삶의 과제이자 가장 바람직한 삶이라는 것이다. 그러나 듀이의 도구주의는 역사적으로 변화하는 상대적 가치를 노골적으로 옹호한다. 인간이 상대적 가치의 문제를 해결하지 못하고 부단히 봉착하는 문제 상황에 대해 '효율적이고 원만한 방법'만을 강조할 경우, 역사는 또다시 파시즘, 전쟁 등 어느 방향으로든 갈 수 있다. 따라서 그 윤리는 역사적으로 존재해온 모든 공동체에 대한 적응논리와 완벽히 연결된다. 왜냐하면 사회적 존재인 인간이 '한 사회 공동의 목표 달성 및 그 사회 성원들의 욕구 충족을 위해 도움이 된다고 판단하는 행동에 대해서는 찬양하는 반응을 보이고, 그 반대의 행동에 대해서는 비난하는 반응을 보이는' 공동체 안에서 봉착하는 문제 상황을 해결해나가는 가장 효율적이고 원만한 방법은, 바로 기존 체제에 가장 완벽하게 '적응'하는 일이기 때문이다.

그뿐만 아니라 역사를 진보의 과정으로 파악하는 진화론에 입각한 듀이의 윤리학에 의하면, 기존 체제 혹은 '현재 우리 사회'의 윤리가 인간이 욕구의 충돌을 해결하는 진화과정에서 출현한 최고 형태의 윤리로써 미화될 수 있다. 여기에서는 극심한 인간 소외를 유발하는 현대 자본주의의 윤리체계가 도덕의 최고 원칙을 토대로 교정의 대상이 되기는커녕 오히려 정의의 기준으로 등장한다. 그에 따라 '슬기로운 삶' 혹은 '가장 바람직한 삶'을 위한 윤리적 판단의 기준을 세우는 문제에서 상대적 가치론은 완전히 파탄을 맞는다. 듀이의 상대주의적 가치관에 입각한 '가장 바람직한 삶'은 현대 미국식 자본주의를 위한 개인주의적 생존에 영향을 미쳤을 뿐, 납득할 만한 가치의 기준을 세우는 데는 아무것도 기여한 바가 없다.

그러나 '인간 존재의 절대적 가치에 대한 존중'이라는 도덕의 최고 원칙은 가치론을 위한 확고한 출발점 혹은 확고한 전제로서, 그리고 욕구의 갈등 내지 대립이 생겼을 때 어떠한 욕구를 우선적으로 충족시킬 것인지에 관하여 명확한 기준을 제시한다. 즉 인간 존재의 절대적 가치에 대한 존중의 관점에서 어떤 의미를 갖는지를 판단하여 어떤 행동이나 선택의 정의 혹은 도덕 여부를 구분할 수 있고, 어떤 것이 본래적 가치와 절대적 가치를 갖는 인간에게 더 큰 영향을 미치는지를 비교하여 좀 더 가치 있는 행동이나 선택의 우선순위를 정할 수 있다.

상대주의의 근본적인 한계와 현대 사회

마지막으로 상대적 가치론은 '가장 바람직한 인간사회의 청사진'을 그들의 가치 판단의 기준으로 제시하고자 한다. 즉 어떤 가치 판단이 문제가 될 때 '그것이 가장 바람직한 인간사회의 청사진에 부합하는 것이냐'에 따라 판단할 수 있다는 것이다. '공동체의 목적과 사명에 부합하는 행위가 곧 정의다'라는 마이클 샌델의 공동체주의적 정의론과 가장 가까운 관점이라 할 수 있겠다.

그러나 이러한 시도는 성공할 수 없다. 왜냐하면 그것은 '가장 바람직한 인간사회에 대한 사람들 간의 견해 차이를 극복할 수 있는가' 또는 '그것에 대한 지성적 대화가 가능한가' 등의 문제가 아니라, 상대론적 가치설을 토대로 한다면 '슬기로운 생활'이든 '가장 바람직한 인간사회'든, 심지어 '가장 바람직한 인간사회의 청사진'까지도 정치적 격변 하에서는 풍전등화와 같기 때문이다. 인간에게 가치관이 크게 문제되는 정치적 상황에서는 그들의 '가장 바람직한 인간사회의 청사진'조차 가치 판단의 기준으로서 기능할 수 없다. 과거 나치즘의 사례에서 보듯이 '가장 바람직한 인간사회의 청사진' 또한 자신들의 입장에 따라 어떤 식으로든 크게 왜곡되기 때문이다.

민족적 다양성과 종교적 다양성, 그리고 물질과 욕망, 개인주의적 가치관으로 특징지어지는 현대 사회의 편협한 사상 흐름 등을 감안할 때, 모든 사람들의 동의를 얻는 '가장 바람직한 인간사회에 대한 청사진'을 정립하려는 시도는 그 자체로서도 바람직하지 않다. 여전히 지구상의 많은 분쟁이 획일적으로 일방의 이념을 강요함으로써 발생하기 때문이다. 따라서 '가장 바람직한 인간사회의 청사진'에 대해서도 '만약에 대부분의 사람들이 그 청사진을 지지하고 따른다면'이라는 상대적 가치론의 방식으로 접근한다면, 도덕의 최고 원칙을 중심으로 한 절대적 가치론에 입각하지 않는 한 그것은 위험한 접근이 될 수 있다. 역사적으로 파시즘이 그 나라 대다수 국민들의 전폭적인 지지 하에 도입된 사례를 상기할 때 더더욱 그렇다. 따라서 상대적 가치론을 떠나지 않는 한 가치 판단의 기준 문제는 영원히 해결될 수 없다.

한편 현대인들이 보기에 정치적 격변기가 아닌 평상시라면 상대적 가치론에 따른 가치 기준으로도 인간이 올바로 사는 데 큰 문제가 없어 보일지 모르나, 사실은 그렇지 않다. 현대인들이 여전히 '인간 존재의 절대적 가치'를 정면으로 부정하는 전쟁에 대해 무감각하고 현대 사회의 광범위한 인간 소외 현상과 선악의 회색지대에 대해서 무감각한 이유는, 그들이 현대 철학의 상대적 가치론에 너무나 깊숙이 영향을 받아서 인간과 세계를 보는 관점이 그만큼 상대주의적으로 기울어 있기 때문이다. '어제의 나와 오늘의 나는 다를 수 있고' '무엇이 옳은 것인지는 상대적인 것이다'라는 가치관 하에서는 자신들의 이해관계에 따라 현실을 정당화하는 어떤 이데올로기라도 완벽하게 작동할 수 있는 조건이 형성된다. 거기서는 일관성 있는 삶과 예측 가능한 미래는 성립할 수 없으며, 인간은 끝없이 휘둘리는 불안하고 나약한 존재일 뿐이다.

현대인들은 여전히 강자를 위한 자본주의적 자유를 인간을 위한 정의로운 자유라고 착각하고 있다. 그런데 노예의 전형적인 특징은, 주인의 가치관과 세계관으로써 세계를 본다는 점이다. 강자를 위한 동물적 자유를 인간을 위한 정의로운 자유로 추호도 믿어 의심치 않으면서 그것을 옹호하며 기생하는 '현대판 노예'는 이처럼 자유민주주의 사회에서도 이데올로기 조작만으로 얼마든지 생겨날 수 있다. 따라서 현대 철학의 상대주의를 극복하는 것은 이제 철학만의 문제가 아니라, 현대인들의 삶에 가장 밀접하게 직접적으로 영향을 미치는 핵심적인 문제인 것이다.

따라서 우리는 이제 철학의 모든 성과와 지혜를 통해서 '사단취장'의 자세로써 인생의 의의를 확실히 보증하고 삶의 행로에 대해 확고부동한 지침을 약속하는 객관적·절대적·불변적인 가치기준을 정립해야 한다. 그리고 지금까지 고찰한 모든 내용들이 공통적으로 지시하는 바와 같이 '인간을 목적으로 대우하라', '약자 우대의 원칙', '인간 존재의 절대적 가치에 대한 존중'과 같은 '도덕의 최고 원칙'이야말로 바로 인간의 모든 행동과 판단 그리고 가치에 대한 객관적·절대적·불변적 기준을 제공하는 해답임을 알 수 있다.

'다양성 존중'이라는 마지막 피난처

현대 철학의 거의 모든 조류는 상대주의를 옹호한다. 특히 프랑스의 포스트구조주의에 이르러 상대주의는 철학적으로 정교한 논리를 획득한다.

프랑스 구조주의 철학자 데리다는, 플라톤의 이데아를 중심으로 궁극적인 진리나 가치가 있다는 믿음으로 모든 가치의 서열을 매기려는 서양 철학의 로고스중심주의를 '억압의 구조'라고 비판하면서, 형이상학의 해체를 주장한다. 플라톤의 이데아론에 따르면, 우리는 손쉽게 진리나 가치의 우열을 가를 수 있다. 즉 현실의 존재들 중 이데아의 성격을 더 많이 받은 것은 '좀 더 우월한 것'이고, 그렇지 않은 것은 '좀 더 열등한 것'으로 분류하는 방식으로, 우리는 이데아의 '원형'으로써 모든 개별자에게 수직적 위계질서를 부여할 수 있다.

들뢰즈 또한 다른 포스트구조주의자들처럼 플라톤의 이데아론을 문제 삼는다. 그는 모든 개별자에게 수직적 위계질서를 부여하는 이데아적 원형은 없으며, 개별자들 사이에는 오직 수평적 '차이'만 있을 뿐이라고 주장한다. 이데아적 원형이 없으면 우열이나 수직적 위계질서가 있을 수 없다. 그리고 불완전한 것에서 완전한 원형에 가까운 것으로 이끄는 '변증법적 발전'도 있을 수 없다. 그에 따라 그는 수평적 차이가 창출해낸 '다양성'만이 계속 되풀이된다는 '반복'의 사상을 통해 플라톤의 이데아론과 헤겔의 변증법을 해체하고자 한다.

들뢰즈는 특히 자신의 철학 개념인 '리좀'을 통해 철학적으로 그동안 이데아, 본질, 존재, 제1 원인, 목적론적 과정 등의 개념으로 모든 하위의 것을 일사불란하게 줄 세워온 주류 철학의 전통을 전복시키고자 했다. 리좀이란 사회적으로 자유로운 개인들의 차이를 인정하고 그것들을 한없이 연결하고 접속함으로써 새로운 사회를 구성하기 위한 개념이다. 이처럼 '차이와 반복의 사상'을 통해 가치의 우열이나 수직적 위계질서를 거부하는 포스트구조주의는 자유로운 개인들의 다양성을 옹호하는 사상으로 간주되어, 전체주의와 양차 세계대전 이후 획일적 가치의 강요에 환멸을 느끼던 당시의 시대정신과 맞아 떨어져 커다란 호응을 얻는다. 현대인들은 '다양성 존중'의 가치를 옹호한다.

그러나 '도덕의 최고 원칙'의 존재는 그 자체로 상대주의를 옹호하는 포스트구조주의에 대한 직접적인 타격을 의미한다. 데리다는 플라톤의 이데아와 같은 궁극적인 가치가 있다는 사실을 부정하고 그것에 따라 모든 가치의 서열체계를 세우고자 하는 시도를 억압적이라고 거부하지만, 도덕의 최고 원칙은 인간의 모든 행위의 도덕이나 선 혹은 정의 여부를 판단하고 가치서열을 매길 수 있는 궁극적 가치라는 위치를 갖기 때문이다. 또한 들뢰즈는 이데아적 원형을 부정하면서 개별자들 사이에 오직 수평적 차이만 있을 뿐이라고 주장하나, 도덕의 최고 원칙은 수평적 차이 속에 은폐되어 있는 불의를 용납지 않고 정의와 불의라는 가치의 우열과 수직적 위계질서를 분명하게 드러낸다. 그에 따라 도덕의 최고 원칙은, 본질이나 가치 등 상위 개념으로써 모든 하위의 것들을 일사불란하게 질서 잡고자 한 주류 철학의 전통이 들뢰즈의 리좀에 의해 전복될 뻔한 위기 상황을 구원하는 역할을 한다.

그렇다면 '인간 존중'을 중심으로 하는 도덕의 최고 원칙우 '자유로운 개인들의 차이' 혹은 '다양성 존중'과 공존할 수 없는 것인가? 다양성 존중은 '차이와 반복'의 상대주의를 주장하는 포스트구조주의 외에는 뒷받침될 수 없는 사상인가? 천만의 말씀이다. 인간의 다양성 존중은 '주체성 존중'의 다른 표현일 뿐이다. 그런데 본래 인간의 주체성으로서의 실존은 '본질 속에서의 실존'이다. 인간의 주체성과 개별성을 뒷받침하는 정신 속 '자기규정' 능력은 인간의 본질인 정신의 5대 속성의 하나이기 때문이다. 따라서 인간은 정신적 실체인 자신의 본질이 존중될 때 주체성이 저절로 드러난다. 그에 따라 인간은 자신의 본질이 실현되지 않고서는 주체성이 실현될 수 없으며, 따라서 인간이 주체성으로서 실존하기 위해서는 먼저 그의 본질인 정신적 실체로서 존중되어야만 한다.

그런데 칸트의 '인간을 목적으로 대우하라'라는 정언명령이나 필자의 '인간 존재의 절대적 가치에 대한 존중', 그리고 롤스의 '약자 우대의 원칙' 등과 같은 도덕의 최고 원칙은, 바로 정신적 실체로서의 인간을 언제 어느 때라도 존중되어야 하는 절대적 가치로 세우기 위한 기준이다. 따라서 도덕의 최고 원칙이야말로 주체성 상실의 시대인 현대 사회에서 인간이 주체성으로서, 본래적 자아로서 실존할 수 있게 하는 해법인 것이다.

포스트구조주의에서 내세우는 다양성 존중은, 철학과 현실에서 도덕의 최고 원칙을 배제하고 상대주의를 옹호하고자 하는 잘못된 관점이다. 그것은 '가짜 존중'이다. 왜냐하면 도덕의 최고 원칙을 부정하는 다양성 존중과 상대주의는, 인간을 불의와 전쟁, 소외, 선악의 회색지대와 시장에서의 강자를 위한 동물적 자유에 무방비 상태로 노출시키기 때문이다. 따라서 그것은 한마디로 '내가 어떻게 살든 참견하지 말라'라는 무정부주의자의 요구에 다름 아니다.

어느 시대든 자신의 획일적 가치를 강요하고자 하는 독재자가 출현할 수 있다. 특히 인간이 도덕과 가치, 실존에 취약한 시기일수록 독재자의 동원에 쉽사리 휘둘릴 수 있는 조건을 이룬다. 포스트구조주의 또한 우리 시대 최대의 비극인 독일의 파시즘과 2차 세계대전에 대한 반성에서 자신의 철학을 출발한다.

아우슈비츠행을 간신히 모면한 유대인 출신 비판철학자 테오도어 아도르노는 전후 전체주의 문제를 숙고하면서, 아우슈비츠의 참혹한 학살을 낳은 주범은 광기나 비정상이 아니라 오히려 지금까지 서양 철학이 그토록 자랑하던 '이성' 혹은 '합리성'이었다는 충격적인 결론에 도달한다. 히틀러가 통치하던 당시에 독일 국민들은 총통의 결정이 곧 자신들의 결정인 것처럼 믿으며 자발적으로 복종했다고 한다. 아도르노가 보기에 대량학살은 이러한 절대적 통합의 필연적인 결과물이며, 이런 식의 통합은 사람들이 획일화되는 곳이면 어디서나 등장한다는 것이다. 그에 따라 아도르노는 마침내 동일성을 추구하는 이성의 욕망에서 전체주의의 기원을 발견하게 된다. 개념의 동일성이 아우슈비츠를 낳았으므로, 다시는 이 세상에 학살의 비극이 도래하지 못하게 하는 유일한 방법은 개체들을 다른 것으로 교환할 수 있다고 보는 이성의 논리를 해체해야 한다는 것이다. 그에 따라 아도르노는 자신의 《부정변증법》에서 개념의 자기동일성에 저항하는 이질적인 것을 강조하면서, 비동일성에 대한 일관된 의식을 강조하는 부정변증법을 제시한다.

또 다른 유대인 철학자 한나 아렌트 또한 나치즘을 평생의 화두로 삼으면서 "타자의 입장에서 생각하고 판단하는 능력이 없으면 우리는 누구나 히틀러의 충복이 될 수 있다."라는 충격적인 결론을 내렸다. 궁극적인 진리나 가치 또는 동일성을 거부하고 차이와 타자를 강조하는 포스트구조주의는, 이러한 전후 서유럽의 사유 전통을 물려받은 것이다. 그렇다면 무엇이 문제일까?

아우슈비츠의 참혹한 학살을 낳은 원인이 집단적 광기가 아니라 오히려 '이성'이나 '합리성'이었다는 아도르노의 분석은 전도된 것이다. 히틀러에 대한 당시 독일 국민들의 획일성이나 일체화는, 이성이나 합리성의 산물이 아니라 명백히 비이성이자 집단적 광기의 산물이었다. 또한 게르만 민족의 순수성을 지향하며 이런 순수성을 더럽히는 차이로서 유대인과 집시 들을 제거하려 한 나치의 편집증적인 욕망은 인간 존중을 핵심으로 하는 '도덕의 최고 원칙'을 송두리째 부정하는 것이었다. 따라서 그것은 도덕의 최고 원칙으로 무장한 개인들에 의해 반드시 견제되어야만 할 것이었는데, 그러한 견제력이 사라진 것이 당시 독일의 근본적인 문제점이었다. 그럼에도 그처럼 엄청난 반인륜적 행위를 견제할 수 있는 최소한의 도덕의 기준조차 없었던 시대 상황을 통렬히 반성하지 않고, 획일성에 대한 '즉자적 반발'로써 차이와 다양성 존중을 해법으로 제시한 것은 어처구니없는 착오였다.

20세기 전반기를 뒤덮은 전체주의와 양차 세계대전의 불행은, 도덕의 최고 원칙을 중심으로 한 도덕철학이 부재한 결과였다. 거기에 기존 도덕체계를 뿌리째 뒤흔든 니체의 상대주의가 결정적인 영향을 미쳤다. 만약 당시에 '공동체의 목적과 사명은 도덕의 최고 원칙에 의해 엄밀하게 검증을 받아야 한다'라는 철학과 사상이 확고했더라면 그러한 역사적 불행은 일어나지 않았을 것이다.

따라서 휴머니즘을 중심 가치로 하는 '도덕의 최고 원칙'으로써 절대적 가치를 바로 세우는 것에서부터 역사의 불행을 막는 해법을 찾아야 한다. 역사의 시행착오에서 사단취장의 자세로 인간을 위한 지혜를 모색하며 성실하게 앞으로 나아가야 한다. 현대인들이 20세기 최대의 불행인 양차 세계대전에 대해 역사의 모든 성과를 토대로 성실하게 '도덕의 최고 원칙'을 바로 세움으로써 반성하지 않고, 독재자들의 획일적인 가치에 대해 즉자적으로 반발하여 상대주의를 옹호하는 것으로써 해결하려 할 때 역사의 불행은 반복될 것이다.

그런데 독일의 나치즘과 2차 세계대전의 최대 피해국인 프랑스에서, 전후 실천이성과 도덕의 최고 원칙을 굳건히 세움으로써 전체주의와 전쟁의 광기에 대한 근본적인 대책을 마련하려 하지 않고, 오히려 이성의 획일적인 지배에 반대하고 다양성을 옹호한다는 명분으로 상대주의를 옹호하고 독일의 니체에 경도되어 포스트구조주의에 빠져 다시 전쟁에 취약하게 노출된 것은 역사의 아이러니다. 상대주의에 빠진 인간에게 전쟁은 언제나 쉽게 정당화되며, 따라서 이성의 획일적인 지배에 반대한다는 명분으로 도덕의 최고 원칙을 부정한 채 다양성을 옹호하는 사상으로는 결코 전쟁을 막을 수 없다. 전체주의와 전쟁의 비이성을 막는 데는, 실천이성을 다듬어 인간이 어떤 상황에서도 절대로 흔들리지 않을 객관적·절대적 기준으로서 올바른 '도덕의 최고 원칙'을 세우는 것 외에 다른 방법은 없다.

인간 존중의 원칙이 없는 곳에 다양성이 존중될 수 없다. 따라서 '다양성 존중'은 상대주의의 마지막 피난처가 될 수 없다.

인간 존재의 절대적 가치를 존중하라 02

칸트에 의하면, 인간은 '이성적 존재'이기 때문에 그 자체가 목적이면서 존재만으로도 절대적이고 본질적인 가치를 지닌다. 사람은 중력의 법칙에 종속되는 물건도 아니고, 본성이나 본능의 법칙에 종속되는 동식물도 아니다. 이성적으로 사고하고 자율적으로 행동하는 능력 덕에 사람은 단지 식욕만을 느끼는 동물에서 벗어나 특별한 존엄성을 지닌다는 것이다. 그러나 이성적인 존재라는 이유로 인간에게 그 자체로 목적이면서 본질적이고 절대적인 가치를 부여한 칸트의 시도는 난관에 봉착해 있다. 현대 철학은 프로이드의 무의식 이래 인간이 이성적인 존재라는 사실 자체를 부정하므로, 인간은 이성적이기에 그 존재만으로도 '절대적 가치'를 지닌다는 칸트의 주장은 그만큼 입지가 줄어들기 때문이다.

생명이야말로 모든 가치의 원천

흔히들 그랜드캐니언 앞에 서면 한없이 작아지는 자신을 느낀다고 한다. 그러나 필자는 '생명이 무엇인가'를 생각하게 되면서, 어느 순간부터 다른 관점으로 세상을 보게 되고 진정으로 작은 것이 무엇인지를 깨닫게 되었다. 즉 축을 바꿔 생명 중심으로 세상을 보게 된 것이다. 그랜드캐니언은 물질로 구성된 것일 뿐, 우주 전체로 보면 그랜드캐니언보다 어마어마한 물질 현상을 얼마든지 볼 수 있다. 심지어 달에서도 에베레스트 산보다 2천 미터나 높은 산이 발견되었다고도 한다.

사실 우주 전체에서 볼 때 그랜드캐니언보다 더 희소하고 대단한 것이 바로 우리 지구에 너무나 흔하게 널려 있는 생명들이다. 우주에서 생명은 정말 희귀한 존재이며, 따라서 생명으로 넘치는 우리 지구는 축복받은 행성이다. 이것은 단지 철학적 사고가 아니라 현대 과학에 의해 입증되고 있는 객관적 사실이다. 그래서 그랜드캐니언 앞에 서더라도 그 순간 진정한 주인공은 바로 인간이고, 그랜드캐니언 여기저기에 보일 듯 안 보일 듯 자라나고 있는 생명들 또한 주인공이다. 이처럼 '생명 중심적 세계관'으로 세계를 보면 생명이 주인공이고 물질은 아무리 거대해도 들러리로 보인다. 따라서 그랜드캐니언 같은 장관에만 놀랄 것이 아니라 생명 중심적 세계관으로 인간이라는 존재의 희소하고 대단함에 주목해야 한다.

우리는 '일상성의 함정' 속에서 살고 있다. 일상성의 함정이란 자신이 가진 것들은 그것이 무엇이든 당연하게 여기는 어리석은 속물근성을 말한다. 우리의 삶 속에는 당연한 것들이 너무나 많다. 우리가 아직 물질로 되돌아가지 않고 생명으로서 숨 쉬고 있다는 사실도, 본능의 영원한 현재 속에 갇혀 사는 동식물이 아니라 지적 생명체인 인간으로 태어난 사실도, 가족이 모두 건강하고 아이들도 바르게 잘 자라주고 있다는 것도, 자신이 아직 병들지 않고 건강한 몸으로 살아가고 있다는 것도, 전쟁 시기가 아닌 평화로운 시기를 살고 있다는 사실도 당연하다. 그러나 그 어떤 것도 이것들보다 소중하지 않다. 그럼에도 잃고 나서야 얼마나 소중한 것이었는지를 절실히 자각하는 것들이기도 하다.

특히 생명과 인간에 대한 이해에서 사람들이 '일상성의 함정'에 빠져 있는 이유는 생명과 인간의 무대인 지구라는 행성에 생명과 인간이 너무나 흔하기 때문이다. 그에 따라 군맹으로서 살아가는 대중들은 그것들이 얼마나 소중한 가치를 가졌는지를 자각하지 못한다.

'먼저 물질을 이해해야 생명을 이해할 수 있고, 생명을 이해해야 정신적 존재의 층인 인간을 이해할 수 있다.' 생명과 인간은 그 자체로서 들여다보면 좀처럼 직접적으로 이해할 수 없고, 이러한 '매개적 이해'가 필수적이다. 지금까지 생명과 인간에 대한 사람들의 이해가 그토록 취약했던 이유는 과학의 방식에 따라 생명을 보면서 직접 생명을 이해하려 하고, 인간을 보면서 인간을 직접 이해하려 했기 때문이다. 그러나 먼저 물질이 뭔지, 생명이 뭔지를 이해하지 못하면, 인간은 결코 자신의 의미와 가치를 이해할 수 없다.

만약 장대한 우주 속에 물질만 있고 생명이 없다면, 빅뱅 이후 지금까지 약 140억 년의 시간과 앞으로 남아 있을 장구한 우주의 시간은 그냥 물질의 시간일 뿐이다. 물질의 시간은 시간과 중력의 법칙에 따라 물질이 이합집산하는 역사이므로, 물질의 법칙에 따를 뿐 그다지 위대하다고 할 수 없다. 이러한 우주 그리고 물질의 역사와 미래는 물질의 분포만 정확히 안다면 현대 문명의 슈퍼컴퓨터로도 재현이 가능할 것이다.

그런데 생명과 물질의 관계를 보면, '생명의 구성요소는 물질이지만, 물질의 합은 생명이 아니다'라는 사실을 발견할 수 있다. 물질이 저절로 결합하여 만들어지는 것은 산소나 탄소 같은 원소들이나 광물 같은 고체, 혹은 액체, 기체이지, 단백질이나 생명체가 아니다. 이 사실을 잘 살펴봐야 한다. 백과사전에서 '유기물'을 찾아보면 '생체를 이루며, 생체 안에서 생명력에 의해 만들어지는 물질'이라고 정의하고 있다. 우리가 지구상에서 흔히 보는 유기물은 사실 단순한 물질이 아니라 거의 대부분 생명을 통해서만 형성되는 물질인 것이다. 따라서 지구상에 존재하는 무수한 생명들은 아무것도 아닌 것이 아니라, 실은 물질을 결합하여 탄수화물과 단백질 같은 유기물을 생성해내는 장관을 연출하고 있는 것이다. 지금 이 순간에도 우리 지구에서는 생명들에 의해 우주 어디에서도 보기 힘든 신비로운 일들이 벌어지고 있다.

그뿐만 아니라 오직 생명만이 물질의 법칙을 벗어날 수 있다. 따라서 우주의 광대한 물질들이 장구한 시간에 걸쳐 한 치의 예외도 없이 물질의 법칙에 종속됨을 생각할수록, 지금 이 순간 중력의 법칙을 거스르며 나무 위로 올라가는 나무의 수액이 예사롭지 않게 보일 것이다. 그럼에도 인간이 이토록 신비로운 생명에 대해서 당연하게 생각하는 이유는, 우리 주위에는 생명이 너무 흔하기 때문이다. 인간은 보도블록의 틈새는 물론 지구 어디에서도 어떻게든 자라나는 억센 생명들을 보면서, 진화론의 방식으로 결과를 보고 그 과정을 당연하다는 듯이 짜 맞춘다. 그러나 조금만 바깥으로 나가서 온통 물질들뿐이고 생명이 희소한 우주공간을 보면, 그것이 얼마나 잘못된 생각인지를 깨닫게 된다.

그런데 만약에 우주의 물질 속에 인간은 없고 동식물만 있다고 해보자. 생명의 신비로움에도 불구하고, 동식물에게는 영원한 현재 속에 갇혀 있는 의식인 본성과 본능이 있을 뿐이다. 동식물에게는 그저 눈앞의 감각을 쫓아 존재하는 '현재의 무한한 연속'이 있을 뿐, 140여억 년이라는 우주의 시간은 별 의미가 없다. 물질은 영원히 그냥 물질의 법칙에 따라 존재할 뿐이고, 동식물은 물질의 순환 가운데 일시적으로 생명의 기회를 얻어 살다가 그 사실을 의식조차 못하고 본능에 사로잡힌 채 눈앞의 현재만을 위해 살다가 다시 영원한 물질로 환원되는 운명일 뿐이다. 거기에는 '영원한 현재'만이 있을 뿐이다.

140여억 년의 시간을 겨우 백 년도 안 되는 자신의 절대적인 삶의 길이에 비추어 매개적으로 인식하는 인간에게만 우주의 시간은 장구한 시간으로서 인식되며 의미를 갖는다. 정신적 존재에 속하는 인간은 그러한 물질과 생명의 장구한 순환법칙을 객관적으로 이해할 수 있는 유일한 존재다. 자신의 본능을 벗어나 이성적으로 자유롭게 선택하며 무한히 발전할 수 있는 능력을 가진 인간과 비교할 때, 본능의 단단한 껍질에 둘러싸여 영원히 자신의 본능을 벗어나지 못하는 동물들의 운명은 마치 절망적인 감옥과도 같아 보인다.

따라서 영원히 물질의 법칙을 벗어나지 못하고 그것에 종속될 뿐인 물질을 깊이 이해할수록, 그리고 그토록 신비로운 생명임에도 영원히 본성과 본능의 한계를 벗어나지 못하고 영원한 현재 속에 갇혀 살다가 사라지는 다른 모든 생명들을 깊이 이해할수록, 우리는 본성과 본능으로부터 자유로울 수 있는 객관적 정신을 지닌 인간이 어떤 존재인지를 비로소 이해할 수 있다. 이것이 바로 물질과 생명의 이해를 바탕으로 매개적으로 성립하는 인간 존재에 대한 이해이다.

현대인들은 과학지상주의, 물질지상주의에 의해 온통 결과론적으로 뒤틀린 세계관 속에서 살고 있다. 거기서는 생명과 인간이, 신비 중의 신비로서가 아니라 물질로부터 진화해온 당연한 결과물일 뿐이다. 그에 따라 현대 사회에서는 물질이 본래의 가치보다 훨씬 소중한 가치로, 생명과 인간은 본래의 가치보다 터무니없이 낮은 가치로 취급되고 있다.

우리의 망막에 잔광이 많을수록 하늘의 별빛은 갈수록 희미해진다. 그러나 하늘의 저 별들은 수십억 년 전부터 같은 자리에서 영롱하게 빛나왔고, 앞으로 수십억 년 뒤에도 그대로 영롱하게 빛날 것이다. 우리가 잊으면 안 되는 진실은, 인간이 그것을 깨닫고 살든 깨닫지 못하고 살든 하늘의 무수한 별들은 심지어 대낮에도 여전히 그대로 영롱하게 빛나고 있다는 사실이다. 대낮인 지금 이 순간에도 하늘의 별은 그대로 빛나고 있지만, 우리 주변이 너무 환해서 보이지 않는 것이다. 따라서 진정 지혜로운 사람은 지금 이 순간에도 하늘의 별은 예나 지금이나 똑같이 영롱하게 빛나고 있음을 잊지 않는 사람이고, 세상이 생명과 인간을 어떻게 대하든 생명과 인간 존재의 불변의 가치를 결코 잊지 않는 사람이다. 사람이 철학을 갖고 생각하며 산다는 의미가 바로 그것이다.

'오늘 우리가 헛되이 보낸 하루는 어제 죽은 이들이 그토록 갈망하던 내일이다'라는 격언에는 철학적 통찰이 깃들어 있다. 그러나 안타깝게도 사람은 실제로 모든 것을 거의 다 잃고 절실해지지 않으면 자신이 가진 것들의 소중함을 알지 못한다. 사람들이 생명과 인간의 신비로움을 보지 못하도록 안개처럼 눈앞을 뿌옇게 가로막는 것이, 바로 일상성의 함정이다. 일상성의 함정에 빠진 현대인들은, 너무나 많은 것들을 갖고도 평생 자신이 가진 것들이 뭔지도 모르고 당연하게 생각하며 그것을 감사할 줄 모르고 살다가 끝내 죽음을 맞는다.

따라서 진정 지혜로운 사람은 세상에 대해 많이 아는 사람이 아니라, 생명과 인간에 대해 깊이 있게 이해하는 사람이다. 인간은 이제 물질과 생명을 객관적으로 이해함으로써 그것을 토대로 '일상성의 함정'에서 벗어나 인간 자신의 의미와 가치를 재정립해야 한다.

인간 존재의 절대적 가치는 어떻게 성립하는가

앞에서는 물질과 생명에 대해 이해함으로써 우주 전체에서 지적 생명체인 인간이 얼마나 신비롭고 절대적으로 희소한 존재인가를 살펴보았다. 모든 가치는 '희소성'에 근원하므로, 만약에 인간 존재의 생명이 절대적 가치를 갖는다면 그 절대적 가치는 희소성과 관련하여 '절대적 희소성'으로 설명되어야 한다.

그런데 인간 존재에게 결정적인 사실은, 인간은 물질이나 동식물과는 달리 스스로 자기 생명의 절대적 희소성을 자각하는 존재라는 점이다.

중세 교부철학자 아우구스티누스는 저서 《고백록》에서 세 가지 시간에 대해 언급한 바 있다. 그것은 '과거에 근거한 현재'와 '눈앞의 감각에 근거한 현재', 그리고 '미래에 근거한 현재'다. 우리의 정신 속에 이 셋은 함께 존재한다. 과거는 '기억'으로서, 현재는 감각적인 대상의 '직관'으로서, 미래는 '소망'으로서 우리 정신 속에 있다. 아우구스티누스에 의하면, 영혼의 안식에서 과거와 현재와 미래는 하나가 된다. 우리의 영혼은 '현재' 속에 과거에 정리된 것을 간직하고, 긴장된 소망을 통해서 미래를 지향한다.

아우구스티누스 사후 1,600년이 지나서야 현대 과학과 현대 철학은 '과거에 근거한 현재'에 대해 집중적으로 조명하고 있다. 현재 인간의 모든 문화와 업적은 과거에 근거한 역사적 산물이라는 것이다. 현대 철학에 의하면 지금 내가 먹고 있는 음식, 내가 입고 있는 옷, 내가 하고 있는 생각, 내가 세상을 바라보는 방식, 내가 하고 있는 말 하나하나까지가 철저하게 역사적 산물이다.

그런데 하이데거에 이르러, 그의 《존재와 시간》에서 '미래에 근거한 현재'가 집중적으로 다뤄졌다. 하이데거는 '현재의 의식 속에 작용하는 미래의 죽음에 대한 의식'이 인간의 근본적인 특징임을 포착한 바 있다. 그동안 도구 사용, 언어 사용, 이성의 존재 등과 같은 인간의 본질에 관한 수많은 정의들이 있었다. 그러나 아우구스티누스 이후에 영원한 본능의 현재 속에 갇혀 있는 동물들과 다른, 인간의 근본적 특징으로 그의 정신에서 '현재의 의식 속에 존재하는 삼차원적 시간성'에 주목한 사람은 하이데거 외에는 없었다. 아우구스티누스와 하이데거 외에는 아무도 인간의 본질로서 그것을 주목하지 못했다.

칸트가 인간이 이성적인 존재라는 것을 근거로 인간의 절대적 가치를 주장했을 때 사람들이 그 의미를 제대로 이해하지 못한 이유는, 물질이나 동물과 다른 인간의 고유한 특징에 대해 깊이 있는 이해가 부족했기 때문이었다. 칸트는 인간이 이성적인 존재라는 것이 내포하는 의미를 자신의 전 생애를 통해 웅변적으로 보여줬고, 그에 따라 인간이 이론적으로 그리고 실천적으로 이성적인 존재라는 이유로 인간에게 절대적 가치를 부여할 수 있었다.

　마찬가지로 '인간의 독특한 의식구조를 인간의 절대적 가치의 성립 근거로 삼을 수 있는가', '인간이 자기 존재의 절대적 가치를 의식하는 존재라는 사실이 왜 중요한가', '의식이 절대적 가치의 근거가될 수가 있는가'라고 묻는 사람은, '그 의식이 어떤 의식인가?'에 대해서 먼저 물어야 한다. 물질이나 동물과 달리 '미래에 근거한 현재'를 살면서 자기 존재의 유한성과 희소성을 절실히 자각하는 인간의 의식이야말로 우주에서 얼마나 희소한 것인가를 이해할 때, 비로소 그런 독특한 의식의 존재야말로 인간 존재의 절대적 가치의 근거라는사실을 이해할 수 있다. 사실 인간이 '현재의 의식 속에' 과거와 현재, 미래의 삼방향을 함께 지향하는 존재라는 점이야말로 동물과 인간을 구분하는 가장 근본적인 특징에 해당한다.

　인간은 이처럼 그의 현재의 의식 속에서 영원한 과거와 영원한 미래를 함께 조망하는 존재다. 오직 인간만이 이러한 정신능력을 갖고있다. 동물에게는 과거에 근거한 현재와 미래에 근거한 현재가 없거나 매우 협소하다. 따라서 동물에게 과거에 근거한 현재는 유전자에각인된 생존본능 정도로 나타날 뿐, 과거의 경험과 시행착오는 현재에 거의 영향을 미치지 못한다. 동물들은 과거에 근거한 현재를 살지못하기 때문에 아무리 세월이 흘러도 본능적으로 환경에 적응하는것 외에 거의 달라지는 게 없다. 그러나 인간에게는 문자가 있어 역사와 사회의 시행착오가 소멸되지 않고 고스란히 문자로 남아 과거에 근거한 현재로서 현재에 결정적인 영향을 미친다. 그에 따라 과거에 근거한 현재를 사는 인간에게 조상들의 존재 의미는 후대의 현재 삶 속에 고스란히 나타난다. 따라서 후대의 인류는 자신이 전대의 모든 조상들을 대표하는 존재라는 엄중한 사명감을 갖고 욕되지 않게 살아야 한다.

한편 예측과 기대, 계획, 꿈, 소망 등의 형태로 나타나는 '미래에 근거한 현재'에 이르러서는 동물은 거의 절망적이다. 눈앞의 감각과 본능에 근거한 현재를 사는 동물에게는 미래에 근거하여 현재를 변경시킬 능력이 없다. 반면에 인간은 지금 자신의 눈앞에 펼쳐지는 사계절 자연의 풍경이 앞으로 백만 년 후에도 이 계절이면 어김없이 비슷하게 반복될 풍경이라는 사실을 예측할 수 있으며, 그에 따라 인간에게 계획과 기대와 꿈과 소망은 본질적인 것이다. '미래에 근거한 현재'를 사는 것이야말로 인간의 가장 고유한 특징에 해당함을 알 수 있다.

동식물을 비롯한 다른 모든 생명은 본성이나 본능의 영원한 현재 속에 갇혀 있지만, 인간이라는 지적 생명체는 의식의 삼차원성으로 인해 항상 자신의 현재 의식 속에 미래에 닥칠 자신의 죽음을 선취하는 존재이기 때문에, 본질적으로 자기 생명의 유한성, 즉 삶의 희소성을 자각하는 존재다. 인간에게는 과거가 그냥 흘러간 과거가 아니라 현재를 위한 과거로서 존재하고, 미래 또한 그냥 다가오지 않은 미래가 아니라 현재를 위한 미래로서 존재한다. 영원한 과거와 영원한 미래를 현재의 의식 속에서 함께 조망하며 과거와 미래를 자유롭게 넘나들 수 있는 능력을 가진 인간 존재는, 진정 다른 존재들이 갖지 못한 신비로운 정신능력을 가진 존재다.

'인간 존재의 절대적 가치'는 영원히 중력의 법칙에 따를 뿐인 물질, 그리고 영원히 눈앞의 현재를 살 뿐인 감각령感覺靈의 동식물을 이해함으로써 그것을 토대로 매개적으로 성립하는 가치이다. 따라서 물질이 무엇이고 생명이 무엇인지를 깊이 이해할수록 이처럼 '미래에 근거한 현재'를 사는 지적 생명체인 인간 존재의 '절대적 희소성'을 객관적으로 이해할 수 있다.

'모든' 인간은 본질적으로 현재의 자기의식 속에 미래의 죽음을 선취함으로서 자기 생명의 가치, 즉 생명의 희소성과 유한성을 자각하는 유일한 존재이다. 그것은 소망하고 기대하고 계획하고 꿈꾸며 살아가는 인간의 보편적인 의식구조에 기초한 것이다. 이처럼 인간 존재의 절대적 가치는 인간 본질의 핵심인 자기의식 속에 존재하는 삼차원적 시간성이라는 실재적 속성에 근거하여 성립하는 가치라는 점에서 객관적인 것이며, 따라서 그것은 타인의 평가에 의해 달라지는 주관적인 상대적 가치와 구분된다.

칸트가 인간이 이성적인 존재라는 이유로 인간에게 절대적 가치를 부여했다는 사실로부터 본능에 따르지 않는 이성적인 삶의 의미를 성찰해야 하듯이, 삼차원적 현재를 살 수 있는 존재라는 점이야말로 인간에게 절대적 가치를 부여하는 근거가 된다는 점으로부터 눈앞의 욕망과 본능, 단기 업적주의에 매몰되어 있는 현대인의 삶의 의미에 대해 성찰할 줄 알아야 한다. 그것이 바로 계몽의 의미이다.

그런데 현실에는 현재의 자기의식 속에서 이러한 자기 존재의 유한성과 절대적 가치를 절실히 자각하며 삶의 긴장의 끈을 놓치지 않고 살아가는 사람이 있는가 하면, 군맹으로서 비본래적인 일상성 속에 긴장의 끈을 놓치고 지루하게 하루하루를 살아가는 사람도 있다. '미래에 근거한 현재'라는 자신의 핵심적 본질을 망각하고 유한한 삶에 대해 절대적 희소성을 절실히 자각하지 못하는 삶은, 그만큼 인간의 특징을 잃고 물질이나 동식물에 가깝게 살아가는 삶을 의미한다.

그러나 '인간다움'을 의미하는 인간의 본질은 인간의 현실태가 아닌 가능태에서 파악되어야 한다. 본래 본질이란 '~다움'으로 파악되는 것이다. 예컨대 장미의 본질을 알려면 '장미다움'이 뭔지를 파악하면 된다. 그런데 모든 존재는 자신의 본성이나 본능이 충실히 발현되는 현실태에서 본질이 파악되지만, 인간에 대해서는 본능이 충실히 발현되는 이기적인 삶을 '인간다움'이라고 말하지 않으며, 오히려 그 반대라고 할 수 있다. 인간은 객관적 정신을 본질로 갖고 있는 존재이므로, 본능이 아니라 세계의식과 자기의식, 자기규정, 가치의식, 인격의 일관성과 통일성이라는 정신의 5대 속성이 최고로 작동되는 삶을 '인간다운 삶'이라고 말한다. 이처럼 다른 모든 존재들과 달리 인간의 본질을 현재 살고 있는 그대로의 '현실태'가 아닌 최선의 '가능태'로서 파악할 때, 우리는 한 생명으로서 머지않아 다시 영원한 물질로 돌아가는 자기 자신의 생명의 유한성과 희소성을 자기의식 속에서 절실히 자각하며 치열하게 미래에 근거한 현재를 사는 가능태로서의 인간을 발견할 수 있다.

'인간 존재의 절대적 가치'는, '인간다움'을 의미하는 인간의 본질을 이처럼 인간의 현실태가 아닌 '가장 바람직한 것', '가장 선한 것', '가장 올바른 것', 혹은 '가장 빼어난 것'을 의미하는 가능태에서 파악할 때에야 깨달을 수 있는 소중한 가치다. 인간의 본질을 이러한 가능태에서 파악할 때에야 비로소 인간에 대해 깊이 있게 이해할 수 있다. 우리 시대에 절대적으로 부족한 것이, 곧 이처럼 인간의 본질을 '가능태'로서 이해하는 것이다.

우리가 아이들을 한없이 사랑스럽고 존중하는 시선으로 바라보는 이유는, 그들을 무력한 현실태로서가 아닌 무한한 가능태로서 보기 때문이다. 그들이 커서 어떠한 현실태로서 살 것인가와 상관없이, 인간의 신비로운 가능태는 그 자체로서 우리에게 감동을 준다. 마찬가지로 인간을 가능태로서 바라볼 줄 아는 사람은, 오늘 자신이 만나는 사람들의 현실태가 아무리 천차만별일지라도 그들이 정신의 삼차원적 시간성을 통해 자기 생명의 절대적 가치를 자기의식 속에서 자각할 수 있는 우주 속 유일한 존재라는 사실만으로도 그들의 절대적 가치를 존중한다.

우리는 인간에게서 존엄성의 근거를 발견하고 인간을 항상 존엄의 대상으로 대하고 예의를 표하는 사람을 존경한다. 그런 사람이야말로 인간의 본질을 현실태가 아닌 가능태로 파악할 줄 아는 사람이고, 궁극적인 가치가 무엇인지를 지혜롭게 알아낸 사람이다. 인간에 대한 태도와 관점은 이러한 내용으로 달라져야 한다. 우리가 인간 속에 내재하는 이 '인간성'을 볼 수 있을 때 모든 인간 존재의 생명은 그 자체로서 축복과 경배의 대상이 될 것이다.

영원한 과거와 영원한 미래를 함께 조망하는 인간의 현재는 가히 '절대적 현재'라고 할 만하다. 이처럼 절대적 현재를 살다가 다시 영원한 물질로 되돌아가는 장엄한 운명을 지닌 자신과 다른 사람들을 절대적 가치를 지닌 존재로 대할 때, 인간은 실제로 자신의 현재를 절대적 가치를 지닌 존재로서의 현재로 만들어나갈 것이다.

한편 자기 존재의 존귀함을 자각하는 사람이라면 만약에 누군가 자기를 하찮게 여길 때 화를 낼 것이다. 인간이 스스로 자기 생명의 절대적 희소성을 자각하는 존재라는 특징은 단지 이론적 논증으로 그치는 것이 아니라, 만약에 누군가에 의해 그 절대적 가치를 끝내

부인당할 경우 온 몸으로 저항하는 행위를 통해 저절로 드러난다. 인류 역사가 그것을 증명하고 있다. 인간이 도덕의 최고 원칙에 입각하여 자기 존재의 절대적 가치를 자각할수록 그 속도는 빨라진다. 따라서 인간은 이제 일상성의 함정에서 벗어나 자기 존재의 절대적 가치를 자각해야 한다. 그리하여 이제 인간 존재를 하찮게 여기는 이 세상에 분노하면서 자신의 존엄성을 입증해야 한다.

도덕의 기초 재정립

철학에서 도덕론 혹은 가치론은 매우 논쟁적인 영역이었다. 따라서 도덕의 최고 원칙을 정립하고자 할 때는 이러한 사정을 감안해야 한다.

2차 세계대전 직후인 1946년 10월 25일, 케임브리지대학교의 회의실에서 논리실증주의자들의 사상적 대부인 비트겐슈타인과 칼 포퍼 간에 격렬한 논쟁이 벌어졌다고 한다. 그 자리에서 비트겐슈타인이 "철학적 문제는 언어의 유희에 불과하다."라고 주장하자 이에 대해 포퍼가 "철학적 문제는 실재한다."라고 반박했다. 이에 비트겐슈타인이 흥분해서 "그렇다면 도덕적 규범의 예를 하나만 들어보라."라며 도발하자, 마찬가지로 흥분한 포퍼는 "인간을 목적으로 대우하라."라는 칸트의 정언명령을 제시하는 대신 "초청 연사를 부지깽이로 위협하지 않는 것이 바로 도덕규범이다."라고 답했고, 이에 격분한 비트겐슈타인이 문을 꽝 닫고 나갔다는 일화가 있다.

여기서 비트겐슈타인이 말하는 '철학적 문제'란 형이상학적 명제, 가치 명제, 미적 명제 등을 의미한다. 최고의 현대 철학자가 객관적인 도덕규범을 한 가지라도 예를 들어보라고 요구하는 상황에서, 이 문제를 근본적으로 다루지 않고 모든 도덕이나 정의 혹은 가치의 최고이자 최종 기준으로서 '도덕의 최고 원칙'을 주장하는 것은 동문서답이자 사상누각이 될 것이다.

앞에서 살펴봤듯이 현대 철학의 주류인 분석철학은 사실 판단과 가치 판단을 구분하면서 '이 장미는 붉다'라는 판단과 '이 장미는 아름답다'라는 판단이 근본적으로 다른 판단이라고 주장한다. 만약에 가치 판단이 사실 판단이 아니라는 의미에서 진정한 판단이 될 수 없다면, 장미만 문제가 되는 것이 아니라 절도, 강도, 사기, 거짓말 같은, 인간 사회에서 일상적으로 가치 판단이 요구되는 모든 행위가 문제된다. 따라서 이 문제를 다시 한 번 정리해보자.

모든 가치의 원천은 희소성에 있다. 우리는 영원히 물질의 법칙을 따르는 물질과는 다른 생명의 희소성을 살펴봤다. 장미는 그런 생명체 중의 하나이다. 따라서 '장미의 아름다움'에 대한 가치 판단에는 '생명의 희소성'이라는 객관적 근거가 밑바탕에 깔려 있고, 거기에 장미처럼 빨갛고 탐스러운 생명체의 경우 '그 생명체에 특수한 희소성에 대한 판단'이 결합되어 있음을 알 수 있다. 따라서 '저 장미는 아름답다'라는 가치 판단은 주관적인 감탄사에 불과한 것이 아니다. 그에 따라 생명의 경우 기본적으로 '그 생명체가 자신에게 적극적으로 해를 끼치지 않는 한' 인간은 생명의 신비로운 현상에 희소성을 느끼며, 그 결과 생명에 대한 우호적인 평가와 판단이 주조를 이룬다. 생명의 신비를 깊이 있게 이해할수록 우리는 생명 그 자체를 존중하고 축복하며, 그것이 '기본적으로 그 생명체에 해를 끼치는 행동을 해서는 안 된다'라는 가치 판단을 뒷받침한다.

절도, 강도, 사기, 거짓말 등에 대해서도 마찬가지의 사정이 성립한다. 여기서 대상은 절대적 가치를 가진 인간이다. 따라서 만약에 인간이 절대적 가치를 가진 존재라면, 그러한 인간에게 해를 끼치는 행동은 결코 해서는 안 된다는 객관적인 가치 판단이 성립한다. 절대적 가치를 가진 인간에 대한 절도, 강도, 사기, 거짓말 등에 대해 객관적 판단이 아닌 주관적 감탄사로밖에 가치 판단할 수 없다고 주장하는 것은 생명과 인간의 희소성에 대한 이해의 결여에 기인한다.

이처럼 인간의 삶에는 '생명의 희소성'과 '절대적 가치를 갖는 인간 존재의 희소성'에 대한 객관적 판단이 밑바탕에 깔려 있어 이성이 가치 판단을 하는 데 원리를 제공한다. 경험을 진리 판단의 기준으로 삼는 경험론과 더불어 명석·판명을 진리 판단의 기준으로 삼는 합리론이 서양 근대 철학의 양대 산맥을 이루었듯이, 인간의 삶은 눈앞의 '감각'과 '인상'만으로 이루어지는 게 아니라 이성과 학문적 성과에 의해 뒷받침되는 원리들이 인간의 모든 이성적 판단을 뒷받침한다. 그에 따라 감각과 인상에 의해 검증되는 '이 장미는 붉다'라는 사실 판단만이 객관적인 근거를 가지는 것이 아니라, 생명의 희소성 원리에 의해 뒷받침되는 '이 장미는 아름답다'라는 가치 판단 또한 객관적인 근거를 갖는다. 생명의 희소성은 과학으로 입증되는 객관적인 사실이기 때문이다.

분석철학이 장미의 아름다움을 주관적인 감탄사에 지나지 않는다고 보는 근본적인 이유는, 그들이 언어와 논리만 중시할 뿐 생명의 희소성에 대해서 객관적인 이해가 결여됨으로써 가치 판단이 사실 판단에 의해 뒷받침될 수 있다는 사실을 간과했기 때문이다. 아니 그들은 '철학에서 가치 판단의 배제'라는 입장을 미리 정해놓고, 그것을 뒷받침하기 위해 거꾸로 철학을 했기 때문이다. 따라서 이제 도덕론, 정의론 그리고 가치론은, '생명의 가치'와 '인간 존재의 절대적 가치'를 객관적으로 이해함으로써 그것을 토대로 재정립되어야 한다.

높은 삶의 기준을 제시하는 도덕의 최고 원칙

'절대적 가치'란 특정한 상황에 따라 옳고 그름이 달라지는 상대적 가치가 아니라 어떤 상황에서도 불변하는 최고의 가치를 의미한다. 만일 절대적 가치라는 게 있다면 '인간으로서 무엇은 해서는 안 되며 무엇은 해도 되는지'를 언제 어느 시기든지 항상 그 절대적 가치에 근거해서 정확하게 판단할 수 있을 것이다.

따라서 만약에 어떤 정치적 격변기에도 결코 흔들리지 않고 또한 결코 흔들릴 수 없는 절대적 가치라는 것이 객관적으로 존재한다면, 그리고 인간 존재의 생명이 바로 그러한 절대적 가치를 갖는다면, 이제 인류는 그 최후의 보루인 '인간 존재의 절대적 가치에 대한 존중'을 도덕의 최고 원칙으로 삼아 파시즘이나 전쟁의 집단적 광기, 혹은 어떤 이데올로기의 광풍에도 흔들리지 않고 삶의 절대적 안정성과 예측 가능성을 확보할 수 있을 것이다.

이처럼 '인간 존재의 절대적 가치에 대한 존중'을 도덕의 최고 원칙으로 포착할 때 비로소 역사에서 전쟁의 야만을 중단시킬 수 있다. '인간 존재의 절대적 가치에 대한 존중'을 도덕의 최고 원칙으로 삼는 사회에서는 절대적 가치를 갖는 인간을 대량 살육하는 전쟁이 결코 합리화될 수 없기 때문이다. '인간 존재의 절대적 가치에 대한 존중'을 도덕의 최고 원칙으로 삼는 사회에서는 전쟁을 미화하는 어떠한 이데올로기도 근본적으로 작동하기 어렵다.

바야흐로 전쟁이, '인간 존재의 절대적 가치에 대한 존중'이라는 도덕의 최고 원칙을 겉돌게 하고 생명에 대한 뿌리 깊은 상대주의의 원천이 되고 있다. 전쟁이 근절되지 않는 한 이 도덕의 최고 원칙은 결코 제대로 정착될 수 없을 것이다. 인류사에서 전쟁이 계속되는 한, 행동과 자기의식의 관계에서 행동의 우위가 성립되어 인간은 양심상 도저히 '인간 존재의 절대적 가치에 대한 존중'이라는 도덕의 최고 원칙을 받아들이지 못할 것이기 때문이다. 따라서 본래적 자아로서 실존하고자 하는 인간은 이제 전쟁에 동원되는 것을 단호히 거부해야 한다. '인간 존재의 절대적 가치에 대한 존중'이라는 도덕의 최고 원칙은, 최우선적으로 역사에서 전쟁을 중단시킬 것이다.

다만 상대방이 공격해올 경우 '자연법의 정당방위 원리'에 따라 자신과 가족과 이웃을 방어하지 않을 수 없다. 모든 생명은 다른 존재에 의해 자신의 생명이 위협당할 때 자신을 방어할 수 있는 최소한의 정당방위의 권리를 갖는다. 따라서 '절대적 가치를 갖는 인간 존재의 생명을 지키기 위한 방어전쟁'만이 도덕적으로 정당화될 수 있으며, 그에 따라 전쟁에서는 '공격전쟁이냐, 방어전쟁이냐'가 전쟁의 정당성을 가름하는 중요한 기준이 된다.

또한 '인간 존재의 절대적 가치에 대한 존중'이라는 도덕의 최고 원칙은, 인간으로 하여금 삶의 귀중한 의미에 대해 통찰하게 해주며, 그에 따라 삶의 높은 기준을 제공한다.

먼저 '인간 존재의 절대적 가치'가 존중되는 사회에서는 계급이나 인간의 인간에 대한 지배, 심지어 불평등까지도 결코 용납될 수 없다. 누구도 절대적 가치를 갖는 인간을 예속이나 차별의 대상으로 삼을 수 없기 때문이다.

한편 계급이 사라진 현대 사회는 인간 존중을 비롯한 여러 조건이 호전된 것처럼 보이지만, 그럼에도 여전히 생산요소로서 또 대중으로서 인간의 인간에 대한 지배가 이뤄지고 있다. 그리하여 현대인들로 하여금 생산요소로서 그리고 대중으로서의 정체성을 받아들이게 하기 위해, 이전처럼 계급으로 강제하는 것이 아니라 각종 이데올로기를 치밀하게 작동시키며 철학으로 뒷받침한다. 이러한 사회에는 생존과 성공을 고무하고 장려하는 자기계발서들이 서점을 뒤덮는다. 따라서 이제부터 '인간 존재의 절대적 가치에 대한 존중'이라는 도덕의 최고 원칙을 중심으로, 절대적 가치를 갖는 인간에게 생산요소로서 또 대중으로서의 정체성을 받아들이게 하는 현대 사회의 부조리한 삶의 구조를 근본적으로 되돌아보아야 한다.

자신의 현실에 저항하거나 섣불리 나섰다간 해고와 왕따, 처벌 등 사회의 응징이 뒤따르기 때문에, 일상성의 함정에 빠진 현대인들은 별다른 문제의식 없이 자본주의의 현실에 적응하고 타협하며, 생존을 위해 가치를 쉽게 포기하고, 자기 삶을 쉽게 정당화한다.

그에 따라 지금까지 인류의 실존에 결정적인 저해 요소로 작용한 것이 바로 '선악의 회색지대'였다. 인간이 적극적으로 남에게 피해를 끼치거나 실정법을 위반하지 않는 한, 순응, 타협, 나태, 방관, 무관심, 행위의 부재와 그에 따른 일상성의 함정과 인간 소외 등 어떤 것도 무해하다고 본다.

그러나 '인간 존재의 절대적 가치에 대한 존중'이라는 도덕의 최고 원칙은, 이러한 선악의 회색지대를 제거할 수 있는 높은 삶의 기준을 제공한다. '인간 존재의 절대적 가치에 대한 존중'을 도덕의 최고 원칙으로 채택한다는 것은, 자신의 모든 삶과 행동이 도덕의 최고 원칙에 부합되는 것이어야 하며, 따라서 자신의 모든 삶이 '인간 존재의 절대적 가치'에 상응하는 것이어야 함을 의미한다. 따라서 이 기준에 의하면 '기계의 시대'에 하나의 생산요소로서, '대중의 시대'에 그냥 아무라도 좋을 대중으로서 살아가는 현대 자본주의사회에서의 삶은, 도덕적으로 무해한 삶이 아니라 도덕의 최고 원칙에 적극적으로 반하는 불의한 삶에 해당한다.

인간인 한 누구나 삶의 순간마다 다시 차가운 물질로 되돌아가는 다가올 자신의 죽음을 의식하게 되고, 생명의 유한성과 삶의 존귀함을 자각한다. 그러나 대부분의 인간에게 이것은 순간의 자각에 그치고 곧바로 다시 일상성의 함정에 빠진다. 그의 삶에서 기계의 시대와 대중의 시대인 현대 사회를 그냥 아무렇지도 않게 받아들이게 하는 이데올로기의 힘이 너무 강하기 때문이다. 이것이 인류 역사에서 발견되는 최대의 부조리다.

그러나 인간 존재의 절대적 가치가 순간순간의 주관적 정조에 의존하지 않고 객관적 근거를 갖게 될 때, 그것은 실제로 인간의 삶에 중대한 전환을 가져온다. 인간 존재의 절대적 가치는, 물질과 감각령인 동식물에 대한 객관적인 이해와 인간의 정신 속에 존재하는 의식의 삼차원적 시간성에 의해 뒷받침되며, 아울러 인간의 본질은 그 현실태가 아닌 가능태로 파악되어야 한다는 점에서 객관적인 것이다.

'인간 존재의 절대적 가치에 대한 존중'을 도덕의 최고 원칙으로 채택하는 순간, 인간의 삶은 격상된다. 그것은 인간의 보잘것없는 일상을 불의로 규정하는 엄격한 판단기준이다. 이에 따르면 '선악의 회색지대'는 더 이상 도덕적으로 무해한 영역으로 남아 있을 수 없다.

도덕의 최고 원칙에 비춰본 자본주의의 현재와 미래

야스퍼스에 의하면 현대 사회는 기계의 시대이고 대중의 시대다. 그런데 만약에 인간 존재의 생명이 절대적 가치를 갖는 것이라면, 기계의 시대에 하나의 생산요소로서 그리고 대중의 시대에 그냥 아무라도 좋은 대중으로서 문제의식 없이 살아가는 현대인들의 소외된 삶은 결코 '인간 존재의 절대적 가치에 대한 존중'이라는 도덕의 최고 원칙에 부합될 수 없다. 절대적 가치를 갖는 인간은 존귀한 존재로서 존중받고 대체 불가능한 본래적 자아로서 실존하면서 정말 여한 없이 살아야 한다. 따라서 '인간 존재의 절대적 가치에 대한 존중'이야말로 이 시대의 진보를 위해 절실히 필요한 '도덕의 최고 원칙'이라 할 수 있다.

칸트가 제시하는 '인간을 목적으로 대우하라'라는 도덕의 최고 원칙으로는 충분하지 않다. '인간을 목적으로 대우하라'라는 도덕의 최고 원칙 하에서도, 현대 사회는 이데올로기에 의해 자유와 평등, 인간의 존엄성 보장을 이념으로 하는 민주주의사회임에도 더욱 그럴싸한 목적이나 명분을 만들어 얼마든지 인간을 수단화하고 예속화하는 방향으로 작동될 수 있음이 입증되었기 때문이다. 그러나 인간의 자연권과 자유가 인간에 관한 계몽주의자들의 새로운 발견이었듯이, '인간 존재의 절대적 가치'는 철학의 새로운 발견이다. 따라서 그것은 인간의 삶을 격상시킨다.

자본주의에서 인간은 공장자동화나 사무자동화에 의해 언제든 기계와 대체될 수 있는 생산요소에 지나지 않는다. 따라서 인간을 물질로 취급하는 자본주의는 '인간 존재의 절대적 가치에 대한 존중'이라는 '도덕의 최고 원칙'에 정면으로 반하는 체제다. 자본주의에 대한 근본적인 성찰이 필요한 이유다.

자본주의는 이윤의 극대화를 목표로 하며 그것을 위해 무한경쟁과 적자생존의 원리가 작동되는 체제이다. 모든 교과서에서 기업이 무한경쟁에서 살아남고 이윤을 극대화하기 위해서라면 무엇이든 해야 한다고 당연한 듯 가르친다. 그러나 그들이 이윤을 극대화하기 위해 공장자동화와 사무자동화를 진행할수록 고용이 줄어들어 청년실업률이 증가하고, 그나마 고용된 정규직들은 가족의 생존을 위해 도태되지 않으려고 자본주의 체제에 더욱 매달리게 되며, 그에 따라 인간의 삶은 더욱 황폐화된다. 그들이 추구하는 것은 모든 경쟁자들을 물리치고 세계 일류의 기업이 되는 것이지만, 설사 세계 최고의 기업으로 성공한다고 해도 그 위에 다시 '주주이익'이 올라앉는다. 그래서 그들에게는 끝이란 존재하지 않고, 끝없는 실업과 해고의 불안이 있을 뿐이다. 이윤 극대화의 미래는 이처럼 극도로 명확하다. 도대체 무엇이 잘못된 것일까?

이 시대의 모든 이데올로기들은 경제논리를 옹호한다. 순이익의 극대화는 불문율이고, 순이익을 극대화하기 위해서라면 무슨 일이든 정당화된다. 그에 따라 사람은 갈수록 살기가 힘들어진다. 지금까지는 기계화에 의해 뒷받침되는 고도한 산업사회에 대해 누구도 문제의식을 갖지 않았다. 현대인들은 기계화를 당연하게 생각하며 예찬해왔다. 그러나 '인간 존재의 절대적 가치에 대한 존중'이라는 도덕의 최고 원칙에 부합되는 사회를 만들기 위해 현대 문명은 이제 끝없는 기계화에 대해서 문제의식을 가져야 한다.

삼성전자는 현재 약 9만 명의 고용인력으로 연간 16조 원의 순이익을 내는 회사다. 그런데 만일 삼성전자가 부동의 세계 1위 기업을 목표로 끊임없이 첨단 자동화 시스템을 도입한 결과 100명으로도 돌아가는 회사를 만든 끝에 연간 30조 원의 순이익을 내는 회사가 되었다고 가정해보자. 순이익의 거의 절반을 세금으로 내야 하므로 그만큼 사회에 기여하는 것이라고 생각할지 모른다. 그러나 기존에 정규직으로 일하던 직원들은 첨단 자동화 시스템에 의해 해고될 수밖에 없다. 결국 해고된 사람들은 국가에서 공공근로 등을 통해 먹여 살릴 수밖에 없다.

결국 앞으로 과학기술은 고용이 보장되는 고도한 산업사회에 기여할 수 있어야 한다. 고용이 기업의 가장 중요한 사회적 책임이 되어야 하며, 기업이 이윤을 극대화하기 위해 고용을 줄이고 기계로 대체하는 것에는 엄격한 규제가 가해져야 한다. '인간 존재의 절대적 가치에 대한 존중'이라는 기준에 따르면, 기계화를 통해 인간을 황폐화시키면서 더 많은 이윤을 창출하는 기업은 세금을 아무리 많이 내더라도 나쁜 기업이고, 양질의 고용을 최대한 보장하면서 직원을 '세상에 둘도 없는 단 한 사람only one'으로 대우함으로써 존속하는 기업이 존경받아야 할 기업이다. 기업은 단지 절대적 가치를 가진 인간을 위한 수단으로써 존재해야 한다.

현재 고도한 산업사회에 진입한 자본주의국가들은 공통적으로 출산율 저하 현상으로 고민하고 있다. 가장 근본적인 원인은, 기계화가 진전되어 갈수록 기계가 인간의 고용을 대체함에 따라 고용의 수요가 줄어들어 사람이 아무리 열심히 노력해도 변변한 직장 하나 구하기가 힘들고, 설사 어떻게 안정적인 직장을 얻었다고 하더라도 그 속에서 도태되지 않고 살아남기가 너무 힘들다는 것을 부모들이 경험을 통해서 절감하기 때문이다. '이 험난한 세상에서 고생은 나 하나면 됐지, 자식을 더 낳아서 내 자식까지 고생시킬 필요가 있을까?' 하고 생각하는 것이다. 아무리 좋은 대학을 나와도 변변한 일자리를 구하기가 어렵다. 자식을 낳아서 그 아이들이 잘 살 것 같은 비전이 없을 때 사람들은 자식을 안 낳게 된다. 이른바 '기계화 사회에 대한 인간의 반격'이 시작된다.

정부에서 출산을 장려하기 위해 다양한 대책을 내놓고 있지만, 한국처럼 치열한 경쟁사회에서는 저출산에 따른 위기의식이 더욱 빨리 현실화되었다. 마을에 아이들이 뛰놀며 떠드는 소리가 들려야 활기와 사람 사는 온기가 느껴지는데, 시골에 가면 아기 울음소리가 들리지 않고 마치 죽은 동네처럼 적막이 흐르고 날로 폐가가 늘고 있다. 필자의 고향 또한 필자가 다니던 중학교는 학생 수가 약 1천 명에 이르렀는데, 불과 35년이 지난 지금은 전 학년이 49명으로 줄어들어 폐교되기 직전의 상황이다. 몇천 년을 두고 사람들이 모여 살던 공동체가 이렇게 빠른 속도로 몰락하는 것을 보면 두려움이 느껴질 정도다. 여러 요인들이 복합적으로 작용하고 있지만, 우리나라 농촌이 이렇게 단기간 내에 황폐화된 가장 큰 이유는, 쌀시장 개방에 따른 정부 농업정책의 변화로 농촌의 기계화가 빠르게 진행되어 순식간에 농촌의 노동력을 대체함에 따라 젊은이들의 노동력이 불필요해졌기 때문이다. 지금은 기계가 농사를 대신하기 때문에 농번기나 추수기에도 들판에서 사람을 구경하기가 힘들다.

할리우드 영화는 끝없는 기계화를 인류의 미래로 그리고 있지만, 도덕의 최고 원칙에 의하면 끝없는 기계화는 결코 인류의 미래가 아니다. 공장자동화와 사무자동화가 진행될수록 실업률이 늘어날 뿐만 아니라 기계화로 인해 농촌의 공동화가 진행되고 있는 현실을 보면 기계화의 미래를 금방 알 수 있다. 결정적인 사실은 '인간은 노동하는 존재'이기 때문에 적절한 노동을 병행하면서 살아야 행복할 수 있다는 점이다. 물론 여전히 분배의 문제라는 커다란 과제를 안고 있지만, 고도한 산업사회에 도달하면서 물질의 문제가 거의 해결된 현재 상황에서 인류 역사는 큰 흐름에서 봤을 때 중대한 전환기에 접어들었음을 알 수 있다.

기계화가 인류의 미래가 아니라면, 앞으로 인류는 무엇에 역사의 의의와 자기 존재의 의미를 두고 살아가야 할 것인가? 인간은 '인생의 무의미함'을 가장 못 견뎌 하는 존재이다. 따라서 자기 인생의 의미를 발견할 수 없을 때 그것이 자폐나 폭력, 전쟁의 주요 요인으로 나타나는 경우를 종종 볼 수 있다. 객관적으로 물질이 부족해서 더 많은 물질을 추구하는 것이 아니라 인생의 무의미함을 참을 수 없어서 끝없이 물질을 추구하는 현대 사회의 물질지상주의 또한 그러한 자폐의 한 형태라고 볼 수 있다.

따라서 이제 인류의 미래를 위해 새로운 의미와 가치가 필요한 시점이다. 인류는 이제 '물질'이 아닌 '정신'의 발달에 역사의 의의를 두고 살아야 할 것이다. 인간은 그동안 물질에 몰두하느라 자신의 정신에 대해 너무나 소홀히 해왔다. '정신'이 무엇이고 어떤 속성을 갖고 있고 어떻게 그것에 대한 이해에 접근해야 하는지, 그리고 인간 자신의 본질인 정신의 속성을 최대한 발현하면서 본래적인 자아로서 실존하는 참된 삶은 어떤 것을 말하는지, 어떻게 해야 정신적 실체로서 자기의식을 돌보며 자긍심과 행복을 온전히 누리고 살 수 있는지'라는 영원하고 운명적인 숙제를 탐구하면서, 역사와 자신의 삶을 통해 정신의 발달을 위한 빛을 발굴하는 자세로 앞으로 나아가야 한다.

아울러 생명이 무엇이고 인간이 무엇인지를 깊이 있게 이해하면서, 생명과 인간을 최고의 가치로 여기며 축복하고 경배하는 삶이 인류의 미래가 되어야 한다. 도덕의 최고 원칙에 의하면 기계사회의 생산요소이거나 대중사회의 무의미한 대중은 결코 인류의 미래가 될 수 없다.

현대 사회를 이끄는 삼각 축

현대인들은 만인이 자유인이다. 과거 계급사회에서 사람은 한번 노예나 농노로 태어나면 평생 그 신분 상태를 벗어나는 것이 거의 불가능했으나, 지금은 인간의 자유와 평등, 인간의 존엄성이 헌법에 의해 보장되어 있다.

또한 기계화가 가져온 긍정적인 측면도 있다. 고도한 생산력시대에 도달한 지금은 농촌에서의 생활이 과거처럼 노동에 온통 몰입해야 생존할 수 있는 단계가 아니다. 농촌의 기계화가 노동과 문화생활을 병행할 수 있는 조건을 만들어주고 있어, 노동과 생활의 균형 잡힌 생존모델이 가능하다. 내가 자유인이고 생존을 남에게 의존하지 않는 이상, 황제인들 부러워할 하등의 이유가 없으며 얼마든지 자신만의 고귀한 인생을 살 수 있다.

기계화가 지배계급의 전유물이 아니듯이 고도한 생산력 또한 지배계급의 전유물이 아니라, 누구나 자신의 의식주를 해결하기 위해 그것을 능동적으로 활용할 수 있다. 그러한 노력이 필요하다. 현대인들이 현대 사회의 고도한 생산력을 자신들의 참된 삶을 위해 주체적으로 슬기롭게 이용한다면, 자본주의의 경쟁원리를 버리고도 얼마든지 용이하게 의식주를 해결하면서 자신의 정신을 살찌우는 인간다운 삶을 살 수 있다. 누구도 그것을 방해하지 않는다. 이처럼 눈을 돌려보면 오히려 현대인들은 인간의 고귀한 삶을 위한 객관적 조건이 상당히 많이 확보되어 있음을 발견할 수 있다.

시민혁명 당시에 시민들은 "우리에게 빵과 자유를 달라!"라고 외쳤다. 빵과 자유가 있다면 인간은 얼마든지 행복할 수 있을 것 같았다. 그리고 그들은 대부분 마침내 자유와 인간의 기본권을 보장하는 민주주의를 쟁취하였고, 또한 인류의 생산 발달 단계가 고도한 산업사회에 접어듦에 따라 물질적으로도 절대 빈곤을 거의 벗어나고 있는 상태다. 그럼에도 현대인들은 그리 행복한 것 같지 않다.

빵과 자유만 있다면 얼마든지 행복할 수 있다더니, 자유와 빵을 갖고서도 왜 행복하지 못한가? 그 이유는 현대 사회의 이데올로기가 시민사회의 자유를 무력화시켜 강자를 위한 자유로 만들어버렸기 때문이다. 인간은 자유가 없이는 결코 행복할 수 없는 존재이다. 그러나 현대인들의 자유는 형식적인 자유에 불과하며, 빵을 위해 자유를 일방적으로 희생당하고 있다. 그 빵은 거저 생기는 것이 아니라 적자생존의 고도한 산업사회에 적응하고 순응하여 살아남는 자에게 주어지는 것이기 때문이다.

현대 사회는 이데올로기가 지배하는 시대이다. 현대인들을 생존을 위해 끝없이 매달릴 수밖에 없도록 만드는 이 부조리한 체제를 논리적으로 정당화하고 뒷받침하는 것이, 바로 자본주의의 '강자를 위한 동물적 자유'를 '인간을 위한 정의로운 자유'로써 미화하는 현대 사회의 자유 이데올로기이다. 현대 사회의 이데올로기들이 계급사회의 채찍을 대신하고 있다. 무서운 일이다.

앞서 살펴봤듯이 자유에는 '강자를 위한 동물적 자유'가 있고 '인간을 위한 보편적인 자유'가 있다. 자유 이데올로기는 언제나 '강자를 위한 동물적 자유'를 '인간을 위한 정의로운 자유'로 미화하는 것에서 성립한다. 자본주의는 '모든 자유는 선'이라는 자유 이데올로기를 내세우며, 자유로운 경쟁만이 모든 문제를 해결한다고 주장한다. 그러나 거기서 '자유로운 경쟁'으로 미화되고 있는 자유는, 실은 인간을 위한 정의로운 자유가 아니라 강자가 약자를 포식할 수 있도록 체계적으로 보장하는 강자를 위한 동물적 자유일 뿐이다. 강자의 자유와 약자의 자유 사이에 정의로운 균형점 따위는 없다. 자본주의에서의 가격과 임금은 강자의 자유와 약자의 예속 그리고 희생을 나타낼 뿐이다.

많은 현대인들이 아직도 경제논리에 대해 문제의식을 갖지 못하고 있지만, 기업의 순이익 극대화를 지상명제로 내세우며 그래야 사회가 건강해진다고 주장하는 경제논리는 노골적으로 강자의 자유를 옹호하는 이데올로기일 뿐이다. 강자를 위한 자유가 인간을 위한 정의로운 자유로 미화되는 자본주의에서는 기업의 순이익 극대화를 위해 인간을 생존에 끝없이 매달리게 하는 모든 행위가 정의로서 옹호된다. 세렝게티 초원에 사자와 가젤이 있다. 거기서 사자의 자유가 과연 가젤에게도 자유인가를 생각해보면 모든 것이 자명해진다. 가젤에게 그것은 공포일 뿐이다. 동물의 세계에서의 자유가 약한 동물들의 희생 위에서 성립하는 '사자를 위한 자유'일 뿐이듯이, 자본주의에서의 자유는 '강자를 위한 일방적 자유'일 뿐이다.

따라서 인간의 정의로운 자유를 옹호하는 사람이라면 결코 강자를

위한 동물적 자유를 옹호해선 안 된다. 강자를 위한 자유를 옹호하는
순간, 시민사회의 자유는 무용지물이 되기 때문이다. 일반인들에게
는 자본주의가 아무렇지 않게 여겨질지 몰라도, 자본주의의 자유를
철학적으로 성찰하면 할수록 가젤의 공포와 메스꺼움이 그대로 느껴
진다.

자본주의 초기에는 절대 빈곤을 벗어나기 위해 인간이 동물세계를
지배하는 적자생존의 원리를 빌려 쓰는 것이 불가피했다지만, 인류
가 절대 빈곤을 벗어나 고도한 산업사회에 진입한 지금은 강자를 위
한 동물적 자유를 정당화할 수 있는 어떠한 여지도 남아 있지 않다.

그러나 강자를 위한 동물적 자유는 세계화의 구호 아래 여전히 살
벌하게 현실을 지배하고 있다. 따라서 존 롤스의 통찰을 따라 자본주
의를 지배하는 자유가 약자의 희생 위에서 성립하는 강자를 위한 동
물적 자유라는 사실을 이해하는 것이야말로 세상을 바라보는 매우
중요한 관점이다. 이 관점이 바뀌지 않는 한 자본주의 사회를 결코
정의로운 사회로 만들 수 없다.

이데올로기의 목적은 하나다. 즉 그것은 현대인들을 하나의 생산
요소로서, 대중으로서 성공적으로 동원하여 지배세력들의 기득권과
권력을 유지하고 강화하는 것을 목적으로 한다. 강자를 위한 현대의
고도산업사회를 유지하기 위해서는 인간을 생산요소로서 동원해야
하고, 그러기 위해서는 무의식적인 대중이라야 생산요소로서 동원될
수 있기 때문이다. 그 결과 현대인의 삶에는 강자를 위한 자유 속에
살아가는 자신의 존재를 아무렇지도 않게 받아들이게 하는 이데올로
기의 힘이 너무 강하다.

또한 현대 사회의 지배세력들은 현대인들로 하여금 생산요소이자

대중으로서의 정체성을 받아들이게 하기 위해 욕망을 미끼로 사용한다. 욕망은 현대 사회를 지배하는 거대한 힘이다. 물질과 출세를 향한 현대인들의 타는 듯한 욕망이 없으면 현대 사회의 물질문명은 지탱될 수 없다.

그러나 인간이 돈이나 출세와 같은 눈앞의 동물적 욕망에 사로잡히는 순간, 얼마든지 현실에 휘둘릴 수 있는 존재가 된다. 물질적 성공과 출세를 위해서는 현실에 어떻게든 적응해야 하고 순응해야 하며, 공동체의 목적과 사명에 잘 부응해야 하기 때문이다. 언뜻 평범해 보이지만 이것이 바로 욕망이 인간을 지배하는 기본구조이다. 욕망의 노예가 된 인간은 필연적으로 일상성의 함정에 빠져 선악의 회색지대에서 살게 된다. 여기에 삶의 모든 진실이 담겨 있다. 욕망이야말로 고대 이래로 인간의 영원한 숙적이며, 따라서 욕망에 대한 성찰이 간과된 철학은 삶의 진실이 빠진 철학이다.

현대 사회에서 인간은 생존을 위해 기계의 시대에 잘 적응하고 순응해야 하며, 나아가 충성해야 한다. 따라서 대다수의 현대인들에게 욕망은 적극적인 형태라기보다 생존을 위해 불가피한 수동적인 형태로서 나타난다. 그러나 그것이 인간을 필연적으로 일상성의 함정과 선악의 회색지대에 빠뜨리고, 나아가 인간을 본능적인 동물의 수준으로 몰고 간다는 점에서, 삶에 미치는 영향이 적극적인 욕망과 별반 다를 바 없다.

생존을 위해 실적 경쟁에서 뒤처지지 않기 위해 버둥대는 현대인들의 모습에서 욕망은 수동적인 형태로 나타나지만, 끊임없이 '더 높은 1인당 총생산량'을 지향하는 현대 사회에 이르면 인간의 욕망은 마침내 적극적인 형태로 나타난다. 정치인들은 너도나도 '더 높은 1

인당 총생산량'을 공약으로 내세우고, 그러한 물질지상주의의 현대 사회를 투표를 통해 뒷받침하는 것이 바로 '더 높은 물질수준을 누리고 싶어 하는 현대인들의 욕망'이다. 따라서 현대 사회를 지탱하는 기본 동력이 바로 욕망이라는 사실을 재확인할 수 있다.

현대 사회에는 물질적인 성취를 못하면 인생의 패배자 취급하는 물질지상주의 이데올로기가 기승을 부리고 있다. 그러나 물질을 숭상하거나 이윤을 남기는 장사꾼을 존경하는 이데올로기는 그리 긴 역사를 갖고 있지 않다. 그리고 졸부는 결코 행복하지 않다.

그러나 인간이 일상성의 함정에 빠져 '더 많은 물질'을 부러워하며 사는 한, 인간을 끝없이 예속시키는 욕망의 수레바퀴를 근본적으로 멈출 수 없다. 더 많은 물질에 대한 욕망의 노예가 되는 순간, 이 시대 지배 세력의 강자를 위한 동물적 자유 속에 포획되어 그 일원이 된다. 따라서 인간이 욕망의 노예가 되는 순간, 생산요소이자 대중으로서 끝없는 경쟁에 시달리며 자기의식과 관계를 비롯한 인간 자신의 본질을 상실해가는 자본주의의 모든 시나리오가 작동한다. 그 결과 더 많은 물질을 얻을지는 몰라도 인간으로서 자신의 본질을 잃는다. 즉 자신의 모든 것을 잃는다.

그들은 항상 실적에 쫓기기 때문에 초조하고 불안하고 바쁘다. 그에 따라 그들에게는 자기가 만나는 사람들이나 현재 눈앞의 사물들이 그 자체로서 목적이 아니라, 어떤 용건이나 수단에 지나지 않는다. 사람을 만나거나 세상을 보면서도 정신은 다른 데로 가 있다. 당연히 자신의 삶에서 바로 어제 일도 잘 기억이 나지 않고 전혀 감동이 없다. 그들에게서 사자를 위한 자유 속에서 끝없는 생존의 위협에 노출된 가젤의 불안한 눈동자가 느껴진다.

아울러 현대 사회의 지배세력들은 자신들의 권력을 극대화하기 위해 먼저 인간을 최대한 취약하게 발가벗겨 놓는다. 그에 따라 자급자족률이 '제로' 수준이어서 생존이 거의 전적으로 자본가의 고용에 달려 있는 자본주의 사회에서 인간은 막다른 길에 취약하게 몰려 있다. 인간을 자급자족률 제로의 상태로 발가벗겨 놓을수록 해고나 도태의 채찍은 그만큼 생존의 공포가 된다. 자본가들이 생사여탈권을 쥐고 있기 때문에 그들이 생존경쟁을 치열하게 몰고 갈수록 인간은 살아남기 위해 실적의 노예이자 욕망의 노예로서 현실에 어떻게든 순응하고 적응하기 위해 발버둥친다. 생존을 위해 현실에 어떻게든 순응해야 하고 매달려야 하는 인간에게는 끝없는 예속이 있을 뿐 자유란 남아 있지 않다. 따라서 무한경쟁의 원리에 의해 작동되는 현재의 신자유주의와 세계화는 인간을 생산요소로서 순응하고 충성하게 함으로써 순이익을 극대화하려는 이 시대 지배세력들의 이해와 정확히 일치하며, 결국 그것을 위해 고안된 것이라고 할 수 있다.

한편 현대 철학은 현실의 시녀로 전락해 있다. 현대 철학의 주류가 강자를 위한 윤리를 노골적으로 찬양하는 니체 철학에 뿌리를 두고 자유 이데올로기를 뒷받침하고 있을 뿐만 아니라, 인간의 욕망을 끈질기게 옹호함으로써 현대 사회에 동력을 공급하고 있다. 만약에 현대 철학이 이렇게 자본주의의 현실을 체계적으로 옹호하는 악역을 자처하지 않았다면 인간을 끝없이 매달리게 만드는 자본주의는 완벽하게 작동할 수 없었을 것이다. 따라서 사태를 근본에서 들여다보는 진정한 철학을 통해 세상을 바라보는 기준과 관점의 변화가 없으면 자각도 없고 문제의식도 없다. 소크라테스는 '음미하지 않는 삶은 가치가 없다'고 말했다. 따라서 모든 삶이 가치가 있는 것이 아니다.

이상에서 살펴봤듯이, 현대 사회는 인간에게 가장 취약한 욕망을 건드리며 '더 많은 물질을 위해서는 강자를 위한 동물적 자유가 보장되는 자본주의만 한 것이 없으며 그것이 역사의 올바른 방향성'이라는 이데올로기가 지배한다. 이는 현대 철학자들을 비롯한 수많은 지식인들에 의해 나름대로 치밀하게 뒷받침되고 있어, 일반인들이 좀처럼 그에 대해 문제의식을 갖기가 어렵다. 게다가 자급자족률 제로로 발가벗겨진 현대인들의 취약한 현실이 욕망의 세계에 더욱 영합하게 하고 지배세력들의 신민이 되게 한다.

그에 따라 이데올로기와 욕망, 그리고 자급자족률 제로의 현실이 자본주의의 현실을 떠받치는 견고한 삼각 축으로서 상호상승작용을 하고 있다. 이데올로기는 현대인의 의식을 지배하고, 욕망은 현대인의 영혼을 지배하며, 자급자족률 제로의 현실은 인간의 육체를 지배하여 꼼짝 못하게 하고 있다. 따라서 이러한 현실에 대해 하나하나 근본적인 성찰이 필요하다.

현대인에게 걸린 욕망의 저주

이 시대 지배세력과 그들의 이데올로기는 텔레비전 등의 매체를 통해 끊임없이 '더 많은 물질'에 대한 현대인들의 욕망을 부추긴다. 현대인들이 '더 많은 물질'을 부러워해야 그들을 강자를 위한 자유 속에 욕망의 노예로서 포획할 수 있고, 그래야 자신들의 부와 권력이 형성되고 강화되기 때문이다. 그에 따라 많은 현대인들이 욕망의 저주에 걸려 있다. 물질지상주의와 출세지상주의가 인간에게 물질과 출세를 지향할 것을 끝없이 부추기며, 현대인들을 경쟁형 인간으로 만들어간다. 경쟁에서 뒤쳐져 해고된 사람은 인생의 패배자로 낙인찍혀 아무도 동정하거나 뒤돌아보지 않는다. 그에 따라 현대인들은 자신이 경쟁에서 뒤진다는 것은 상상조차 하기 어렵다.

현대인들이 이처럼 힘들게 자본주의 체제에 매달리며 물질처럼 또 동물처럼 살아가는 이유는, 자본주의의 원리를 버리면 마치 과거의 절대 빈곤의 시대로 되돌아갈 것처럼 위기의식을 조장하는 현대 자본주의의 이데올로기에 사로잡혀 있기 때문이다. 인간은 욕망에 매우 취약한 존재이기 때문에, 자본주의 외에 인간을 절대 빈곤에서 벗어나게 할 다른 대안이 없다고 주장하는 이데올로기는 그만큼 위력을 갖는다. 그러나 인류에게는 생산방법을 기록하는 문자가 있기 때문에 현재의 고도한 생산력은 어딘가로 사라지지 않는다. 생산력은 결국 생산요소의 결합방법에 불과하며, 문자에 적혀 있는 방법과 비율대로 생산요소를 결합하면 그것이 곧 생산력이다. 따라서 '생산력 발달의 역사'인 인류 역사에서 우리 조상들보다 우리가 더 잘살고 있듯이 후대의 인류는 선대의 사회적 노동의 산물로부터 혜택을 누리며 우리보다 더 잘살게 되어 있다.

현대인들이 지배계급을 위한 강자의 자유에 취약한 이유는 '더 많은 물질'을 위해 그것이 불가피하다는 지배계급의 보편 이해에 그만큼 취약하기 때문이며, 따라서 인류 역사는 생산력 발달의 역사라는 점으로부터 '더 많은 물질'에 대한 강박관념으로부터 벗어나 안도할 필요가 있다.

그러나 욕망의 문제를 해결하지 못하는 한 이 모든 성찰은 공염불에 불과할 뿐이다. '더 많은 물질'을 부러워하는 욕망은 마치 공기처럼 너무나 가깝게 현대인들의 일상성을 형성하고 있어 좀처럼 문제의식을 갖기가 어렵다. 이데올로기는 형체라도 있지만, 욕망은 뜬구름처럼 형체조차 없어 손에 잡히지 않는다. 그러나 인간이 욕망에 취약한 상태에서 자유를 구하는 것은 무릎 꿇고 저항하는 것과 같다. '더 많은 물질'을 위해서는 어떻게든 현실에 적응하고 순응하고 충성해야 하기 때문이다.

따라서 인간이 끝없는 예속을 벗어나 자유를 쟁취하기 위해서는 어떻게든 욕망에 대한 실마리를 찾아야 한다. 인간이 욕망에 취약한 상태에서는 강자를 위한 자유 속에 자본주의의 모든 시나리오는 어떻게든 그대로 작동할 것이며, 인간의 자유와 실존은 요원한 과제일 뿐이다.

또한 '더 높은 1인당 총생산량'에 대한 현대인들의 공감대가 허물어지지 않는 한, 어떤 정치세력이 집권해도 그들은 경쟁적으로 '더 높은 1인당 총생산량'에 도달하기 위한 모든 법률과 시스템을 갖추어 나갈 것이며, 고도한 산업사회와 그에 따른 인간 소외의 동력은 고스란히 유지될 것이다.

그런데 불변의 진리는 인간은 결국 의식주로 사는 존재라는 점이다. 나머지는 대부분 잡동사니다. '의식주'와 '더 많은 물질' 사이에는 주인과 노예의 갈림길이 있다. 그것은 '아무것도 아닌 것'이 아니라 거기에 천당과 지옥의 갈림길이 있다. 주인은 이 시대의 고도한 생산력을 주체적으로 활용하면서 근면하고 검소하게 노동과 문화생활을 병행하며 실존의 변증법을 삶에 적용하여 손해와 양보로써 본래적 자아로서 실존하며 살 것이다. 그렇지만 노예는 끊임없이 더 많은 물질을 추구하며 뭔가에 쫓기면서 강자를 위한 자유 속에서 지배세력들에 충성하며 물질처럼 혹은 동물처럼 이기적인 생존을 도모할 것이다. 따라서 결코 쉽지는 않겠지만, 어떻게든 '더 많은 물질'에 대한 면역력을 길러야 한다.

지금까지 욕망은 인류의 영원한 숙제였고, 수많은 종교와 철학이 그 해법을 찾고자 노력했으나, 욕망은 현대에 이르기까지 여전히 건재할 뿐만 아니라 오히려 더 기승을 부리고 있다. 그 원인은 인간에게 '더 많은 물질'의 형태로 표출되는 욕망의 문제를 해결하기 위해 즉자적으로 그 반대 개념인 금욕으로 억누르는 식으로 접근했기 때문이다. 그러나 현대인의 욕망은 내면적으로 억누르면 억누를수록 마치 인간을 조롱하듯이 더 강한 힘으로 어떻게든 표출되어 인간을 좌절시켰다. 현대 사회에서 금욕은 이제 시대에 뒤떨어진 어림없는 시도처럼 보이며, 현대인들은 여전히 '더 높은 1인당 총생산량'을 약속하는 정치세력에 지지를 보내고 신제품에 열광한다.

그에 따라 현대 철학은 아예 욕망을 적극적으로 옹호하고 나서기에 이르렀다. 욕망이 왜 나쁘냐는 것이다. 그러나 '문제의 인정'은 문제 해결이 아니며, 그것은 폭력적이고 자폐적으로 문제를 해결하는 방식이다. 앞에서 육체와 정신의 관계에서 살펴봤듯이, 인간의 욕망을 옹호하는 철학은 강자를 위한 자유를 위해 인간을 예속과 소외의 고통 속에 빠뜨리는 철학에 다름 아니다. 따라서 노골적으로 욕망을 옹호하는 철학은 강자를 위한 전형적인 이데올로기일 뿐, 철학이라고 부를 수도 없다.

오직 사태를 근본에서 들여다보는 진정한 철학만이 인간을 욕망의 노예에서 벗어나게 할 수 있다. 인간이 어떻게 욕망의 노예를 벗어날 것인가? 다시 말하면 어떻게 현대인들이, 자본이 생사여탈권을 쥐고 있는 자본주의의 현실에서 생존과 더 많은 물질에 얽매여 욕망의 노예로 전락하지 않고 자신의 절대적 가치에 걸맞게 고도한 생산력 사회를 주체적으로 활용하면서 당당한 자유인으로서 실존하며 살 것인가? 어떻게 욕망의 시대인 현대 사회를 정면 돌파하면서 빵과 자유를 온전히 누리며 인간으로서 지혜로운 삶을 살 것인가?

과연 욕망에 대한 해법은 있는가

그 해법은 바로 인간 자신의 본질인 정신적 실체를 깊이 있게 이해하는 데 있다. 인간 정신의 매개적인 자기의식을 이해하는 것이 여기서도 결정적인 실마리를 제공한다. 인간 정신의 핵심인 '매개적 자기의식'의 존재로 인해 성립하는 '실존의 변증법'에 의하면, '인간은 세계와의 관계를 통해 자기 자신과의 관계를 정립하는 존재'다. 따라서 인간은 세계와의 관계를 특별하게 가꾸지 않으면 자기 자신과의 특별한 관계를 정립할 수 없다.

그런데 인간의 정신은 생각과 행동과 관계로써 세계 속에 현상한다. 따라서 인간이 실존의 변증법을 통해 세계와의 관계를 통해서 자기 자신과의 관계를 올바로 정립하면서 실존하고자 할 때 주목해야 할 것이, 바로 세계 속에 현상하는 자신의 생각과 행동 그리고 관계를 바로잡는 일이다. 다시 말하면 자신의 '생각'과 '행동', '관계'를 '욕망과 반대 방향으로' 현상하도록 바로잡는 것이 바로 욕망을 근본적으로 해결하는 방법이다.

그동안 수많은 문학작품들이 인간의 욕망과 자신의 고상한 삶을 향한 내면의 갈망 사이에 일어나는 갈등을 소재로 해왔다. 셰익스피어도 그 비밀을 끝내 풀지 못했다. 그런데 인간의 실존을 위해 결정적인 사실은, 인간은 결코 '자기 자신에 대한 의식'인 자기의식을 자기 의지대로 형성할 수는 없지만 '생각'과 '행동' 그리고 '관계'는 자신의 의지대로 만들어 나갈 수 있다는 점이다. 여기에 인간의 삶에서 영원한 숙제로 여겨온 수수께끼에 대한 해답이 있다.

인간은 누구나 자기 자신에 대해 고상한 의식을 갖는 삶을 열망해 왔다. 그러나 자기 자신에 대한 고귀한 의식은 그렇게 직접적으로 형성되는 것이 아니라, 매개적으로 형성되는 것이다. 따라서 진실로 그러한 사람이 되고자 한다면, 직접적으로 그런 의식을 갖고자 애쓰지 말고, 매개적으로 세계 속에서 자신의 생각과 행동 그리고 관계를 고상하게 실천하면 저절로 자기 자신에 대한 고상한 의식이 형성된다.

따라서 욕망의 노예에서 벗어나 자기 자신과의 올바른 관계를 정립하고자 하는 사람이라면, 이제부터 먼저 자기 자신에 대한 '생각'을 달리해야 한다. 이를 위해서는 현대인들로 하여금 생산요소로서 그리고 대중으로서의 정체성을 갖게 하는 이 시대의 모든 이데올로기들에 대해 자각하고 문제의식을 갖고 단호히 거부할 필요가 있다. 이 시대의 이데올로기는 절대적 가치를 갖는 인간에게 '너는 물질에 지나지 않는다', '너는 대중에 지나지 않는다', '너는 아무것도 아니다'라고 세뇌시킨다. 그러나 이 모든 이데올로기를 일거에 물리칠 수 있는 것이 바로 '인간 존재의 절대적 가치에 대한 존중'이라는 '도덕의 최고 원칙'이다. 따라서 현대인들은 이제 이 도덕의 최고 원칙을 중심으로 '대중으로서 살아가는 인간의 삶을 역사의 진보라고 가르치는 대중사회이데올로기'에 대해 문제의식을 갖기 시작해야 한다. 산업사회의 생산요소로서의 정체성 혹은 대중사회에서 남과 비슷한 시각으로 세상을 보고 남과 비슷한 생각을 하며 살아가는 '그냥 아무라도 좋은 대중으로서의 정체성'을 거부해야 한다. '대중'이라는 표현 그 자체에 대해 거부감을 갖고, 세상 그 누구와도 비교할 수 없는 자신만의 개별성이자 주체성으로서 제왕과도 같은 높은 꿈을 추구하며 살아가야 한다.

인간에 대한 어떤 지배나 차별도 용납하지 않는 '인간 존재의 절대적 가치에 대한 존중'이라는 '도덕의 최고 원칙'에 의해 비로소 강자를 위한 동물적 자유는 인간을 위한 정의로운 자유로 바로잡힐 것이다. 비록 자신이 생계를 위해 현대 산업사회에 노예처럼 매여 있는 몸이지만, 도덕의 최고 원칙을 중심으로 자본주의의 가치관과 세계관을 가소롭게 여기며 불의의 세상을 바꾸고자 꿈꾼다면 그는 더 이상 노예가 아닌 자유인이다.

또한 '행동'을 제왕답게 해야 한다. 자기 자신에 대한 특별한 '생각'이 '행동'을 통해 실현되어야 한다. 인간 존재의 절대적 가치는 생생한 긴장 속에 죽음을 무릅쓰고 자기 자신을 내던지는 일상의 기투企投를 통해서 실현된다. 따라서 생존의 영역에서 산업사회의 생산요소로서 현실에 적응하고 순응하며 살아가는 보잘것없는 일상을 단호히 거부하고, 어디서든 누구에게도 예속되지 않는 '단 한 사람only one'으로서 실존하는 삶을 추구해야 한다. 행동을 통해 자신의 현실을 '도덕의 최고 원칙'에 상응하는 것으로 만들어나가야 한다.

당당한 자유인으로서 누구도 나를 생존이나 더 많은 물질을 미끼로 해서 욕망의 노예로 휘두르지 못하도록 해야 한다. 또한 생존의 영역에서뿐만 아니라 사회와 정치 영역에서도 현실 모순에 방관하거나 적당히 타협하면서 선악의 회색지대에 어정쩡하게 머무르는 일상성의 함정을 벗어나야 한다. 자신의 주위와 세상의 고통에 대해 항상 관심을 갖고, 진리를 말하고 정의를 선택하며, 현실과 부딪히는 것을 두려워하지 말고 소신을 갖고 참여하면서 담대하게 앞으로 나아가야 한다. 절대적 가치를 갖는 자신의 생명의 시간을 절대적 가치를 갖는 시간들로 채워야 한다.

인간이 좀처럼 일상성의 함정에서 빠져나오지 못하는 이유는 공동체나 회사의 보복과 불이익이 두려워 행동하지 못하기 때문이다. 그러나 아무리 생각이 있어도 소심하여 행동하지 못하는 인간은 앞으로 나아가지 못한다. 행동이야말로 결정적으로 인간을 앞으로 나아가게 하는 힘이다. 따라서 자신의 현실을 도덕의 최고 원칙에 상응하는 것으로 만들고자 하는 사람은 반드시 행동해야 하며, 행동하는 그만큼 인간은 가치 있는 인간이 된다.

그러한 행동의 첫 출발로 인생의 어느 하루를 일상에서 벗어나 뭔가 특별하고 중요한 일들로 채워보는 것도 좋은 방법이다. 평소에 입지 않던 멋진 옷을 꺼내 입어보는 것도, 집안을 정말 멋지게 꾸며보는 것도, 멋진 세상을 한껏 느껴보는 것도, 우아한 휴식을 취해보는 것도 작지만 자신의 삶을 특별하게 만드는 방법의 하나다. 이렇게 하루를 대하는 관점을 삶 전체로 확장시켜, 자신의 시간들을 생의 마지막 순간까지 일상성 대신에 절대적 가치에 상응하는 여한이 없는 삶으로 채우는 노력을 기울여야 한다. 인간은 자기의식의 매개적 특성상 자신의 현상을 통해 자기 자신에 대한 의식이 형성되므로, 자신의 삶을 뭔가 특별한 일들로 채워나갈수록 자기 자신이 더 특별해진다.

아울러 욕망의 노예에서 벗어나 자기 자신과 올바른 관계를 정립하고자 하는 사람이라면, 살아 있는 동안 '세계와의 관계'를 '타인에게 좋은 영향을 미치는 것을 목적으로 하는 제3의 관계로 만드는 것'

을 자신의 삶의 의미이자 목적으로, 행복의 원천으로 삼아야 한다. 인간 존재의 절대적 가치에 걸맞은 자기 자신에 대한 생각과 행동은 '관계'를 통해 완성되어야 한다.

이를 위해서는 자신의 생존을 위해 현실에 적응하느라 급급하여 세계와 이웃에 무관심한 채 이기주의와 개인주의에 빠져 고립된 채 무의미하게 살아가는 현대인의 삶을 극복해야 한다. 치열한 경쟁 속에서 생존하느라 여유가 없어 안으로만 수축되어가는 중력을, 오히려 '다른 사람에게 좋은 영향을 미치는 삶을 목표로 하는 제3의 관계'로써 슬기롭게 극복해나가는 지혜를 발휘해야 한다. 지금 당신의 삶이 무의미하고 숨 막힌다고 느낀다면 '관계 중심적 세계관'으로 제3의 관계를 실천해보라. 실천과 동시에 주위의 모든 장애를 물리칠 수 있는 감동적인 힘을 느낄 것이다.

그에 따라 마치 제왕과도 같은 인자함과 너그러움으로 제3의 관계로써 이웃과 동료 들에 대해 깊이 심려하며 범위를 넓혀나갈 때, 마침내 '실존의 변증법'이 작동하여 인간의 삶은 곧바로 격상된다. 실존의 변증법에 따라 세계와의 관계를 개선하기 위한 생각과 행동과 관계가 축적될 때, 비로소 나 하나만의 생존과 성공을 향한 현대인의 타는 듯한 욕망이 저절로 누그러지고 현저하게 약화된다. '다른 사람에게 좋은 영향을 미치는 것을 목적으로 하는 생각과 행동과 관계가 축적될 때' 그것이 자기의식, 즉 자기 자신에 대한 의식에 저절로 반영됨으로써 비로소 자기만의 이기적 생존을 위한 타는 듯한 욕망을 잠재우는 힘으로 작용하는 것이다. 따라서 현대인들이 자신의 내면적인 욕망과 직접 대결하기보다 현실에서 자신의 이기적 욕망과 반대 방향인 손해와 희생, 양보와 배려, 심려로써 세계와의 관계를 개선해나갈 때 욕망의 문제가 저절로 해결된다. 바로 '실존의 변증법'에 욕망에 대한 궁극적인 해법이 있는 것이다.

인간의 타오르는 욕망에 대해서 '자신의 현상인 생각과 행동과 관계를 바로잡음으로써 문제를 해결할 수 있다'라는 실존의 변증법을 중심으로 한 이상의 해법이 가슴으로 깊이 와 닿지 않을 수도 있다. 그러나 인간은 자신의 욕망을 직접 다스리기는 어렵지만, 자신의 생각이나 행동, 관계는 자신의 의지대로 만들어나갈 수 있다.

철학에서 현상의 원인이자 기체가 되는 것을 '실체'라고 하며, 인간에게 실체란 자아를 의미한다. 장미가 자신의 본성에 따라 현상하고 동물도 자신의 본능에 따라 현상하듯이 인간의 자아 또한 본능을 가지고 있기 때문에 본능에 따라 현상하기도 하지만, 인간은 동시에 '정신'을 가지고 있기 때문에 정신이 생각과 행동 그리고 관계로써 현상된다. 그런데 인간에게 결정적으로 중요한 사실은, 인간은 정신 속 매개적인 자기의식으로 인해 자신의 현상이 거꾸로 자신의 실체에 영향을 미치는 유일한 존재라는 것이다. 그에 따라 인간에게 현상이 야말로 자신의 실체에 직접적으로 영향을 미쳐 자기의식, 즉 자아에 대한 의식을 형성하는 결정적 요소이다.

앞에서 세계와의 관계를 개선하기 위한 제3의 관계를 실천하는 것이 '욕망'에 대해 어떤 의미를 갖는지 살펴봤듯이, 나 하나만의 생존과 성공을 향한 현대인의 타는 듯한 욕망은 자신이 손해를 보거나 희생을 무릅쓰고 세계 속에서 현상하는 생각과 행동과 관계에 의해서 점차 누그러지고 약화된다. 이 사실을 잘 살펴봐야 한다.

인간에게 현상은 자아와 무관한 사건이 아니라 '나의 생각', '나의 행동', '나의 관계'로서 자기 자신에게 그대로 되돌아온다. 인간은 이처럼 자신의 현상을 통해 매개적으로 '나는 원래 이런 사람'이라는 자기의식 혹은 '자신의 정체성에 관한 의식'을 형성하고, 그러한 자아의 현상을 반성함으로써 발전하고 진화한다. 식물이나 동물은 이렇게 자신의 현상을 반추하는 자기의식이 없기 때문에, 현상이 자신의 원인이자 기체인 실체를 떠난 현상일 뿐 자신을 바로잡는 힘이 되지 못한다. 그러나 인간은 매개적이고 반성적인 자기의식을 통해 현상과 실체를 끊임없이 반추하므로, 현상을 개선하여 자기 자신을 개선하고 발전시킬 수 있는 유일한 존재라는 사실을 깨달아야 한다. 그에 따라 인간의 영원한 숙제인 욕망조차도 인간이 자신의 현상을 개선함으로써 해법을 찾을 수 있으며, 그것이야말로 욕망의 문제에 대한 근본적이면서도 유일한 해법이기도 하다.

'일상성의 함정'에 빠진 인간은, 자신의 현상에 대해 "그것은 내가 한 행동이 아니야."라고 하거나 "부득이한 사유로 어쩔 수 없었어."라고 하는 식으로 현실 부정이나 자기변명으로써 현실을 외면하려 한다. 그러나 그것은 순간순간의 모든 현상을 거울처럼 들여다보고 있는 정신 속 자기의식에 대한 무지에서 비롯된 것이며, 거기에 '양심'과 관련된 오랜 비밀이 있다. 인간은 거울처럼 항상 자신의 현상을 들여다보고 있는 매개적인 자기의식의 존재로 인해, 결코 자신의 현상을 자신의 것이 아니라고 부정할 수 없다. 따라서 인간의 영묘한 자기의식을 이해하는 사람이라면, 이제부터 욕망의 노예로서 현상하는 자신의 모습까지 포함해서 순간순간의 모든 현상을 자신의 것으로 긍정해야 한다. 그래야 자신의 현상이 자신을 바로잡는 힘이 될 수 있다. 그것이 인간이 정신적 실체인 자신의 본질을 이해함으로써 본래적 자아로서 실존하는 길이며, 생각과 행동 그리고 관계를 통해 매개적으로 자신의 본질인 정신적 실체를 돌보면서 사는 길이다.

욕망에 대한 해법에서 정신이 중요하게 대두됨을 볼 수 있듯이, 현대 사회에서 인간이 자기 자신과 올바른 관계를 정립하며 실존하기 위해서는 정신이 그 합당한 중요성을 되찾아야 한다. 자신의 현상을 통해 자신의 정신을 돌보고 정신을 채우는 것을 중요하게 생각하는 사람은, 그에 따른 손해와 불편을 개의치 않는다. 사실 이 시대의 지배적인 이데올로기와 일상성의 함정에서 벗어나려면, 그것을 거부함으로써 생기는 손해나 불편은 근본적이고 필수적이기까지 하다. 따라서 그것은 물질을 따르는 것과는 다른 길이다. 인간의 존엄성은 물질이 아닌 정신에서 나온다. '더 많은 물질'을 추구하다 보면 끝없는 예속의 길이 있을 뿐이다.

자신의 자기의식을 돌보며 살아야 한다. 인간에게는 정신 속에 자신의 현상을 거울처럼 있는 그대로 들여다보는 영묘한 자기의식이 있기 때문에, 자신의 현상은 자기의식, 즉 자기 자신에 대한 의식으로 그대로 반영된다. 따라서 자기의식이 바뀌어야 욕망도 바뀐다.

정의로운 세상은 인간의 힘으로 충분히 실현할 수 있다. 인간 자신에게 그 해답이 있다.

인간은 살벌한 약육강식의 원리가 지배하는 생태계에서 이미 더이상 경쟁자가 없을 정도로 최강자로 등극했다. 총, 헬기, 적외선 망원경처럼 인간이 가진 도구는 이미 너무나 강력해져서, 만일 인간이 생태계 안에서 마음껏 힘자랑을 하도록 내버려두면, 아마도 지구상의 포유류가 3일 안에 멸종되지 않을까 싶다. 만약에 인간이 '강자를 위한 자유'가 지배하는 생태계에서 동물들과 적자생존을 다투는 존재에 그친다면, 아무도 인간이 힘을 행사하지 못하도록 막을 권리가 없을 것이다. 그러나 인간은 생태계와 공존하는 것이 자신의 행복을 위해 필수적 요소라는 사실을 자각하고, 생태계에서 함부로 힘을 자랑하지 않는다. 이미 생태계의 인간은 총을 내려놓고 기계화의 정점에서 스스로 내려오고 있다.

현대의 농촌을 보면 순식간에 이미 사람이 할 일이 별로 없을 정도로 기계화가 진행되어 있다. 더 올라갈 곳이 없는 이상, 이제 기계화의 정점에서 내려올 일밖에 남지 않았다. '인간은 노동하는 존재'이고 노동을 하지 않고는 행복해질 수 없는 존재이기에, 앞으로 인간은 농촌에서 오히려 기계를 점차 줄여나갈 것이다.

또한 '더 많은 물질'을 위해 정신없이 앞만 보고 달리느라 조만간 지구를 끝장낼 것만 같던 인간들이 점차 매연과 산성비를 줄이고, 핵무기를 감축하고, 더러운 물이 흘러 악취와 질병의 원천이던 강이나 하천에 맑은 물이 흐르게 하여 시민의 휴식공간으로 만들어서 오히려 자연을 가치의 원천으로 만들어가고 있다. 그리고 재생연료와 대체연료를 개발하여 공해와 지구온난화의 주범인 화석연료를 줄여나가고, 자각의 힘으로 인구 문제에 대한 해법을 스스로 찾아가고 있다.

인간의 반성능력과 자각능력

이 모든 증거들이 의미하는 바는 바로 인간에게 반성능력이 있다는 사실이다. 그럼에도 아직까지 기계화의 동력이 그대로 살아 있는 곳은 산업현장뿐이다. 이곳에서는 여전히 '강자를 위한 동물적 자유가 보장되는 자본주의야말로 인간이 지향해야 할 정의로운 사회'라는 지배계급의 이데올로기가 인간의 반성능력을 마비시키고 있다. 온 세상의 지식인들이 나서서 강자를 위한 동물적 자유가 보장되는 자본주의 사회를 정의로운 사회라고 옹호하고 있기 때문에, 일반인들은 "저렇게 훌륭한 사람들도 그렇다는데, 나 같은 평범한 사람이 감히……."라며 현실에 대한 문제의식을 포기한다. 똑같은 세상인데도 이렇게 보면 천국이고, 저렇게 보면 지옥이다.

그러나 모든 생명에는 물질과 다른 자신만의 품위가 있다. 툭 던지면 중력의 법칙에 따라 그대로 나동그라지거나 운명적으로 관성의 법칙을 벗어나지 못하는 물질과는 다른, 자신에게만 고유한 생명의 원리가 있다. 그럼에도 다른 생명들은 본능과 욕망의 영원한 현재 속에 꼼짝없이 갇혀 한 발자국도 나갈 수 없는 감각령일 뿐이다. 반면에 인간은 자신의 이성과 의지에 따라 자신의 삶을 자유롭게 선택함으로써 무한대로 확장해나갈 수 있는 능력을 가진 존재이며, 아울러 자신의 현재에서 영원한 과거와 영원한 미래를 조망할 수 있는 절대적 존재다. 이처럼 고귀한 존재인 인간에게는 반성능력이라는 독특한 능력이 있다. 그리고 반성능력에 따른 자각능력도 있다.

그에 따라 상대적 가치관을 옹호하는 현대 철학과 지배계급의 계급 이해를 옹호하기 위한 온갖 이데올로기에도 불구하고 생존의 현장을 떠난 사회적·정치적 영역에서는 인간 스스로 휴머니즘에 기초한 헌법적 질서를 착실히 구축해나가고 있다. 또 한 가지 주목해야 할 점은 역사적으로 생산력이 발달함에 따라 인간이 점점 과거보다 강력해지고 있다는 사실이다. 강력해진 생산력으로 인간이 저항할 경우 그 위력이 과거와 차원이 다름을 이 시대의 지배세력들도 잘 알고 있다. 이것이 현대 철학과 이 시대의 이데올로기들이 강자를 위한 동물적 자유를 옹호하며 삶을 이토록 뒤흔드는데도, 사회적·정치적 영역에서는 형식적으로나마 세상이 인간 존중의 방향으로 가지 않을 수 없는 이유다.

이데올로기의 생명력

　이데올로기와 담론을 장악당하면 인간이 자유를 선택하는 모든 과정이 기득권자들의 이익을 옹호하는 방향으로 흘러가도록 되어 있다. 강자를 위한 동물적 자유를 정의로운 자유라고 생각하는 사회에서는, 아무리 똑똑한 사람도 강자의 동물적 자유에 대해서 좀처럼 문제의식을 가질 수 없다. 인간의 자유를 강조하는 사회에서는 가격이 성인 간의 자유로운 합의에 의한 정의로운 균형점으로 둔갑한다. 또한 '더 많은 1인당 총생산량'이 폭넓은 공감대로 담론의 중심을 차지하는 사회에서는 모든 정치과정이 결국 '더 많은 물질'을 위한 온갖 제도와 장치를 갖추어가는 과정이 된다. 따라서 사람들은 그 과정에서 아무리 인간 소외의 고통이 발생해도 더 많은 물질을 위해 그것이 감수할 만한 가치가 있다고 생각하며, 아무런 반성능력도 작동하지 않는다.

　그런 조건에서는 현대인들이 자신들의 자유와 권리와 이익을 위해 정치에 참여하더라도 자신도 모르게 강자를 위한 자유에 더욱 더 힘을 실어주게 될 뿐, 아무리 민주주의가 발달해도 인간은 체제에 의한 예속을 벗어나지 못한다. 그에 따라 이데올로기와 담론을 장악당한 상태에서는 민주주의가 오히려 강자를 위한 자유를 강화하는 역할을 한다. 자유와 민주주의 사회를 강조할수록 강자들이 강자를 위한 자유를 누리면서 고도한 생산력을 독식하는 것이 자유와 민주주의에 따른 정당한 산물로 둔갑한다. 결국 자유와 민주주의야말로 이 시대 기득권자들이 현대 사회의 고도한 생산력의 결실을 효과적으로 독식하기 위한 유일한 방법이기도 하다. 그에 따라 현대 사회는, 설사 계급사회가 아니라도 이데올로기와 담론을 장악당하면 민주주의 하에서노 인간을 끝없이 예속시키는 사실상의 계급 지배가 얼마든지 가능하다는 놀라운 사실을 보여주고 있다.

그러나 반성능력을 자신의 본질로 갖고 있는 인간이 고도의 생산력 사회에서 고도한 생산력으로 인해 점점 더 강력해지고 있는 이상, 세상은 결코 끝없이 지배세력의 의도대로 끌려가지만은 않을 것이다. 여기서 인간과 세계를 바라보는 올바른 관점을 정립함으로써 인간으로 하여금 자각할 수 있도록 도와주는 것이 바로 철학의 핵심적 역할이다. 따라서 현대인들이 도덕의 최고 원칙으로 무장할 경우 현대 사회의 이데올로기들은 뿌리째 흔들린다. 인간을 초원의 가젤로 취급하며 일방적 희생을 강요하고 옹호하는 '강자를 위한 동물적 자유'는 '인간을 목적으로 대우하라', '약자 우대의 원칙', '인간 존재의 절대적 가치에 대한 존중' 같은 '도덕의 최고 원칙' 모두에 정면으로 반하는 부도덕한 체제이기 때문이다.

그렇다면 강자를 위한 동물적 자유를 대체할, 세상을 바라보는 정의로운 관점은 무엇인가? 현재의 생산력을 '생산력 발달의 역사'인 인류 역사에서 인류의 조상들이 이룩한 '사회적 노동'의 토대 위에 성립하는 '공공재'로 이해하는 것이, 세상을 바라보는 정의로운 관점이다. 현대인들은 어릴 적부터 자본, 경영, 기계, 기술 등과 같은 '자본의 헤게모니가 기업 잉여가치의 원천'이라고 가르치는 자본주의의 교육과 이데올로기에 깊이 영향을 받은 나머지, 인류의 생산력과 잉여가치를 사회적 노동의 산물로 보는 이상의 관점이 전혀 피부에 와 닿지 않을지도 모른다. 그러나 앞에서도 살펴봤듯이 과학의 시대를 뒷받침하는 현대 철학의 일파인 '철학적 인간학'은 인간이 얼마나 사회적·문화적·역사적 산물인지, 그에 따라 인간이 얼마나 '과거에 근거한 현재'를 사는 존재인지를 낱낱이 파헤친다. 그러한 분석은 자본주의의 현실에도 그대로 적용된다.

'인류 역사는 생산력이 발달해온 역사'라는 사실은 중요한 의미를 갖는다. 따라서 조상들이 이룬 사회적 노동의 토대 위에서 생산력 발달의 역사를 살아가는 후손들이, 그 시대에 발달한 생산력 수준에 걸맞은 기본적인 생존권을 보장하라고 요구하는 것은 무리한 것이 아니라, 후손으로서 당연히 요구해야 할 자연권이다. 어느 누구도 인류 조상들이 이룬 사회적 노동의 산물을 독점적으로 소유하겠다고 주장할 수 없기 때문이다. 모든 지적 자산이 인류의 조상과 동시대인의 '사회적 노동'의 산물인 이상, 인류의 후대들은 사회적 노동으로 거둔 산물의 혜택을 누리며 고귀하게 살 자격을 자연권으로 갖고 있다.

그러나 이 사회의 지배세력들에게는 강자가 모든 것을 포식하는 동물적 자유가 보장되는 사회를 유지하는 것에 자신들의 모든 이해관계가 달려 있기 때문에, 자신들을 위한 사회를 정의로운 사회로 합리화하기 위한 이데올로기를 끊임없이 생산하고 강화할 것이다. 따라서 인간이 조상들이 이룬 사회적 노동의 산물을 정당하게 누리며 사는 정의로운 사회에 도달하기까지의 과정이 결코 순조롭지는 않을 것이다. 그러나 철학에 의해 관점이 바뀌기 시작하면 세상은 의외로 간단히 바뀔 수 있다.

이데올로기의 생명력은 '그것이 누구의 이익을 위한 것인지' 그 정체가 발각되지 않을 때까지다. 따라서 이 시대를 지배하는 자유가 인간을 위한 보편적 자유가 아니라 강자를 위한 동물적 자유라는 사실을 사람들이 자각하지 못하는 한, 이데올로기의 생명력은 계속될 것이다. 그러나 인간을 한낱 이윤을 창출하기 수단으로써 기계나 생산 요소처럼 취급하며 생존을 위해 죽도록 매달리게 만드는 현대 산업 사회는 '인간을 목적으로 대우하라'라는 칸트의 정언명령에 정면으로 위배되는 사회라는 사실을 자각하는 사람이 늘어날수록, 그리고 더 많은 물질을 위해 욕망의 노예로서 '일상성의 함정'에 빠져 '선악의 회색지대'에서 편안히 안주하는 현대인들의 삶은 '인간 존재의 절대 적 가치'에 정면으로 반하는 삶이라는 사실을 자각하는 사람이 늘어 날수록, 그리고 강자를 위한 동물적 자유는 존 롤스의 '약자 우대의 원 칙'에 정면으로 위배될 뿐 아니라 강자를 위한 동물적 자유가 사자 입 장에서는 자유겠지만 가젤의 입장에선 뼈에 사무치는 불의라는 사실 을 자각하는 사람이 늘어날수록, 강력해진 인간은 도덕의 최고 원칙을 중심으로 더 이상 이런 어처구니없는 불의를 용납지 않을 것이다.

지금까지 이런 세상이 유지되어온 까닭은 우리 현대인들에게 세상 을 올바르게 바라보는 관점이 없었기 때문이다. 따라서 이제부터 강 자를 위한 자유로 작동되는 자본주의는 결코 정의로운 사회가 아니 라는 문제의식을 갖고 사회를 새롭게 바라보기 시작해야 한다. 관점 을 바꾸어 자본주의를 보면 비로소 자본주의의 본질이 제대로 보이 기 시작한다. 거듭 강조하거니와 강자를 위한 자유가 보장되는 초원 에서 사자와 가젤 사이에 대등한 자유는 없다. 강자를 위한 자유를 정의로운 자유라고 주장하는 것은 가젤의 입장에서는, 다시 말하면 약자 입장에서는 너무나 기가 막히는 '사자 중심적' 사고에 지나지 않 는다.

따라서 비록 지금은 워낙 많은 지식인들이 자본주의 세계를 정의 로운 세계라고 옹호하는 이데올로기의 홍수 속에서 잠시 혼란을 겪고 있지만, 반성능력으로 인해 이 시대가 인간을 어떻게 취급하고 있는가를 자각한 인간은 도덕의 최고 원칙을 토대로 '인간을 위한 보편적 자유'가 지배하는 정의로운 사회를 만들어나갈 것이다.

따라서 인간에게 반성능력이 있는 이상, 필자는 미래에 대해 낙관적인 입장이다. 앞으로 지배계급의 이데올로기가 어떻게 진화할지 몰라도, 그것이 기본적으로 강자를 위한 동물적 자유를 정의로운 자유로 옹호하는 이상, 그리고 인간이 자신의 본질로서 반성능력을 갖고 있는 이상 미래의 변화는 단지 시간문제일 것이다.

자급자족률 제로의 현실에 대한 자각

앞에서 우리는 자본주의에서 현대인들의 자급자족률이 거의 '제로' 수준으로서 전적으로 자본가의 고용에 생존이 달려 있기 때문에, 자본가들이 생사여탈권을 쥐고 있어 현대인들이 생존을 위해 욕망의 노예가 되어 현실에 순응할 수밖에 없는 취약한 상황임을 언급한 바 있다. 이처럼 현실에 비참하게 매달리지 않으려면 기본적으로 인간이 생존을 방어할 수 있어야 한다.

현대인들의 자급자족률이 사실상 제로라는 현실이 갖는 중요한 의미는 무엇일까? 사람이 자립하지 않고 자유를 말한다는 것은 어불성설이다. 다시 말하면 생계를 남에게 전적으로 의존하면서 자유를 말하는 것은 위선이다. 지금처럼 고도한 생산력 사회에서 현대인들이 태어나서 죽을 때까지 오로지 생존을 위해 전전긍긍 살아가는 아이러니한 현실이 전개되는 까닭은, 그들의 자급자족률이 사실상 '제로' 수준이어서 고용이 없으면 하루도 생존이 불가능하기 때문이다.

그렇다면 농촌의 상황은 어떠한가? 우리나라 농촌의 객관적인 현실은, 재산 형성을 목적으로 한다면 도시보다도 불리한 여건이다. 최근 통계에 의하면 우리나라 논 1,200평 한 필지당 쌀 수확량이 26가마 정도이고 벼농사 평균 수익률이 49퍼센트 정도이므로 논 10필지를 소유한 사람이 농사를 지을 때 얻을 수 있는 연간 순이익이 1900만 원 정도에 불과하다. 논 10필지를 소유한 사람도 드물 뿐더러, 아무리 기계화의 도움을 받는다지만 10필지를 농사짓는다는 것은 보통 고생스런 일이 아니다. 그 정도 소득 수준으로는 자녀교육비를 감당하면서 재산을 형성할 수 있는 경제구조를 만들기 어려울 뿐더러, 쌀 수입시장 개방으로 인해 앞으로 물가상승에 비례하여 쌀값이 오를 가능성도 거의 없다. 한마디로 지금 우리나라 농촌은 벼농사만으로는 비전이 없다. 그것이 최근 우리나라 중소기업 평균 연봉이 2400만 원 수준에 지나지 않음에도 농촌의 젊은이들이 어떻게든 도시로 나오려 하는 현실적인 이유다.

따라서 도시에서 생계를 위해 자본주의의 현실에 노예처럼 매달리는 삶이 싫다고 즉자적으로 농촌 행을 선택하는 것은 현명한 해법이 될 수 없다. 자녀 양육과 노후 대비를 위해 아직 재산 형성이 필요한 단계의 젊은 세대들에게는 '어떻게 산업사회와 병행하면서도 자급자족률 제로의 현실을 극복할 것인가'라는 대안을 현실적으로 고민해야 한다.

이러한 고민의 과정에서 러시아인들의 주말농장 '다차'는 하나의 대안을 제시한다. 2000년 블라디보스토크에서 상트페테르부르크까지 약 1만 킬로미터를 철도를 타고 가면서 취재한 《시베리아—몽골 횡단기행》이라는 책을 보면, 지은이가 러시아인들이 월 100달러, 즉

12만 원도 안 되는 소득수준으로도 생계를 이어가는 비결을 몹시 궁금해 하다가 교외에 나서면 으레 눈에 띄는 통나무집에 딸린 수십 평에서 수백 평 규모의 밭인 '다차(주말농장)'에서 그 해답의 열쇠를 발견하는 대목이 나온다. 러시아인들은 집집마다 다차를 갖고 있는데, 다차에서 감자와 배추, 딸기 등 야채와 과일을 직접 가꾸어 부식의 대부분을 해결하고 더러는 시장에 내다 팔기도 한다고 한다. 드넓은 땅을 가진 러시아는 가구마다 이러한 주말농장을 허용함으로써, 구소련 시절에 배급제로 감당할 수 없던 식량난을 덜고 국민의 불만을 상당 부분 잠재웠다고 한다. 주말이면 으레 가족이 도시락을 싸들고 야외에 나가 다차도 가꾸고 통나무집에서 휴식도 취하면서 단란하고 즐거운 한때를 보낸다.

물론 2000년 당시만 해도 러시아가 사회주의와 결별한지 얼마 안 된 시점이어서 국가가 국민들의 의료와 교육을 전적으로 책임지던 특수상황이었음을 감안해야겠지만, 도시 인근에 100평 정도의 땅을 보유하고 있으면 자급자족을 위한 최소한의 안전판이 확보된다. 이미 성공한 모델이므로 다른 지역의 상황에 맞게 적용할 수 있을 것이다.

물론 다차 모델은 그 자체로서 궁극적인 대안이 아니다. 고된 직장 생활에서 휴식이 필요한 직장인들에게 다차 모델을 곧바로 적용하는 것이 현실적으로 쉽지 않을 것이다. 5평 남짓한 주말농장을 가꾸어 본 경험이 있는 도시인이라면 100평이 결코 적지 않은 땅이라는 것을 알 것이다. 그러나 생각을 바꾸면 그것이 가족과 유익하고 행복한 시간을 확보할 수 있는 방법도 될 것이다.

현대 사회의 이데올로기는 현대인들에게 기계화 시대에 하나의 생산요소로서 적응하여 살아남지 못하면 가족과 함께 길거리에 나앉게 될 거라고 끊임없이 위협한다. 그 이데올로기에 편승하여 보험회사들은 노후를 대비해서 수십억 원을 모아두지 않으면 나중에 굶어죽게 될 거라고 직장인들을 협박하며 돈벌이를 한다.

그러나 야외에 100평 정도의 땅을 구입하여 주말농장으로 활용한다면 그것이 자신의 생존을 방어할 수 있는 최소한의 안전판을 만드는 현실적인 대안이 될 것이다. 실제로 그렇게 자급자족하며 살다 보면 겨우 생존을 위해 산업사회에 예속되어 그렇게 숨 막히게 살아가는 자신의 삶에 대해 자각할 것이며, '사람은 결국 의식주로 산다'라는 말의 의미를 이해하게 될 것이다. 더구나 자녀를 교육하는 문제를 해결한 뒤 노후에 필요한 의식주를 직접 자급자족하고자 하는 사람들에게 100여 평 규모의 다차 모델은 훌륭한 대안이 될 것이다.

생존의 기반이 취약한 사람은 자신도 모르게 자본주의의 자발적인 신민이 되어 지배세력의 이해에 쉽게 휘둘린다. 나아가 그러한 현대인들의 성향이 강자를 위한 자유에 쉽게 영합하는 보수성의 근원이 되고 있다. 따라서 현대인들의 자유와 진보를 위해 생존의 안정이 필수조건이다.

한편 단 하루도 소득이 없으면 살 수 없는 삶의 조건이 현대인들이 산업사회에 계속 비참하게 매달릴 수밖에 없게 하는 요인이라는 점을 중요하게 고려한다면, '저축'이야말로 여전히 최고의 미덕이라는 점이 강조되어야 한다. 산업사회에서 인간의 본질에서 벗어나 소외된 생산요소로서 고통스런 삶을 감수하면서 소득을 벌어들이고 있는 상황이므로, 최대한 절약하여 하루빨리 예속의 굴레로부터 벗어나는 것이 현대인들이 자유와 실존을 확보하기 위한 지혜로운 선택이다. 철학이 없이 소비의 미덕을 주장하는 경제학자들이, 만일 자신들의 의도와 달리 자신들이 얼마나 강자를 위한 자유에 기여하고 있는가를 깨닫는다면 더 이상 소비를 미화하는 주장을 계속할 수 없을 것이다.

아울러 현대인들이 산업사회에서 생산요소로서 적응하고 나아가 충성하느라 숨 참기와 유체 이탈로 살아가는 삶이 얼마나 인간 자신의 본질로부터 멀어진 소외된 삶인가를 자각할수록 그 대안을 치열하게 고민해야 한다. 대안을 치열하게 고민할수록 꿈과 계획이 절실해지며, 대안이 자신의 삶 속에서 실현될 가능성이 높아진다.

예를 들어 일단 다차 모델을 통해 자신감을 얻은 사람들이 산업사회의 생산요소로서의 삶을 벗어나고자 산업사회에서 저축한 돈을 밑천으로 농촌에서 자급자족하면서 실존하는 삶을 실천하고자 할 때, 가장 문제가 되는 것이 꿈과 계획이다. 스스로 절실하게 꿈꾸고 계획을 모색해보지 않은 사람은 중간에 포기하기가 쉽다. 그러나 꿈과 계획이 확실하다면, 조금만 발상을 바꾸면 현대 사회에서 고도한 산업사회의 도움으로 과거보다 훨씬 용이하게 생존의 문제를 해결할 수 있는 지혜를 발견할 수 있을 것이다. 인터넷을 통해 더 나은 생산방법을 공유하기도 쉽고, 성공적으로 농촌에 정착할 수 있도록 돕는 단체나 프로그램도 다양하다.

인류 역사는 생산력 발달의 역사인 만큼 현대인들은 고도한 생산력을 자신의 삶을 위해 주체적으로 활용할 줄 알아야 한다. 우리나라는 이미 노동집약적 산업단계를 경과한 만큼 의식주를 중심으로 한 기초산업에서 세계 최고 수준의 기술력을 보유한 분야가 많다. 그것은 과거처럼 노동에 온통 몰입하지 않으면서도 고도한 생산력을 이용하여 협동조합 수준의 생산공동체에서 훨씬 손쉽게 의식주와 관련한 양질의 제품을 생산할 수 있는 능력을 의미한다. 또한 현대 사회에서는 인터넷을 이용하여 직접 소비자와 연대하기도 쉽다.

아울러 지금은 구, 군 단위까지 도서관이 너무나 잘 갖춰져 있어서, 마음만 먹으면 어디서든 평생 죽을 때까지 불편 없이 열심히 공부하면서 정신을 살찌우는 삶을 살 수 있다. 인간은 죽을 때까지 노동하고 죽을 때까지 공부하면서 살아야 행복할 수 있다. 인간은 인생의 각 시기마다 휴식과 노동, 공부가 적절한 삼박자를 갖춰야 행복해질 수 있는 존재이기 때문이다.

앞서 욕망에 대한 근본적인 해결책으로 자신의 '생각'과 '행동'과 '관계'를 바로잡는 방법을 제시했다. 그러나 시대의 모든 이데올로기가 나를 욕망의 노예로 몰아가고 있을 뿐 아니라 현실적으로 생산요소로서 적응하지 않으면 생존이 어려운 현대 사회에서, 자신의 현상을 바꾸어 욕망의 노예에서 벗어날 수 있는 사람은 그만큼 제한적일 수밖에 없을 것이다.

따라서 이제 세상을 바라보는 관점의 변화를 토대로 현대 문명의 부조리를 분명히 자각하고, 생존을 위해 비참하게 매달리지 않을 수 있는 최소한의 안전판을 통해 시간과 여유와 자신감을 확보했다면, 그것을 토대로 끊임없이 강자를 위한 이데올로기를 생산하는 세상을 바꿔야 한다. '강자를 위한 동물적 자유가 싫지만 그것이 우리의 현실이다'라는 식으로 현실에 타협하며 선악의 회색지대에 머물러선 안 된다.

현대 사회가 '과반수의 원리'로 작동되는 민주사회인 이상, 자본주의는 난공불락의 요새가 아니라 오히려 마치 후 하고 불면 무너져버릴 듯한 아슬아슬한 모래성과도 같다. 국가를 불가항력의 괴물처럼 묘사하는 일부 지식인들의 접근도 강자를 위한 이데올로기에 불과하다. 현대인들을 보면, 사실은 세상을 바꿀 수 있는 엄청난 힘을 갖고 있으면서도 자신이 가진 힘을 모르고 마치 뭔가에 홀린 듯이 평생을 조그만 말뚝을 숙명처럼 여기며 그것에 매여 있는 동물원 우리 안의 코끼리를 보는 것 같다.

'공감대가 바뀌면 세상이 바뀐다.' 관점과 공감대가 바뀌면 꼭 혁명이 아니라도 '과반수의 원리'로 작동되는 민주주의를 통해 얼마든지 세상을 바꿀 수 있다. 이것은 논리적인 귀결일 뿐만 아니라, 실제로 공감대가 강자를 위한 자유를 바꾼 사례를 스웨덴에서 발견할 수 있다.

스웨덴에서는 국민들 다수가 강자가 모든 것을 독식하는 체제를 거부하고 보편 복지에 대한 공감대가 강하게 형성되자 진보정당은 물론 보수당도 복지국가라는 틀을 모두 인정하고 있다고 한다. 2002년에 치러진 선거에서 보수당이 이전 선거에 비해 지지율이 10퍼센트나 하락하는 아픔을 맛보고 나서부터 '스웨덴에서는 복지국가의 틀에 손을 대면 선거에서 진다'라는 사실을 깨닫고 결국 친노동, 친복지로 돌아올 수밖에 없었다는 것이다.

이처럼 사회적 공감대의 힘으로 강자를 위한 자유를 바꾼 스웨덴 복지국가의 사례는, 비록 진보진영에서는 그것을 개량주의라고 비판할지 몰라도, 약자를 위한 거창한 명분을 내세우면서도 실제로는 강자가 모든 것을 포식한 왜곡된 현실 사회주의보다 훨씬 더 정의로운 사회다. 왜냐하면 분배의 정의를 판단하는 데 가장 적합한 도덕의 최고 원칙은 바로 존 롤스의 '약자 우대의 원칙'이기 때문이다.

공감대를 통해 강자를 위한 자유가 지배하는 세상을 바꿔나갈 수 있다. 이 시대의 자유가 강자를 위한 동물적 자유라는 것을 통찰하는 깃민으로도, 그리고 이 시대의 잉여가치를 사회적 노동의 산물로 바라보는 관점과 공감대만으로도 세상은 현재의 모습과 크게 달라질 수 있다.

물질문명 이후의 과제

지금까지 역사는 인간에게 반성능력과 자각능력이 있다는 사실을 입증해왔다. 인간이 자신에게 고유한 반성능력과 자각능력으로써 자본주의의 강자를 위한 자유는 결코 인간을 위한 정의로운 자유가 될 수 없다는 것을 자각하고 그것을 도덕의 최고 원칙이 강력히 뒷받침하는 한, 인간이 정의로운 세상을 실현하는 것은 단지 시간문제일 뿐이다. 필자의 관심은 이제 그 다음의 상황으로 옮겨간다.

생산력 발달의 인류 역사에서 더 풍요로운 고도한 산업사회를 누리게 될 후손들이, 더 많은 물질이 오히려 독이 되지 않고 자기가 가진 모든 것을 당연하게 여기는 '일상성의 함정'에 빠지지 않을 수 있을 것인가? 과연 축복받은 생명의 무대인 지구의 자연 속에서 행복의 원천을 발견하면서 자연과 편안하게 공존하는 가운데 '도덕의 최고 원칙'을 중심으로 생명과 인간 자신을 가장 소중한 가치로 바로 세우며 행복한 미래를 만들 수 있을 것인가? 즉 체제의 문제를 떠나, 궁극적으로 가치 있고 행복한 삶이 어떻게 가능한가의 문제인 것이다.

그러나 인간이 자연권으로서 고도한 산업사회의 물질적 풍요를 누리며 사는 세상이 도래한다고 해서 인간이 저절로 행복해지는 것은 아니다. 지배세력들의 이데올로기 문제는 인류의 반성능력과 자각능력으로써 바로잡을 수 있지만, 인류의 영원한 숙제인 욕망의 문제는 여전히 남는다. 물질이 풍요로워진다고 정신이 저절로 성숙해지는 것은 아니기 때문이다.

정신이 성숙한 사람은 자기가 가진 소중한 것들을 소중하게 생각할 줄 알지만, 졸부는 아무리 많은 것을 가져도 당연하게 생각하면서 끝없이 더 많은 뭔가를 추구한다. 자신이 가진 모든 것을 당연하게 여기는 '일상성의 함정'에 빠져 있는 사람에게는 고도한 산업사회의 아무리 많은 물질도 그의 행복에 조금도 기여하지 못하며, 오히려 그는 물질 때문에 더 불행해진다. 따라서 인간이 자신의 삶을 성찰하고자 한다면 도덕의 최고 원칙에 입각해서 인간의 욕망에 정면으로 맞서야 하며, 결코 회피해서는 안 된다.

고도한 산업사회인 현대 사회의 절대적·상대적 물질수준을 살펴볼 때 현대인들이 불행한 원인은 더 이상 물질의 결핍에 있지 않고, 자신이 가진 것을 당연하게 생각하는 '일상성의 함정'이라는 인간의 욕망이 여전히 더 근본적인 문제이다. 객관적으로 뭔가가 부족해서 정신없이 더 많은 뭔가를 추구하는 사람은 차라리 동정할 여지라도 있지만, 충분히 많이 가졌으면서도 만족하지 못하고 끊임없이 더 많은 뭔가에 대한 욕망의 노예로 사로잡혀 불행한 사람은 동정할 여지조차 없다.

일상이 욕망의 노예에서 벗어나 편안해져야 한다. 그것을 위해서는 인류의 미래에 물질이 아닌 정신의 중요성이 회복되어야 한다. 물질은 이만하면 됐다. 인간이 욕망의 노예에서 벗어나지 못하는 한 얼마든지 현실에 휘둘리며 물질처럼 또한 동물처럼 인간 자신의 본질과 멀어지는 소외된 삶을 살 수밖에 없다는 교훈은, 지금까지의 역사적 시행착오로도 충분하다. 따라서 이제부터 인간의 행복은, 더 많은 물실이 아니라 자신의 삶에서 자기가 가진 것은 무엇이든 그것을 당연하게 여기는 일상성의 함정을 어떻게 벗어나느냐에 달려 있다.

서울에 사는 사람은 한밤중에 동서남북 어디에서도 초록빛에 쌓인, 마치 보석과도 같이 빛나는 남산타워의 불빛을 볼 수 있다. 그런데 똑같은 남산타워가 초저녁에는 초라해 보이기 그지없다. 왜 그럴까?

사실 여기에 삶의 깊은 지혜가 담겨 있다. 똑같은 남산타워가 초저녁 해질 무렵에는 초라하게 보이는 것은 그 시간에 주위에 잔광이 너무 많기 때문이다. 생명이자 인간으로서 우리가 가진 것들이 남산타워의 불빛에 해당되고, 자신이 가진 것을 당연하게 생각하는 '일상성의 함정'이 바로 잔광에 해당한다. 잔광이 많으면 아무리 밝은 불빛도 잘 보이지 않는다. 안타깝게도 오히려 칠흑같이 어두운 밤일수록 불빛은 더 영롱하게 빛난다.

인간이 자기가 지금 가진 것이 뭔가를 객관적으로 되돌아볼 줄 안다면, 자신이 영원한 본능의 껍질에 갑갑하게 갇혀 있는 동물이 아니라 사단취장의 자세로 얼마든지 발전하고 성장할 수 있는 인간으로 태어났다는 사실도, 지금 이 순간 아직 생명으로서 건강하게 숨을 쉬고 있다는 사실도, 지금 자신이 평화로운 시기를 살고 있다는 사실도, 자신이 의식주를 남에게 의존하지 않고 자립하여 살고 있다는 사실도, 자신과 가족이 모두 건강하다는 사실도, 자녀들이 착하게 잘 자라주고 있다는 것도 결코 당연한 일이 아니다.

따라서 '내가 지금 가지고 있는 것이 무엇인가', '내가 지금 객관적으로 불행해야 할 이유가 있는가'를 항상 되물어봄으로써 욕망의 노예와 일상성의 함정에서 벗어나야 한다. 그것을 통해 자신이 바로 절대적 가치를 가진 인간으로서의 생명을 갖고 있고, 지금 자신이 가진 것들이 이 순간 그것을 잃은 수많은 사람들이 너무나 부러워하는 것들이라는 사실을 지혜로써 자각해야 한다.

이를 위해 인류는 '가치의 기준'을 새롭게 정립해야 한다. 이 새로운 기준에 의하면 '내가 그것을 잃었을 때 그 소중함을 가장 절실히 느끼는 것'이야말로 인간에게 가장 소중한 가치이며, 이런 것들이 본래적 가치다. 마치 '공기'처럼 내 주변에 항상 당연한 듯이 있어서 그 소중함을 모르다가 그것이 없어졌을 때에야 그것이 얼마나 소중했는가를 절실히 깨닫는 것이 무엇인지를 항상 되돌아보아야 한다. 이제 '축'을 바꿔 이러한 본래적 가치를 중심으로 세상을 새롭게 바라봐야 한다.

인간은 결코 한 끼에 두 그릇 먹는다고 행복해지는 존재가 아니며, 오히려 불행해진다. 이 사실을 잘 살펴봐야 한다. 물론 절대적 빈곤 속에서 인간은 결코 행복할 수 없다. 그러나 아무리 많은 물질도 자신이 가진 것을 당연하게 여기는 일상성의 함정과 결합하는 순간에는 아무것도 아니며, 물질이 오히려 행복에 적극적으로 방해가 된다.

하늘의 저 별은 칠흑 같은 어두움 속에서 가장 영롱하게 빛난다. 그렇다면 어떻게 해야 자신의 유한한 삶 동안 나에게 속한 것들과 세상 사물들을 저렇게 영롱하게 빛나는 별들처럼 감동과 영감 속에서 바라보며 살 수 있을까? 그 비결은 내 주위의 불필요한 잔광을 최소한으로 줄이는 것뿐이다. 따라서 자신의 삶에서 일상성의 함정을 없애는 것이야말로 현대인들의 행복의 관건이다. 남산의 불빛을 밝게 볼 수 있는 방법이 어두움 외에 다른 방법이 있는가를 생각해보라.

자기가 가진 것들을 당연하게 여기며 그것들에 감사할 줄 모르고 끝없이 더 많은 뭔가를 추구하는 욕망은, 인간을 아예 욕망의 존재로 규정하면서 욕망을 옹호하고 부추기는 현대 철학과 이데올로기, 그에 따라 '더 많은 1인당 국민총생산'을 위해서라면 인간 자신의 본질까지도 희생을 불사할 만큼 강력한 현대인들의 물욕에 기초를 두고 있다. 그렇기 때문에 자기 주위의 불필요한 잔광을 최소한으로 줄여 일상의 소중함을 재발견하는 일은 매우 어려운 일이다.

따라서 지금까지의 물질 중심적 세계관에서 '생명 중심적 세계관'으로 세계를 보는 관점이 송두리째 바뀌어야 한다. 진화론에 입각해서 생명을 물질로부터의 자연선택에 따른 당연한 결과물로 여기는, 현대 문명의 물질 중심적 세계관이 무엇이 진정 신비롭고 소중한 것인지 현대인들의 눈을 흐리게 하고 있다. '생명은 무엇이고 인간은 무엇인가'에 대한 이해를 토대로 문명의 이데올로기 영향에서 벗어나 세계를 새롭게 다시 바라봐야 한다. 생명 중심적 세계관으로 세계를 봐야 물질은 그 자체가 목적이 아니라 생명과의 관련하에서 생명을 위한 수단으로써 정당한 제 자리를 찾게 되고, 비로소 인간은 자신이 가진 소중한 것들을 이해하게 되면서 목적과 수단이 제자리를 찾게 된다.

생명 중심적 세계관으로 세상을 보면, 생명의 가치와 의미는 물질과 비교함으로써 금방 도출된다. 생명은 물질이 아니기 때문에 그 가치와 의미를 부여받는 것이다.

인간이 자꾸만 일상성의 함정에 빠지는 근본적인 이유는 인간 자신에 대한 기준점을 놓치며 살기 때문이다. 일상성의 함정이 '자신이 가진 것을 당연하게 여기는 함정'이라 할 때 무엇에 대해 당연하다는 것일까? 앞에서 필자는 먼저 물질이 뭔지를 이해해야 생명이 뭔지를 이해할 수 있고, 물질과 생명이 뭔지를 이해해야 인간 자신이 어떤 존재인지를 이해할 수 있다는 점을 강조한 바 있다. 생명과 인간을 이해하는 기준점이 바로 물질이다. 무릎을 꿇고 흙을 만져보라. 인간 자신이 물질에서 왔고 결국 다시 영원히 물질로 되돌아가는 존재인 이상, 물질을 기준점으로 자신의 생명을 이해해야 한다. 생명을 잃으면 존재는 영원히 중력의 법칙을 따르는 차가운 물질로 되돌아갈 뿐이다. 따라서 인간이 일상성의 함정에서 벗어나 자신의 일상을 소중하게 바라보는 비결은 바로 자신의 기준점이 물질이라는 사실을 잊지 않는 것에 있다.

얼마 전 텔레비전에서 문명에서 최대한 동떨어진 안데스 산맥 오지에서 살아가는 어떤 인디언족을 다룬 여행 다큐멘터리를 봤는데, 그들이 미라 상태로 태아처럼 웅크린 채 뼈가 앙상하게 무덤 밖으로 드러난 조상들의 무덤 곁에서 아무렇지도 않게 일상생활을 하며 살아가는 모습을 보면서 충격을 받았다. 그들은 그 뼈들을 보면서 '죽어서도 조상들의 영靈이 우리와 함께한다'라고 믿으며 살아간다는 것이다. 그러나 그것은 죽음에 대한 두려움에서 비롯된 미신에 불과하다.

그 뼈는 그들 조상의 뼈가 아니라 바로 그들 자신의 뼈였고, 내 뼈였다. 인간은 자기 자신을 대상화하는 것에는 매우 서툴면서도, 세상과 사물들을 쉽게 대상화한다. '그것은 조상들의 뼈지 내 뼈가 아니다'라고 한사코 밀어낸다. 그러나 삶과 죽음은 한순간이고 시간은 어김없이 흘러 그 뼈는 바로 자신의 뼈가 된다. 따라서 그것은 비참한 현실 외면일 뿐이다. 그들 인디언들이 봐야 할 것은 죽어서도 후손들 곁에서 살아가는 영이 아니라, 바로 생명으로서 모든 것을 잃고 차가운 우주의 물질로 되돌아가 있는 자신들의 운명이다. 생명과 물질을 구분할 줄 알아야 한다.

이 세상에서 살던 사람들과 살고 있는 사람들을 보면 대부분 마치 천년만년 살 것처럼 착각하며 자기가 가진 것들을 당연하게 생각하며 살아가는데, 그 뼈를 보면서 우주의 먼지로 되돌아가 있는 자신의 운명을 직시한다면 지금 자기가 생명으로서 갖고 있는 모든 것들이 과분하다. 인간에게는 오직 자기 나이만큼만 사계절을 볼 수 있는 기회가 주어진다. 따라서 그 계절들과 그 속의 생명들과 사람들은 더 이상 나와 상관없는 대상이나 풍경이 아니라 이미 자신의 소중한 일부이다. 이 점을 이해할 수 있다면, 모두가 훌륭한 철학자다.

인간이 짧은 생명을 살다가 어김없이 다시 앙상한 뼈로 또 우주의 물질로 되돌아가는 자신의 유한성을 직시할수록 지금 이 생명의 순간에 당연한 것은 아무것도 없으며, 무력하게 영원히 중력의 법칙을 따를 뿐인 물질이 아니라 생명이자 인간으로서 아직 자신에게 허락된 시간과 본래적 가치들에 눈물겨운 감사를 보내게 된다.

꿈은 현재에 대한 강력한 원동력

인간이 욕망의 노예에서 벗어나기 위한 해법의 하나로, 필자는 꿈의 중요성을 강조하고 싶다. 앞에서 욕망의 문제를 해결하기 위해 자신의 현상을 바로잡는 문제와 관련하여 세계 속에 현상하는 자기 자신에 대한 '생각'을 자신의 절대적 가치에 걸맞게 높게 갖는 것의 의미와 중요성을 살펴본 바 있다. 꿈이란 인간이 자신의 절대적 가치에 걸맞은 삶을 위해 자신의 시간들을 절대적 가치에 걸맞은 시간으로 여한 없이 채우고자 하는 열망을 말한다.

인간이 자신의 본래적 가치에서 행복의 원천을 찾지 못하고 욕망에 매우 취약한 중요한 이유는, 삶의 무의미를 채워줄 자신만의 꿈이 없기 때문이다. 인간을 무의미한 생산요소이자 대중으로 만드는 이 시대의 강자를 위한 이데올로기에 굴하지 않고, 인간이 생명에 대한 터무니없는 수동성과 일상성의 함정에서 벗어나 자신의 절대적 가치에 걸맞은 여한 없는 삶을 살 수 있게 하는 비결이 바로 꿈을 갖고 사는 것이다. 꿈이 있고 추구하는 게 다른 사람은 자긍심의 원천이 다르다. 그런 사람은 의식주 외에 물질로써 자신을 채우는 삶을 하찮게 여기고, 도서관에 가득 쌓인 책에서 참된 빛을 찾아 정신을 채우면서 자신만의 꿈을 추구하며 살아갈 것이다.

물질지상주의에 빠져 있는 현대인들은 구걸하는 사람을 보면 단지 걸인이라는 이유로 무조건 무시하곤 하지만, 고대 그리스인들은 거지철학자 디오게네스가 배고프면서도 철학책을 읽으며 황제도 하찮게 여길 정도로 세상 그 무엇도 부러워하지 않고 사는 모습을 보면서 존경을 보냈고, 물질과 욕망을 탐닉하며 사는 자기 자신들을 되돌아보며 부끄러워했다. 자신의 꿈을 갖고 사는 사람은 디오게네스처럼 자신이 뜻을 두고 있는 꿈이 중요할 뿐, 결코 남에게 휘둘리지 않고 남들이 소중히 여기는 재산이나 명예 등 일체의 외면적인 가치를 하찮게 여긴다. 그런 사람에게서 인간의 개별성과 주체성이 최고로 실현된다.

참나무는 백만 년 후에도 비슷한 참나무지만, 고등동물일수록 존재의 의미에서 개별성이 점차 두드러진다. 산에 있는 참나무는 절반이 불타도 백만 년이 지나면 언제 그랬냐는 듯이 다시 씨를 뿌리고 멀쩡히 회복된다. 자연에서 아무런 차이도 발견되지 않는다. 그러나 강아지나 원숭이는 어미를 떼어놓으면 한동안 낑낑댄다. 어미라는 개별성이 다른 것으로 대체될 수 없는 나름의 의미를 갖는다는 증거다. 그러나 그들도 며칠이면 어미가 없는 세상에 적응하면서 멀쩡히 잘 살아가고 어미는 곧 잊힌다.

그렇다면 참나무는 불타 없어져도 시간이 지나면 그 전후의 상황에 어떤 차이도 남지 않듯이, 인간이 죽어도 시간이 지나면 결국 어떤 차이도 남지 않을까? 그렇지 않다. 본능에 의해 살아가는 다른 존재들과 달리 인간은 자신의 본질로서 그의 개별성과 주체성을 뒷받침하는 정신 속 자기규정능력을 갖고 있으며, 그는 평생을 '나는 모름지기 이러이러해야 한다'라고 자기규정을 하면서 자기다움을 추구하고 꿈꾸며 사는 존재다. 사람마다 꿈이 완전히 다른 이상 인간에게 개별성은 근본적인 것이다. 현상과 실체와의 관계에서 인간에게 현상은 그 원인이자 기체인 실체를 규정하는 중요한 축이므로, 꿈을 가진 인간에게 개별성의 의미는 현상이 본성이나 본능에 의해 규정될 뿐인 다른 존재들과 차원이 다르다. 그에 따라 인간은 결코 다른 존재에 의해 대체될 수 없으며, 인간은 개별성이 모든 것일 정도로 개별성이 인간의 본질을 형성한다. 따라서 인간은 영원히 다시 못 올 자신의 절대적 시간들을 자신만의 꿈으로 여한 없이 채워야 한다.

앞에서 필자는 인간의 본질적 특징으로서 의식의 삼차원적 현재를 언급한 바 있다. 즉 인간은 눈앞의 현재만이 아니라 '과거에 근거한 현재'와 '미래에 근거한 현재'를 동시에 살고 있는 존재라는 것이다. 꿈을 갖고 산다는 것은 미래에 근거한 현재를 사는 인간의 본질적 특징 중의 하나다. 그 '미래에 근거한 현재'를 강화해야 한다.

자기 자신에 대한 고유한 기대인 꿈이 인간의 개별성과 주체성을 형성하는 강력한 동력이 된다. 꿈이 있는 사람과 꿈이 없는 사람의 삶은 완전히 다르다. 꿈이 있는 사람은 그 누구와도 대체될 수 없는 개별성으로서 여한 없는 삶을 살 수 있지만, 꿈이 없는 사람은 그냥 아무라도 좋은 대중으로서 삶을 허비하게 된다.

여전히 많은 현대인들이 끊임없이 자신을 남과 비교하고 남을 곁눈질하는 욕망의 노예로 그리고 평생을 남에게 이끌리는 대중으로 살아가는 원인은, 자신의 중심을 잡아주는 자신만의 꿈이 없기 때문이다. 앞에서 인간은 '인생의 무의미함'을 가장 참지 못하는 존재라고 했다. 자기 정신의 내용이 빈약하니까 자꾸만 남과 비교해서 끝없이 물질을 채우는 것에서 삶의 의미를 찾으려고 하는 것이다. 그러나 인생의 무의미함을 참지 못하는 것이, '자기 개별성의 여한 없는 실현'이라는 참된 삶의 방향이 아니라 '끝없는 물질의 추구'로써 표출되는 것은 자폐적 행태에 불과하다.

꿈은 현재에 대한 강력한 원동력이다. 그럼에도 자기만의 꿈을 갖고 사는 사람이 있는가 하면, 그렇지 못한 사람이 있다. 지금까지 '미래에 근거한 현재'의 철학적 의미와 중요성이 잘 알려지지 않았기 때문이다. '꿈'에 미래 세대들의 참된 삶을 위한 엄청난 동력이 숨어 있다.

꿈은 세금이 붙지 않는다. 그냥 꿈을 갖고 살면 된다. 그럼에도 꿈을 갖고 사는 사람이 있고 꿈이 없이 사는 사람도 있다는 것이 인생의 신비다. 문제는 꿈은 갖고 싶다고 쉽게 가져지는 것이 아니라는 점이다. 인생의 어떤 계기가 필요하다. 만약에 마음먹은 대로 꿈을 줄 수 있는 사람이 있다면 그런 사람이야말로 제우스와도 같은 권능을 가진 사람일 것이다. 만약에 만나는 사람마다 꿈을 줄 수 있다면 그것은 마치 초저녁 가로등에 불이 들어오듯이 사람의 영혼의 불꽃

이 연달아 켜지는 것과도 같은 장관일 것이다.

꿈을 깆고 싫 수 있는 단 하나의 비셜이 있다면 그것은 절실히 희구하는 것이다. 뭐든 찾는 사람의 눈에만 찾고자 하는 것이 제대로 보이는 법이기 때문이다. 절실히 희구하는 사람에게 꿈은 결국 자신의 것이 된다. 이를 위해 사람은 자신을 잠 못 이루게 하는, 그것을 이루고 산다면 남은 인생이 여한이 없다고 할 만한, 그것을 이루며 산다면 제왕도 부럽지 않을, 자신의 존재의 의미이자 인생의 의미라고 여길 만한 것이 무엇인지를 항상 고뇌하면서 살아야 한다.

꿈을 갖고 산다는 것은 자신만의 뜻이나 계획, 추구하는 어떤 목적을 갖고 산다는 것을 의미한다. 자신만의 꿈이 있는 사람은 남을 곁눈질할 이유도, 그럴 시간도 없다. 반면에 자기 인생에서 꼭 이루고 싶은 자기만의 뜻이나 계획이 없을 때, 자신의 인생을 끊임없이 남과 비교하고 남을 의식하게 되며 남에게 이끌려 결국 남과 별반 다르지 않은 그냥 아무라도 좋은 대중으로서 남은 삶을 허비하게 된다.

따라서 일상성의 함정에 빠져 이 시대가 중시하는 물질을 비롯한 외면적인 가치에 매몰되어 살아가는 현대인의 삶을 청산하고 인간이 본래적 자아로서 실존하기 위한 중요한 전제조건 중의 하나가 바로 자기만의 고유한 꿈을 갖고, 그것에 인생의 의미를 두고 살아가는 것이다. 현대인들이 고도한 생산력과 그들이 가진 객관적인 조건에도 불구하고 계속 뭔가에 불안해하고 불행해하는 이유 중의 하나가 그들에게 여한 없이 자신의 인생을 채울 만한 꿈이 없기 때문이다.

자신의 인생의 의미를 고민해본 사람이라면 앞서 예로 든 참나무 같은 대체가능성을 온몸으로 거부할 것이다. 인간의 존재 의미는 개별성에 있으며, 그 개별성을 만드는 핵심요소가 바로 꿈이다. 따라서 자기만의 고유한 꿈으로 자신의 삶을 채우려 하지 않고 더 많은 물질이나 외면적인 가치로 자신의 삶을 채우려 하는 사람은 자신이 가진 모든 것을 당연하게 여기는 일상성의 함정과 무의미한 대중으로서의 대체가능성이 기다리고 있을 뿐이다. 반면에 꿈이 있는 사람은 의식주만으로도 황제라도 하찮게 여기며 자신이 가진 본래적 가치들의 소중함에 감사하면서 얼마든지 여한 없이 실존하며 행복하게 살 수 있다.

일상의 의미와 가치를 성찰하는 것이 진정한 철학

현대는 더 많은 소비를 위한 자극의 시대이다. 바쁜 현대인들의 호기심을 끌기 위해 점점 더 강한 자극이 동원되고, 그것을 위해 갖가지 방법과 장치를 사용한다. 마치 폭죽으로 밤하늘의 별들을 대신해서 삶의 자극을 얻으려는 허망한 몸부림 같다.

그러나 진정으로 중요한 것은, 강해지는 자극의 속도에 맞춰 현대인들의 호기심을 끌 만한 획기적인 뭔가를 자꾸 개발해내는 것이 아니라 일상의 의미와 가치를 재발견하는 것이다. 우리 주변에 그냥 아무렇지도 않게 존재하는 일상의 의미와 가치를 재발견하는 것, 그 보석과도 같은 소중함과 희소성의 가치를 재발견하는 것이 바로 진정한 철학이다. 따라서 일상에 대한 반성과 성찰이 수반되지 않는 것은 진정한 철학이 아니다.

'우리의 삶에서 진정 의미 있고 가치 있는 것은 무엇일까', '우리가 만일 그것을 잃게 되었을 때 가장 절실히 그 가치를 깨닫는 것이 무엇일까'를 되돌아볼수록 그것은 바로 인간으로서의 우리 자신의 생명이라는 사실을 깨닫게 된다.

그러나 지금 이 책을 덮는다고 여러분의 삶이 저절로 달라지지는 않을 것이며, 아마도 주변의 일상은 그대로일 것이다. 현재 자신이 가진 모든 것을 당연하게 여기는 현대인의 욕망과 생산요소이자 대중으로서의 자신들의 삶을 아무렇지도 않게 받아들이게 하는 이 시대의 이데올로기들이, 메뚜기 떼처럼 새까맣게 현대인의 삶을 갉아먹고 있기 때문이다. 그러나 그것은 이 시대의 지배세력들에 의해 '조장된' 욕망이자 이데올로기들이다. 그것이 현대인들의 삶을 지배하며 조급해하고 불안해하고 무의미하게 만들고 있다. 따라서 일상성의 함정에 대한 철학의 성찰이 필요하다.

그러나 일상성의 함정에서 벗어나는 것이야말로 바로 철학의 과제라 할 정도로 그것은 매우 어려운 일이다. 일상성의 함정에서 벗어나기 위해서는 먼저 우리의 일상이 어떤 것인지를 제대로 이해해야 한다. 우리 주위의 일상을 이루고 있는 생명들과 인간은 태어나면서부터 너무 흔하고 당연한 듯 주어져 있는 반면에, 오히려 물질이 인간의 생존과 부과 권력을 위해 희소한 자원으로 대우받는 세상이다. 특히 현대인들은 물질 중심적인 문명 속에서 이데올로기와 욕망이 이미 인간의 영혼까지 장악한 상태여서 세상을 바라보는 관점이 완전히 물질 중심적 세계관으로 경도되어 있어, 일상에 대한 성찰을 통한 본래적 가치의 회복이 마치 공염불처럼 들릴 정도일 것이다. 그에 따라 현대인들은 정작 가장 소중하고 신비로운 것들을 곁에 두고도 그게 뭔지 모르고 끝없이 신기루를 좇으며 자신의 현재를 불행해하고 자신을 둘러싼 세상을 혼란스러워한다. 따라서 현대인들이 일상성의 함정에서 벗어나 자신과 주변의 생명들을 제대로 이해하면서 새롭게

바라보며 살기 위해서는 어릴 적 교육에서부터 시작해서 문명 자체
가 송두리째 뒤바뀌어야 한다.

현대는 과학의 시대이므로 세계를 올바로 이해하기 위해서는 과학
을 거쳐 세계에 대한 최고의 지혜인 철학으로 가는 것이 올바른 순서
일 것이다. 그것을 위해서는 먼저 '물질의 합은 물질이지 생명이 아
니다'라는 명제부터 이해해야 한다. 현대 문명은 원리를 이해하면 컴
퓨터, 전자제품을 비롯하여 무엇이든 만들어낸다. 그러나 최고의 과
학기술자들에게 무수한 생명 중에 아메바 하나만이라도 만들어보라
고 하면 불가능한 일이라고 대답할 것이며, 아마 앞으로 먼 미래까지
도 그럴 것이다. 생명이라고 불리기 위해서는 스스로 무기물을 흡수
하여 단백질과 탄수화물 같은 유기물을 만들어내는 물질대사능력과
함께 종족번식능력을 갖춰야 한다.

'물질을 결합해서 만들 수 있는 것은 물질이지 결코 생명이 아니
다'라는 과학의 한계를 이해해야 우리는 비로소 생명의 신비로움을
이해할 수 있다. 그것이 과학을 토대로 세계를 이해하는 올바른 관점
이다. 이십여 개의 아미노산의 다차원 결합으로 이루어지는 단백질
분자는 먼저 생명이 있고, DNA와 RNA가 있어야 생성된다. 그것이
없이 물질의 결합만으로는 현대 문명의 기술로도 여전히 세포의 기
본 구성요소인 단백질 분자 하나조차 만들 수 없다고 한다. 따라서
만약에 생명의 무대인 지구 외에 다른 우주공간에서 단백질 분자가
발견된다면 거의 기적 같은 일로 간주될 것이다.

현대 과학자들은 한 정교한 실험에서 무기물의 특수한 결합으로
아미노산 몇 종류가 생성되는 것을 보고 마치 생명의 원리를 다 밝혀
낸 것처럼 발표했지만, 실은 그 다음 단계인 아미노산의 결합으로 단

백질 분자를 생성해내는 단계부터는 수십 년째 전혀 진척을 보이지 못하고 있으나 그 사실을 숨기고 있다는 것이다. 그렇다면 현대 문명이 말하는 이른바 생명과학이라는 것은, 생명 그 자체에 대한 제대로 된 이해 없이 신비로운 생명과정에 무임승차하여 생명과정에 주사기 하나를 꽂아 인간에게 유리한 변이를 만들어내서 이용하는 수준에 지나지 않는다.

필자는 우리는 물질의 결합을 통해서는 생명을 도저히 이해할 수 없다. 그러나 순서를 바꿔서 그 생명이 어떻게 지구상에 출현했는지는 모르지만, 그 생명이 자신의 개별성의 원리를 완성하기 위해 그것에 필요한 유기물을 자신의 주변에서 무기물을 선택적으로 흡수하여 생성한다고 설명하면, 비로소 물질과 생명의 관계를 상식적으로 이해할 수 있다.

한 세기도 전에 진화론의 관점에서 생명의 탄생을 설명하기 위해 천재적인 노력을 기울인 스펜서 같은 철학자도 "물질의 물리력과 화학력에서 어떻게 생명력이 나오는지를 결코 이해할 수 없다."라고 실토한 바 있다. 그렇다면 생명과 인간으로 둘러싸인 우리의 일상이야말로 진정 신비로운 세계라는 것을 알 수 있다. 생명 앞에서 인간은 겸손해져야 한다.

'생명의 구성요소는 물질이지만, 물질의 합은 생명이 아니다.' 그런데 생명의 구성요소가 물질인데 어떻게 물질의 합은 생명이 아닐 수 있을까? 생명의 구성요소를 밝히는 것과 그 구성요소로써 생명을 설명하는 것은 완전히 다른 차원의 문제다. 만약에 물질의 합이 생명이 될 수 있다면 이미 유전자 지도를 완성했을 뿐 아니라 물질을 다루는 기술이 나노 수준에 도달한 현대 문명의 기술력으로 물질의 결합으로 생명을 만들어내지 못했을 리가 없다. 어떤 사람이 컴퓨터의 작동 원리를 알고 있는지를 알 수 있는 가장 정확한 방법은 그에게 컴퓨터의 모든 부품들을 주면서 한번 조립해보라고 한 뒤 전원을 넣어서 실제로 컴퓨터가 작동되는지를 확인하는 것이다. 그러나 현대 문명의 첨단기술로도 물질의 결합으로 생명은커녕 단백질 분자 하나도 만들어낼 수 없다면 생명을 도대체 어떻게 설명해야 하는 것일까? 인간의 어떤 과학이 저런 생명현상을 흉내 낼 수 있을까?

'생명의 구성요소는 물질이지만 물질의 합은 생명이 아니다'라는 명제를 이해할 때 우리는 비로소 생명 현상을 당연시하는 일상성의 함정을 벗어나 생명을 이해하는 첫걸음을 내디딜 수 있다. 이 명제를 이해할 때 우리는 비로소 가장 신비로운 현상에 대해 당연하게 생각하고 살아온 우리 자신의 무지를 깨닫고, 우주의 신비가 바로 우리 주변에서 펼쳐지고 있다는 사실에 놀라게 된다. 따라서 '물질의 합으로는 결코 생명에 이를 수 없다'는 과학의 한계를 인정하고, 평생을 '어떻게 저런 생명현상이 가능한가' 하는 궁금증과 신비로움으로 세상을 바라보는 것이 성실한 자세다.

생명 현상은 물질 현상과 차원이 다른 매우 신비로운 어떤 것이라는 생각을 하면서 세상을 바라본다면, 우리가 살고 있는 세상이 그냥 아무것도 아닌 일상성이 아니라, 실은 온통 신비로운 생명들로 구성되어 있으며 자기 자신이 그 생명의 일원으로서 신비로움 속에서 숨 쉬고 있음을 발견하게 될 것이다.

여름에는 대지 어디를 둘러봐도 생명의 아우라와 카리스마가 가득한 풀들과 꽃들, 나무들을 보게 된다. 눈길 돌리는 곳마다 마치 한 상 잘 차려진 진수성찬을 보는 듯 감동적인 풍경이 참으로 대견하고 대단하다. 지금까지 내가 살고 있던 세상이 이런 세상이었나 싶다.

이렇게 생명과 인간의 가치와 의미를 깊이 성찰할수록 일상 속에서 그냥 아무렇지도 않게 보이던 생명들과 오가는 사람들이 갑자기 신비로운 존재로 보이기 시작한다. 풀 한 포기, 나무 한 그루가 흔하고 당연한 사물이 아니라 점차 신비로운 풍경으로 보이기 시작하고, 어느 순간 세계 속에서 생명이 확실히 주인공으로 자리 잡힌 상태에서 보이기 시작한다. 세상을 바라보는 관점이 물질 중심적 세계관에서 생명 중심적 세계관으로 역전된다. 그에 따라 진화론과 현대 문명의 생명에 대한 결과론적인 짜맞추기식 설명으로 인해 새로울 것도 없고 지루하기만 하던 일상이 완전히 새로운 감동적인 세상으로 탈바꿈된다. 마치 내가 완전히 다른 세계에 와 있는 듯하다.

'세계를 바라보는 관점'이 세계관이라 할 때 필자처럼 철학하는 사람의 눈에 비치는 세계가 궁금할 수도 있을 것이다. 그러나 필자의 눈에 비치는 세계가 다른 사람들이 보는 세계와 크게 다른 것은 아니다. 그 세계의 풍경 속에는 나무가 있고 사람이 있으며, 차 안에 틀어놓은 라디오에서는 비제의 〈진주조개잡이〉가 흘러나온다. 그러나 다른 점이 있다. 철학하지 않는 사람에게 일상은 영원히 일상일 뿐이지만, 철학하는 사람에게는 반성과 성찰을 위한 출발점으로서의 일상이다. 일상에 대한 반성과 성찰이 깊어질수록 생명과 인간의 희소성이라는 가치가, 그리고 '진주조개잡이'의 희소성이 주는 가치가 어느 순간 가슴 가득 벅차게 밀려옴을 느낀다.

필자는 철학하는 사람으로서 세계를 '종단면'으로 바라보는 시각에 익숙해져 있다. 우리는 역사에 대한 모든 지식을 통해서, 그리고 지금까지의 삶의 경험을 통해서 세계가 어떻게 변해왔는지를 알고 있기 때문에 지금 눈앞에 보이는 세계가 앞으로 백 년 후에, 혹은 만 년 후에, 혹은 백만 년 후에 어떻게 변할 것인지를 대체로 예상할 수 있다. 그것은 뜬금없는 추측이 아니라, 세월이 흐름에 따라 세계가 어떻게 변화하는가에 대한 지금까지의 모든 경험과 지식이 총동원된 상당히 객관적인 사고다.

지금 내 눈 앞에 보이는 풍경 중에 앞으로 백만 년 후에도 남아 있을 것은 무엇일까? 앞으로 백만 년 후에 지금의 나는 뼈 한 조각의 흔적조차 없이 우주의 먼지 속으로 사라질 것이고, 지금 내 눈앞에 보이는 세계에서 인공물들 또한 거의 대부분 사라지고 다른 모습으로 변해 있을 것이다. 그렇지만 자연은 사계절에 따라 대체로 지금의 모습과 크게 다르지 않은 풍경이 반복될 것이다. 인류 역사는 생산력 발달의 역사이므로 아마 우리 후손들은 정신적으로는 몰라도 적어도 물질적으로는 지금보다 훨씬 풍요로운 삶을 살고 있을 것이다. 백만 년 후의 모습을 생각하다가 다시 현재로 되돌아오면 현재의 일상이 매개적으로 이해되기 시작한다. 지금 내가 어떻게 살아도 앞으로 불과 백만 년 후에는 어떤 흔적도 남지 않을 거라는 생각을 하게 될수록 여한 없이 잘 살아야 한다는 의지가 끓어오름을 느낀다.

생존을 위해 뭔가에 끊임없이 매달리며 살아야 하는 현대인의 삶은 쉽게 흐트러진다. 그러나 앞으로 백만 년 후에 저 세계가 어떻게 변해 있을까를 생각할수록 지금 나를 뒤흔들고 매달리게 하는 일상이 저 아래로 조그맣게 내려다보인다. 지금 내가 무슨 위대한 일을 하는 것이 아니라 불과 며칠 후면 기억조차 나지 않을 일이 대부분이라는 생각을 하게 될수록 일상에 대한 집착이 사라지고 지금 그대로의 세계가 목적으로서 정립된다. 다른 어떤 목적도 내가 지금 이 순간 만나는 사람들의 얼굴을 오랜만에 다시 본다는 사실보다 중요하지 않다. 내가 물질로 돌아가기 전에 이 장소를 다시 볼 수 있을까, 저 음악을 다시 들을 수 있을까를 생각할수록 지금 눈앞의 세계가 그 자체로서 목적으로 정립되는 것을 발견한다. 저 세상과 저 음악은 나의 시각과 청각의 대상이 아니라, 점점 줄어들고 있는 내 생명의 흐름이자 이미 내 생명의 일부이다.

그 세계 속에서 생명들을 볼 때마다 '생명의 구성요소는 물질이지만 물질의 합은 생명이 아니다'라는 사실을 떠올리며 경이로움을 느낀다. 우주는 물질을 위한 무대가 아니라 생명을 위한 무대이다. 또한 그 세계 속에는 그토록 신비로운 생명임에도 눈앞의 본능에 따를 뿐인 동식물들만 보이는 게 아니라, 본능과 이해으로부터의 자유롭고 이성적으로 자신의 삶을 선택하면서 무한히 발전할 수 있는 지적 생명체인 인간도 보인다. 그 인간은 현재의 의식 속에 영원한 과거와 영원한 미래를 동시에 조망하며 사는 신비로운 존재이며, 그는 그 능력으로 머지않아 물질로 되돌아가는 자신의 죽음을 내다보며 자기 삶의 희소성을 절실히 자각하는 우주 속 유일한 존재다. 참으로 신비로운 존재가 아닐 수 없다.

그 속에서 생명이자 인간인 나 자신을 되돌아보면, 내가 가진 것들의 소중함으로 인해 지금까지 나를 지배하던 욕망이 사소한 것으로서 저 아래로 물러남을 느낀다. 우주의 신비 중의 신비로 태어난 나 자신은 그에 걸맞은 고귀한 삶을 사는 존재가 되어야 하며, 그것이 내 삶을 지배하는 '도덕의 최고 원칙'이 되어야 한다.

그러나 인간인 내가 자신의 절대적 가치에 걸맞은 고귀한 삶을 사는 존재가 되기 위해서는 이상의 반성과 성찰만으로 충분치 않으며,

행동과 실천이 뒷받침되어야 한다. 인간의 자기의식, 즉 자기 자신에 대한 의식은 매개적 의식이기에 세계 속에서 드러나는 자기 자신의 현상을 바로잡을 때 인간은 비로소 자신의 삶에서 고귀한 존재가 된다. '실존의 변증법'에 따라 인간이 세계 속에서 드러나는 자기 자신에 대한 생각과 자신의 행동과의 관계를 개선할 때 인간은 자기 자신과 올바른 관계가 정립된다. 그에 따라 손해와 희생을 무릅쓰고 진리와 정의를 행동으로 옮기고 세계와의 모든 관계를 '다른 사람에게 좋은 영향을 미치고자 하는 제3의 관계'로 가꾸어나갈 때 마침내 자신의 생존과 이익만을 위한 인간의 타는 듯한 욕망의 불이 꺼진다. 다시 말하면 인간의 욕망은 세계 속에서 자신의 욕망과 반대 방향으로 현상하는 자신의 행동과 관계를 통해 비로소 해소될 수 있다는 것이다. 자기가 스스로 손해와 희생을 무릅쓴 행동과 관계로써 현상하고 있고, 그것을 통해 자긍심을 느끼고 있기 때문이다. 실존의 변증법을 통한 정의로운 행동과 세계와의 관계 개선이 인간의 욕망에 대해 직접적으로 '소화제' 역할을 한다. 그에 따라 인간은 비로소 세계와의 올바른 관계를 정립함으로써 자기 자신과의 올바른 관계를 정립하며 실존하는 고귀한 존재가 된다.

자신의 일상을 그 자체로서 보지 않고 철학적으로 반성과 성찰을 하면서 바라볼수록, 그리고 자신의 현상인 생각과 행동과 관계를 바로잡고자 노력할수록, 세상이 점차 달라 보일 것이다. 그에 따라 마침내 욕망의 노예에서 벗어나 신비로운 생명들과 절대적 가치를 가진 인간들에 둘러싸여 있는 자신을 발견할 것이며, 자신이 가진 것들의 소중함과 그것들에 감사하는 마음에 저절로 행복과 환희가 몰려들 것이다.

사람들에게 세상은 '시인의 감수성'으로 그려질 때도 있지만, 뭔가 다른 것에 마음이 사로잡혀 있을 때, 특히 어떤 욕망에 마음을 뺏기고 있을 때는 주위의 존재들조차 거의 의식하지 못할 정도로 주관적이고 가변적이다. 그러나 감정은 주관적인 것이지만 이성은 객관적인 것이다. 따라서 이성에 의해 '생명이 무엇인가'를 제대로 이해할수록 삶의 모든 순간을 주관적 변덕 없이 생명 중심적 세계관으로 한결같이 바라볼 수 있게 된다. 또한 세계 속에서 현상하는 자신의 생각과 행동과 관계를 바로잡음으로써 욕망의 노예에서 벗어나 자기 자신과의 올바른 관계를 정립하는 사람에게 일상은 주관적 변덕을 벗어나 그때그때의 주관적 감정과 상태에 관계없이 그 자체로서 깊이 있게 이해되는 놀라운 경험을 하게 된다. 생명들을 볼수록 감동이 깊어지고 일상의 휘둘림이 덜해진다. 일상이 편안해진다.

또한 이성적으로 생명이 무엇인지를 이해하기 위해 노력할수록 주위의 나무나 꽃, 풀 등 생명의 존재감이 짙어지고 생명이 세계의 주인공으로 자리 잡게 된다. 그에 따라 생명을 지배하는 사계절의 질서가 점차 중요한 질서로서 자리 잡히면서 물질주의적 세계관에 따라 혼란스럽기만 하던 현재가 생명의 사계절을 중심축으로 하여 생명은 목적으로 그리고 물질은 생명을 위한 수단으로 차분하게 정립되고, 한치 앞도 내다보기 어렵던 나의 미래가 앞으로 남은 내 나이만큼의 사계절과 계절의 변화에 따른 풍경들로 질서정연하게 자리 잡히기 시작한다. 인간은 생명으로서 숨 쉬고 있는 동안만 인간으로서 현상할 수 있고, 인간으로서 세상을 바라볼 수 있는 기회가 주어진다. 그에 따라 앞으로 남은 내 나이만큼의 사계절 동안 숨 쉬면서 계절 속의 생명들과 사람들을 그 의미와 가치를 제대로 이해하면서 축복하는 눈으로 바라보며 사는 것이 내 미래가 될 것이다. 나는 더 이상 이 세상의 정처 없는 뜨내기가 아니다. 이제 세계도 나도 제자리에서 편안하고 깊이 있게 서로 마주하게 된다.

철학의 중요성 그리고 도덕의 최고 원칙의 가장 큰 효용

인간이 일상성의 함정에서 벗어나 생명을 비롯한 본래적 가치들의 소중함이 인간의 삶에서 온전히 제자리를 찾기 위해서는 철학의 중요성이 회복되어야 한다. 특히 인간의 정신능력을 철학적으로 성찰해보면 그 속에 인간의 문제를 해결할 수 있는 결정적인 실마리가 내재해 있음을 발견할 수 있다.

앞에서 다룬 바 있듯이 인간의 정신 속 자기의식은 자신의 현상을 통해서 매개적으로 형성되는 의식이므로 인간의 자기의식, 즉 자기 자신에 대한 의식은 세계 속에서 자신이 어떻게 현상하느냐에 따라 달라진다. 그런 자기의식의 매개적 특성에 근거하여 성립하는 것이 바로 '인간은 세계와의 관계를 통해서 자기 자신과의 관계를 정립하는 존재'라는 실존의 변증법이다. 그리고 실존의 변증법은 인간 정신의 핵심인 자기의식의 특성에 근거해 도출된 것이기 때문에 인류의 영원한 과제인 욕망을 잠재울 수 있는 힘이 있다. 앞에서 언급한 '세계 속에서 자신의 욕망과 반대 방향으로 현상하는 자신의 행동과 관계를 통해 욕망을 해소하는 방법'이 바로 현상을 바로잡음으로써 실체를 바로잡을 수 있는, 인간의 정신 속 자기의식의 매개적 특성에 따른 해법인 것이다. 끝없이 더 많은 뭔가를 갈망하는 욕망의 문제가 해결돼야 자기가 가진 것들을 당연하게 생각하는 일상성의 함정이 사라지고 본래적 가치들의 소중함이 제자리를 찾을 수 있다. 인간의 욕망의 문제에 대해 지금까지 동서양의 어떤 철학도 이처럼 인간 정신의 본질적 특성을 바탕으로 제대로 작동하는 근본적인 해법을 제시한 철학이 없었다.

앞에서 필자는 인간의 반성능력과 자각능력이 강자를 위한 동물적 자유로 작동되는 자본주의를 바꿀 것이라고 낙관한 바 있다. 그러나 자각의 힘은 그것에 국한되지 않는다. 지금까지 인간의 정신 속 자기의식의 특징으로서 '반성적 의식'은 잘 알려져 있으나, '매개적 의식'이기도 하다는 점은 잘 알려지지 않았고 그 의미 또한 제대로 알려지지 않았다. 그러나 인간이 자신의 영혼이 '매개적인 자기의식'이라는 특징을 갖고 있다는 사실을 자각하고 그 의미를 제대로 이해하는 순간, 역사가 근본적으로 바뀔 것이다. 따라서 앞으로 인류 역사는 '인간의 자기의식이 매개적 의식이라는 사실을 자각하기 이전'과 '그 이후'의 시기로 분류될 것이다.

인간의 매개적인 자기의식에 대한 자각은 도덕의 문제에서도 근본적인 해법을 제시한다. 만약에 인간이 자신의 자기의식이 매개적이고 반성적인 의식이라는 사실을 자각한다면, 이제 본래적 자아로서 실존하기 위한 해법으로 실존의 변증법에 따라 '세계와의 관계 개선'에 나서야 한다. 그런데 '세계와의 관계를 개선하는 것'이 바로 도덕의 핵심 내용이다. 그동안에는 인간이 왜 도덕을 실천해야 하는지가 튼튼한 기초로써 설명되지 못했다. 도덕의 필요성을 인간의 공감 능력에 기초한 '선행의 미덕'으로 설명할 경우, 그것은 '해도 그만 안 해도 그만'인 미덕으로 전락할 우려가 있었고, '죽어서 천국에 가기 위해서'라고 설명할 경우 종교를 믿지 않는 사람에게는 도덕의 기초로써 작용할 수 없었다.

그러나 이제 매개적인 자기의식에 기초한 '실존의 변증법'을 발견함으로써 도덕을 실천해야 할 필요성을 정합성 있게 설명할 수 있다. 심리학자 매슬로우는 '욕구 5단계설'에서 남에게 인정받고 존경받고 싶어 하는 욕구보다도 더 높은 인간의 궁극적인 욕구로서 자아실현의 욕구를 설명한다. 바로 자신의 고유한 주체성으로서 자아를 실현하면서 자긍심을 갖고 여한 없이 실존하는 것이야말로 인간의 가장 궁극적인 목표라고 할 수 있다. 그런데 실존의 변증법에 의하면 '세계와의 관계를 개선하는 것'은, 남을 위한 선행이나 미덕이 아니라 바로 매개적인 자기의식을 자신의 숙명적인 본질로서 갖고 있는 인간이 자기 자신과의 올바른 관계를 정립함으로써 고상한 자아를 실현하면서 실존하기 위해, 그리하여 남이 아닌 바로 자기 자신을 위해 절실히 필요한 덕목이 된다.

나아가 인간의 자기의식이 매개적 의식이라는 것의 의미를 자각하는 순간, 그 사람은 이제 굳건한 실존의 토대를 확보할 수 있게 된다. 인간의 자기의식이 매개적 의식임을, 즉 자신의 현상에 의해서 그대로 매개되는 의식임을 자각한다면, 다시 말하면 자신의 현상이 바로 자기 자신에 대한 의식을 만드는 핵심요소라는 사실을 자각한다면, 그 사람은 무엇보다도 자신의 현상에 지금보다 훨씬 더 신경 쓰기 시작할 것이다. 자신의 현상이 자기 자신에 대해 갖는 실존적 의미를 이해하고 자신의 현상 하나하나를 자기 자신과 굳건하게 일치시키고자 노력하는 사람이야말로 세계와의 관계를 통해서 자기 자신과의 관계를 이상적으로 정립하며 실존하는 사람일 것이다. 그런 사람이야말로 제3의 관계로써 세계와 이웃을 배려하는 사람일 것이며 비로소 욕망의 노예에서 벗어나 정신적 행복에 도달한 사람일 것이다. 자신의 행동에 대해 무한히 책임을 짐으로써 사신의 보는 현상이 자기 자신과 하나가 된 사람일 때, 인간은 생명에 대한 터무니없는 수동성과 일상성의 함정을 극복하고 온전히 실존할 수 있게 된다.

지금까지 인류가 세계와 인간에 대해서, 즉 세계관과 인간관, 인생관, 가치관에서 피상적으로 이해할 수밖에 없었던 것에는 다 원인이 있다. 거기에는 인간의 존재조건에 따른 자연사적 원인도 있었지만 지배계급의 이해에 따른 이데올로기적 원인도 중요하게 작용했다. 즉 인간은 그 시대 지배계급이 원하는 방식으로 인간과 세계를 바라볼 수밖에 없고, 어느 시대나 현실에 영합하는 철학이 그 시대를 체계적으로 뒷받침하며, 특히 일상의 삶의 영역은 이데올로기에 의해 끊임없이 흔들린다. 그러나 사태를 근본에서 들여다보는 철학이 확고해질수록 이데올로기는 힘을 잃는다. 따라서 철학의 빈곤과 불순한 이데올로기의 영향을 없애고 세계를 바로 보고 자기 자신을 바로 보기 위해서는 사단취장하는 성실한 자세로 역사의 모든 지혜를 다시 들여다봐야 한다. 지금까지 익숙한 것보다 조금 더 깊이, 더 근본적으로 세계와 인간 자신을 들여다봐야 한다. 세계에 대해 그리고 인간 자신에 대해 한 단계만 더 나아가면 된다. 그리고 이를 위해서는 사태를 근본에서 들여다보는 철학의 도움이 필요하다.

지금까지 살펴본 바와 같이 상대주의를 극복하고 도덕적 딜레마를 명쾌하게 해소할 수 있는 도덕의 최고 원칙에 도달하기 위해서 철학이 필요했듯이, 인간의 영원한 과제인 욕망에 대한 근본적인 해법에 도달하기 위해서도, 생명이 무엇이고 인간이 무엇인가에 대한 올바른 이해에 도달하기 위해서도, 도덕과 실존에의 해법에 도달하기 위해서도 사태를 근본에서 들여다보는 철학의 도움이 필요하다. 이처럼 철학은 철학자들만의 전유물이 아니며, 실은 삶의 모든 문제들이 그 뿌리에서 철학과 연결되어 있다.

인간은 이제 끝없이 인간을 예속시키는 시대의 이데올로기에서 벗어나 도덕의 최고 원칙을 중심으로 객관적으로 도덕과 정의를 판단하고 실천함으로써 정의로운 세상을 만들 수 있게 된다. 또한 일상성의 함정에서 벗어나 밤하늘의 영롱한 별빛을 바라보듯이 생명 중심적 세계관으로 세상을 바라볼 수 있게 되며, 현대의 고도 생산력을 자신의 것으로 전취하며 검소하게 살면서 자신의 현상 하나하나까지 놓치지 않고 의미를 부여하면서 미래에 근거한 현재 속에서 자유와 실존을 누릴 수 있게 된다.

그러나 모든 사람이 철학자일 수는 없을 것이다. 바로 그 점이 도덕의 최고 원칙이 필요한 이유다. 인간이 자신이 가진 모든 것을 당연하게 여기는 일상성의 함정에 빠지지 않고 자신의 생명을 비롯한 본래적 가치의 소중함을 자각하며 그것에 감사하며 여한 없이 사는 삶이야말로 자유와 실존에 이르는 길임에도, 이러한 삶이 현대인들의 가슴에 잘 와닿지 않는 이유는, 욕망이 자신도 모르게 인간의 영혼을 지배하는 어떤 힘이기 때문이다. 따라서 그것은 아무래도 철학적 성찰이 필요한 일이다. 그런데 '인간 존재의 절대적 가치에 대한 존중'이라는 '도덕의 최고 원칙'의 가장 큰 효용은, 현대인들로 하여금 어려운 철학적 성찰 없이도 '인간 존재의 절대적 가치'와 일상성의 함정에 빠진 자신의 삶을 직접 비교하게 함으로써 곧바로 자신을 일깨우는 자각에 이르게 한다는 점이다.

현대 사회의 이데올로기와 욕망의 바다에서 살고 있는 현대인들이 스스로 도덕의 최고 원칙과 인간의 매개적인 자기의식에 입각한 철학적 성찰을 통해서 사유와 실존의 해법에 도달하기는 어렵겠지만, '인간 존재의 절대적 가치에 대한 존중'이라는 명제를 도덕의 최고 원칙으로 삼을 때 비로소 일상성의 함정에 빠진 자신의 현실에 대해 자각할 수 있다. 즉 '인간 존재의 절대적 가치에 대한 존중'이라는 도덕의 최고 원칙은 일상성의 함정에도 불구하고 인간을 항상 깨어 있게 한다. '인간 존재의 절대적 가치에 대한 존중'이라는 도덕의 최고 원칙이 확고해질수록 일상성의 함정과 선악의 회색지대에 대한 자각은 깊어진다. 인간이 이 '도덕의 최고 원칙'에 입각하여 '내가 지금 과연 인간 존재의 절대적 가치에 걸맞은 삶을 살고 있는가'를 되돌아볼수록, 그리하여 자신의 현실과 도덕의 최고 원칙 사이의 거리를 항상 점검하고 자각할수록 일상성의 함정과 선악의 회색지대는 점차 설 자리를 잃게 된다.

따라서 인간의 자유와 실존을 위해서는 먼저 '인간 존재의 절대적 가치에 대한 존중'이라는 도덕의 최고 원칙이 확고히 서야 한다. 그리고 현대인들이 자신의 삶을 도덕의 최고 원칙에 상응하는 것으로 만들기 위해서는 인간 자신의 본질인 정신 속 자기의식의 매개적 특성에 근거한 '실존의 변증법'에 주목해야 하며, 실존의 변증법에 따라 자신의 현상, 즉 생각과 행동과 관계를 개선하는 노력을 기울일 때 자신의 실체, 즉 자아가 개선된다. 그에 따라 욕망의 문제가 저절로 해결되어 일상이 편안해지고, 이데올로기는 힘을 잃으며, 생명의 가치와 인간 존재의 절대적 가치가 삶에서 더욱 충만해진다.

한편 지금까지 물질문명 이후의 과제를 다뤘지만, 인류가 마침내 강자를 위한 자유에 대해 문제의식을 갖기 시작했다고 해서 이데올로기의 문제가 완전히 해결되는 것은 아니다. 자본주의 이후에도 국가가 존재하고 지배세력이 존재하는 한, 지배세력의 권력을 유지하기 위해 인간을 욕망의 노예로 만들어 자신들에게 충성하게 하기 위한 지배계급의 이데올로기가 어떤 형태로든 계속 진화하면서 재생산되어 인간의 자유와 실존을 방해할 것이기 때문이다. 그러나 '인간 존재의 절대적 가치에 대한 존중'이라는 도덕의 최고 원칙은 인간을 예속화하기 위한 어떤 형태의 이데올로기에 대해서도 근본적인 처방이 될 것이다.

도덕의 최고 원칙은 보편적이고 절대적 원칙이므로 미래 세대를 위해서도 삶의 길잡이가 될 것이다. 자기 자신과 인간의 모든 행위와 선택의 도덕성, 혹은 정의, 혹은 가치 여부를 '인간 존재의 절대적 가치에 대한 존중' 여부로 판단하는 도덕의 최고 원칙은, 상대주의의 범람으로 인한 문명의 야만과 예측 불가능성으로부터 인간을 지켜줄 뿐만 아니라, 인간을 자유와 실존에의 길로 인도할 것이다. 도덕적이고 정의로운 세상은 '도덕의 최고 원칙'의 도움을 통해 이렇게 실현될 수 있다.

닫는 글

당연한 말이지만, '철학한다'라는 것은 많은 책을 읽어 현학적으로 어려운 내용을 많이 아는 것이 아니라 삶에 대해 깊이 있게 통찰하기 위해 노력한다는 것을 의미한다. 그리고 그러한 철학의 중심에는 당연히 생명과 인간이 있어야 한다. 필자는 앞서 저술한 《철학하는 김 과장》에서 생명이 어떤 것인지를 설명하면서 절친하던 친구의 죽음에 대해서 언급한 바 있다. 아무 힘없이 '툭' 떨어지던 친구의 손에서 생명이 사라진 물질을 느낀 것이다. 그 섬뜩한 느낌을 30년이 지난 지금도 잊을 수가 없다. 생명이란 그런 것이다.

아리스토텔레스는 식물에 대해서도 '영혼'을 언급한 바 있다. 식물조차 물질의 법칙에 종속되지 않는 독자적인 생명의 원리를 갖고 있다. 물질인 우주는 아무리 광대하다 해도 그다지 위대하지 않으며, 물질의 정확한 분포만 안다면 10억 년 후의 우주의 미래도 현대 문명의 슈퍼컴퓨터로 예측이 가능하다. 그러나 인간의 힘으로는 스스로 물질대사능력과 종족번식능력을 가진 생명체인 아메바 하나조차 만들 수 없다. 전 우주의 물질에 참나무 한 그루가 대응한다.

나는 영원히 중력의 법칙을 벗어나지 못하는 물질이 아닌 생명으로 태어난 점에, 그리고 영원히 주어진 본능과 욕망을 벗어나지 못하는 동물이 아닌 인간으로 태어난 사실에 깊이 감사한다. 나는 물질이 어떤 것인지를 알기에, 다시 차가운 물질로 되돌아가는 것이 너무너무 싫다. 이 광대한 우주 속에 물질은 너무나 흔하지만, 생명은 매우 희소하다. 그 속에서 이성적으로 자유롭게 행동하고 발전할 수 있는 능력을 가진 지적 생명체인 인간은 더더욱 희소하다. 내가 가진 소중한 것들에 감사하며 생명으로서 건강하게 오래도록 살고 싶다.

다시 '일상성의 함정'에 대해서 생각한다. '생명의 무대'인 지구에는 생명이 너무나 흔하기 때문에 일상성의 함정에 빠진 우리는 지금까지 생명이 무엇인지를 깨닫지 못하고 그저 흔하고 당연하게만 생각했다. 만약에 지구상에 나무 한 그루만 자라고 있다면, 인간은 우주에서 유일하게 물질의 법칙에 종속되지 않는 그 신비로운 나무를 위해 신전이라도 세웠을 것이다. 인류는 지금까지 생명 하나하나가 우주 전체에 대응할 만큼 신비롭고 가치 있는 존재들임을 생각지 못해왔다. 인간에 대해서도, 자기 자신에 대해서도 마찬가지이다.

이제 죽음에 대해 낭만적으로 이해하기를 멈춰야 한다. 필자가 보기에 많은 비종교인들이 종교를 멀리하는 가장 큰 이유는, 종교가 사후 영혼불멸이나 부활과 같은 인간의 간절한 열망을 너무 쉽게 약속하기 때문이다. 사람은 누구나 자기가 원하는 것을 믿고 싶어 하는 존재이기에 마치 종교가 인간의 그런 이기적 심리를 이용하여 장사를 하는 것처럼 보이기 때문이다. 만약 종교들이 영혼의 불멸을 약속하지 않았다면, 인류는 자신의 죽음에 대해 훨씬 더 진지해졌을 것이다.

현대 철학의 가장 큰 장점은 경험과 증거의 범위 내에서만 그것을 진리로 인정하는 태도이다. 지금까지 사후세계에 관한 그 어떤 주장도 실증적으로 입증된 바가 없다. '생명의 구성요소는 물질이지만,

물질의 합은 생명이 아니다. 또한 그럼에도 생명의 구성요소는 물질이다. 그에 따라 모든 생명은 결국 물질로 되돌아간다.' 과학이 인성할 수 있는 한계는 여기까지다.

이제 철학에서도 죽음에 대해 단지 우연적인 '정조情調'로써 느끼는 것에서 그치지 말고 이성으로써 객관적으로 이해해야 한다. 그래야 인간의 죽음이 충실한 삶을 위한 실존의 기초로서 제대로 역할 할 수 있다. 부모와 조상과 친구 들이 생명이 다하고 영원히 물질의 법칙에 지배받는 우주의 먼지 속으로 사라지듯이, 그것은 머지않아 틀림없는 우리 자신의 운명이기도 하다. 아무리 위대한 업적을 남긴 조상이라 할지라도 우리 기억 속에는 살아 있는 것 같지만 그 사람 자체는 이미 물질이 되어 사라진 것이다. 만일 인간이 영원한 우주의 물질로 되돌아가기 직전의 자기 생명을 이성으로써 객관적으로 냉정하게 이해한다면, 인간의 삶은 통곡의 하루하루가 될 것이다.

만약에 죽음에 대한 거품을 빼고 사실을 있는 그대로 눈에 보이는 대로 받아들인다면 삶은 훨씬 진지해지고 종교도 훨씬 진지해질 것이다. 그렇게 삶에 충실하여 제3의 관계로써 이웃에 대해 좋은 영향을 미치는 삶을 여한 없이 살다가, 만약에 생각지도 않게 나중에 부활되기라도 한다면 물론 더할 나위 없이 좋은 일일 것이다.

따라서 종교도 이제 순서를 바꿔야 한다. 인간의 가장 강렬한 열망을 앞에 내세워 약속하지 말고 먼저 생명과 인간에 대해 충실할 것, 그것이 곧 종교적인 태도가 되어야 한다. 그것이 철학과 종교가 손을 잡고 화해하는 일이다. 자신의 이기적 욕망을 앞에 내세우지 않고 때에 따라 희생도 불사하는 것, 그것이 모든 진실한 것들의 특징이다.

두려움 때문에 인간의 가장 무서운 현실인 죽음을 더는 외면하지 않아야 생명의 소중한 가치를 진정으로 이해할 수 있다. 그래야 차가운 물질로 되돌아가기 전 생명이 남아 있는 동안에 자신의 삶을 결코 일상성의 함정이나 선악의 회색지대에 방치하지 않고, 의식의 삼차원적 시간성으로써 절대적 현재를 살 수 있는 위대한 존재인 인간 자신의 생명에 대해 깊이 감사하고 다른 생명들을 축복할 수 있다. 또한 그럼으로써 자신의 삶을 인간 존재의 절대적 가치에 걸맞은 여한 없는 삶으로 만들기 위해 모든 노력을 기울일 수 있다.

텔레비전에서 방영한 다큐멘터리 프로그램 〈차마고도－순례의 길〉에는 중국과 티베트 국경 근처에서 수도인 라사까지 2,100킬로미터를 오체투지를 하며 순례하는 티베트 목동들이 나온다. 그들에게 순례는 평생의 소원이라고 한다. 자신을 최대한 낮추며 극한의 고행을 해서일까. 텔레비전 리포터가 순례 중간 중간에 말을 걸자, 그들은 입을 열면 곧 최고의 철학자였다. 티베트 변방에 살아서 평생 교육 혜택을 전혀 못 받았을 것 같은 평범한 목동들이 "사람의 몸으로 다시 태어나기도 어려운데 인생을 낭비하고 싶지 않다.", "절을 할 때마다 '앞으로 저는 어떤 사람이 되어야 하는가'를 간절히 물으며 빌었다.", "살아 있는 모든 생명을 위해 기도한다.", "모든 생명의 평안을 위하여 빌었다."라고 말하는 것을 보며 필자는 사람으로서 최고의 지혜를 발견하고 깊은 감동을 느꼈다.

그렇다고 동서양 철학을 비교하며 우위를 논할 생각은 없다. 그러나 19세기 최고의 문화와 예술을 꽃피웠으면서도 실제 삶에서는 한 세기도 못 가서 전체주의와 세계대전, 유대인 대학살의 늪으로 빠진 독일의 사례를 보면서, 그리고 만학의 왕이라는 철학에서 '도덕의 최고 원칙' 하나 정립하지 못하고 서양의 현대 철학 전체가 여전히 상대주의를 옹호하기 위해 횡설수설하고 있는 현실에서, 필자는 철학하는 사람으로서 서양의 문명과 철학의 경박함에 그 한계를 느낀다. 거기에는 끝없이 겉도는 현실 영합의 논리가 있을 뿐 감동이 없다.

필자는 '도덕의 최고 원칙'을 주제로 도덕론 혹은 정의론, 가치론을 정리하면서 그것이 인간의 삶에서 얼마나 중요한 문제인가를 자각하게 되었고, 그럴수록 이 문제에 만전을 기하기 위해 몰입하는 자신을 발견했다. 물질문명을 뒷받침하기 위해 중심이 흔들리고 앞뒤가 뒤바뀐 서양 철학을 바로잡을 수 있는 중심이자 최후의 보루가 바로 생명이고 인간이었다. 가치와 생명을 따로 떼어놓고 생각하면 안 된다. 생명이 곧 가치이고, 인간 존재의 생명이 곧 최고의 가치다. 생명이 본래적 가치이고, 생명을 제외한 다른 모든 것들은 생명을 위한 도구적 가치를 가진다. '우주는 생명을 위한 무대'이기 때문이다. 그것이 인간이 가질 수 있는, 그리고 마땅히 가져야 하는 최고로 지혜로운 상식이다. 따라서 우리는 이제 생명과 인간을 중심으로 인간관, 인생관, 가치관, 세계관 전체를 뒤바꿔야 한다.

앞서 《철학하는 김과장》에서 시신을 독수리 떼에게 뜯어먹게 하는 티베트의 조장鳥葬 풍습을 소개한 바 있다. 자기 부모나 형제, 연인이 죽어서 독수리 떼에게 살점을 뜯어 먹히는 광경을 목격한 사람에게 살아서의 욕망은 아무런 의미도 없고, 그는 이미 승려일 것이다. 세계를 '종단면'으로 볼 줄 아는 사람이라면, 부모자식 사이에, 남녀 간에, 그리고 친구로서 더할 나위없는 '개별성'으로서 너무나 짧은 생애를 살다가 영원히 사라지는 인간의 모습에 목이 멜 것이다. 남과 비교하며 살지 말고, 자신의 죽음과 대결하며 자신의 남은 생명을 감사하며 살라. 한줌의 물질로 되돌아가는 자신의 생명 앞에, 그 너무나도 자명한 현실 앞에서 남이 무슨 의미가 있는가.

하늘의 별은 칠흑 같은 어둠 속에서 가장 영롱하게 빛난다고 했던 가. 물질을 위해 가치와 정신과 영혼을 송두리째 휘둘리며 사는 서양 인들도 자신을 최대한 낮추는 오체투지 같은 경험을 하게 된다면, 자 신들이 추구하는 모든 것이 아무 의미도 없으며 바로 자기 주위의 생명들과 지금 이 순간에 숨을 쉬고 있는 자기 자신의 생명이야말로 가장 소중한 가치라는 것을 발견할 것이다.

최고의 지혜는 통한다고 했던가. 서양 철학에서 빛을 찾아 참된 삶 을 위한 지혜를 제시하고자 한 필자의 여정이, 서양 철학의 상대주의 를 극복하기 위해 '인간 존재의 절대적 가치에 대한 존중'을 도덕의 최고 원칙으로 제시하면서 동양 철학의 정수인 생명 존중의 사상에 이르게 된 것은 우연의 일치일까? 서양 철학이 이 최고의 지혜에 도 달하지 못하고 계속 겉도는 이유는, 그들이 가슴으로 철학을 하지 않 고 머리로 하기 때문이다. 그들은 대개 대학에서 머리 좋은 천재들이 철학을 한다.

오체투지, 어떻게 산 하루가 그렇게 치열한 하루일 수 있을까? 나 도 죽기 전에 한번 그런 체험을 해보고 싶다. 단 하루를 살아도 물질 로 되돌아가기 전에 그렇게 여한 없는 하루를 살아야 하지 않을까?

그 티베트 목동들은 186일간 오체투지를 하고, 성지에서 10만 배 를 더하고, 일부는 승려가 되고 일부는 고향으로 돌아가고 또 일부는 동충하초를 캐러 산으로 들어갔다고 한다. 티베트가 서양의 물질문 명을 따라가지 못한 탓에 중국에 나라를 빼앗긴 오늘날 현실이, 티베 트의 정신을 폄하하는 구실이 되지 않기를 바란다.